西方韩国
研究丛书

———

既见半岛，也见世界

压缩现代性下的韩国

转型中的家族政治经济学

South Korea
under
Compressed
Modernity

Familial Political
Economy in Transition

［韩］张庆燮 著

司炳月 孙彤彤 译

江苏人民出版社

图书在版编目（CIP）数据

压缩现代性下的韩国：转型中的家族政治经济学／
（韩）张庆燮著；司炳月，孙彤彤译. — 南京：江苏人
民出版社，2024.1（2024.3 重印）

（西方韩国研究丛书／刘东主编）

书名原文：South Korea under Compressed Modernity：
Familial Political Economy in Transition

ISBN 978 - 7 - 214 - 28287 - 3

Ⅰ.①压… Ⅱ.①张… ②司… ③孙… Ⅲ.①政治经
济学-研究-韩国 Ⅳ.①F131.2.60

中国国家版本馆 CIP 数据核字（2023）第 166280 号

书　　　名	压缩现代性下的韩国:转型中的家族政治经济学
著　　　者	［韩］张庆燮
译　　　者	司炳月　孙彤彤
责 任 编 辑	孟　璐
装 帧 设 计	周伟伟
责 任 监 制	王　娟
出 版 发 行	江苏人民出版社
地　　　址	南京市湖南路 1 号 A 楼,邮编:210009
照　　　排	江苏凤凰制版有限公司
印　　　刷	南京爱德印刷有限公司
开　　　本	890 毫米×1240 毫米　1/32
印　　　张	9.625　插页 4
字　　　数	191 千字
版　　　次	2024 年 1 月第 1 版
印　　　次	2024 年 3 月第 2 次印刷
标 准 书 号	ISBN 978 - 7 - 214 - 28287 - 3
定　　　价	58.00 元

（江苏人民出版社图书凡印装错误可向承印厂调换）

"西方韩国研究丛书"总序

　　我对韩国研究的学术兴趣，是从数年之前开始萌生的。2019 年 11 月初的一天，我有点意外地飞到了那里，去接受"坡州图书奖"的"特别奖"，也当场发表了自己的获奖词，这就是那篇《坚守坐拥的书城》，后来也成了我一本文集的标题。而组织者又于颁奖的次日，特地为我个人安排了观光，让我有机会参观了首尔，观摩了市中心的巨大书店，观摩了韩国的历史博物馆，也观摩了光化门和青瓦台。我还在那尊"大将军雕像"下边——后文中还会提起这位将军——抖擞起精神留了一个影，而此后自己的微信头像，都一直采用着这幅照片。

　　当然，只这么"走马观花"了一遭，肯定还留有很多"看不懂"的。不过，既然生性就是要"做学问"的，或者说，生性就是既爱"学"又好"问"，从此就在心头记挂着这些问题，甚至于，即使不能马上都给弄明白，或者说，正因为不能一下子都弄明白，反而就更时不时地加以琢磨,还越琢磨就越觉出它们的重要——比如,简直用不着让头脑高速运转,甚至于闭着眼睛也能想到,它向自己提出了下述各组问题:

· 韩国受到了儒家文化的哪些影响,这在它的发展过程中起到过什么作用? 而它又是如何在这样的路径依赖下,成功地实现了自己的现代化转型?

· 作为曾经的殖民地,韩国又受到了日本的哪些影响? 而它又是如何保持了强烈的民族认同,并没有被外来的奴化教育所同化?

· 尤其到了二战及其后,韩国又受到了美国的哪些影响? 而它又是如何既高涨着民间的反美情绪,又半推半就地加入了"美日韩"的同盟?

· 韩国这个曾经的"儒家文化圈"的成员,何以会在"西风东渐"的过程中,较深地接受来自西方的传教运动? 与此同时,它的反天主教运动又是如何发展的?

· 韩国在周边列强的挤压下,是如何曲折地谋求着生存与发展的? 而支撑这一点的民族主义思潮,又显现了哪些正面和负面的效应?

· 韩国在如此密集的外部压强下,是如何造成了文化上的"多元"? 而这样的文化是仍然不失自家的特色,还是只表现为芜杂而断裂的拼贴?

　·韩国社会从"欠发达"一步跃上了"已发达",是如何谋求"一步登天"的高速起飞的?而这样的发展路径又有哪些可资借鉴之处?

　·由此所造成的所谓"压缩性"的现代化,会给韩国的国民心理带来怎样的冲击?而这种冲击反映到社会思想的层面,又会造成什么样的特点或烙印?

　·韩国在科学研究与技术创新方面,都有什么独特的经验与特长?而它在人文学术和社会科学方面,又分别显示了哪些成就与缺失?

　·在这种几乎是膨胀式的发展中,韩国的社会怎样给与相应的支撑?比如它如何应对工具理性的膨胀,如何应对急剧扩张的物质欲望?

　·传统与现代的不同文化因子,在韩国社会是如何寻求平衡的?而个人与现代之间的微妙关系,在那里能不能得到有效的调节?

　·家庭文化在韩国的现代化进程中,起到了哪些正面和负面的作用?而父权主义和女权主义,又分别在那里有怎样的分裂表达?

　·政党轮替在韩国社会是怎样进行的,何以每逢下台总要面临严酷的清算?而新闻媒体在如此对立的党争之下,又如何发挥言论自由的监督作用?

·这样的发展模式会不会必然招致财阀的影响？而在财富如此高度集中的情况下，劳资之间的关系又会出现什么样的特点？

·韩国的利益分配是基于怎样的体制？能否在"平等与效率"之间谋求起码的平衡，而它的社会运动又是否足以表达基本的民意？

·韩国的西洋古典音乐是否确实发达，何以会产生那么多世界级的名家？而它的电影工业又是如何开展的，以什么成就了在世界上的一席之地？

·韩国的产品设计是如何进行的，为什么一时间会形成风靡的"韩流"？而它的整容产业又何以如此发达，以致专门吸引出了周边的"整容之旅"？

·韩国的足球何以会造成别国的"恐韩症"？而韩国的围棋又何以与中日鼎足为三，它们在竞技上表现出的这种拼搏的狠劲和迅捷的读图能力，有没有体质人类学上的根据？

·韩国是否同样极度注重子女的教育，从而向现代化的高速起飞，源源地提供了优质的劳动力？而它的教育体制为了这个目的，又是如何对资源进行疏导和调配的？

·韩国如何看待由此造成的升学压力？而它眼下举世最低的人口出生率，跟这方面的"内卷"有没有直接关联？

·韩国如何应对严峻的老龄化问题，又如何应对日益紧迫的生态压力？而由此它在经济的"可持续发展"方面，遭遇到了怎样的挑战与障碍？

· 作为一个过去的殖民地，韩国如何在当今的世界上定位自己？而作为一个已然"发达"的国家，即使它并未主动去"脱亚入欧"，是否还自认为属于一个"亚洲国家"？

· 置身于那道"三八线"的南侧，国民心理是否会在压力下变形？而置身于东亚的"火药桶"正中，国家是否还能真正享有充分的主权？

· 最后的和最为重要的是，韩国对于它周边的那些个社会，尤其是对于日益强大的中国，到底会持有怎样的看法、采取怎样的姿态？

一方面自不待言，这仍然只是相当初步的印象，而要是再使劲地揉揉眼睛，肯定还会发现更多的、隐藏更深的问题。可另一方面也不待言，即使只是关注到了上述的问题，也不是仅仅用传统的治学方面，就足以进行描述与整理、框定与解释的了。——比如，如果只盯住以往的汉文文献，就注定会把对于韩国的研究，只简单当成了"传统汉学"的一支，而满足于像"韩国儒学史""域外汉学"那样的题目。再比如，如果只利用惯常的传统学科，那么在各自画地为牢的情况下，就简直不知要调动哪些和多少学科，才足以把握与状摹、研究与处理这些林林总总的问题了。

所幸的是，我们如今又有了一种新的科目——"地区研究"，而且它眼下还正在风行于全国。这样一来，在我们用来治学的武器库中，也就增添了一种可以照顾总体的方法，或者说，正因为它本无故步自封的家法，就反而能较为自如地随意借用，无论是去借助于传统的人文学科，还是去借助于现代的社会科学，更不要说，它还可以在"人文"与"社科"之间，去自觉地鼓励两翼互动与齐飞，以追求各学科之间的互渗与支撑，从而在整体上达到交融的效果——正如我已经在各种总序中写过的：

> 绝处逢生的是，由于一直都在提倡学术通识、科际整合，所以我写到这里反而要进一步指出，这种可以把"十八般武艺"信手拈来的、无所不用其极的治学方式，不仅算不得"地区研究"的什么短处，倒正是这种治学活动的妙处所在。事实上，在画地为牢、故步自封的当今学府里，就算是拥有了哈佛这样的宏大规模和雄厚师资，也很少能再在"地区研究"之外找到这样的中心，尽管它在一方面，由于要聚焦在某个特定的"领域"，也可以说是有其自身的限制，但在另一方面，却又为来自各个不同系科的、分别学有专攻的教授们，提供了一个既相互交流、又彼此启发的"俱乐部"。——正因为看到了它对"学科交叉"的这种促进，并高度看重由此带来的丰硕成果，我才会在以往撰写的总序中指出："也正是在这样的理解中，'地区研究'既将会属于人文学科，也将会属于社会科学，却还可能更溢出了上述学

科,此正乃这种研究方法的'题中应有之意'。"

(刘东:《地区理论与实践》总序)

正是本着这样的学科意识,我才动议把创办中的这套丛书,再次落实到江苏人民出版社这边来——这当然是因为,长达三十多年的紧密合作,已经在彼此间建立了高度的信任,并由此带来了融洽顺手的工作关系。而进一步说,这更其是因为,只有把这套"西方韩国研究丛书",合并到原本已由那边出版的"海外中国研究丛书"和"西方日本研究丛书"中,才可能进而反映出海外"东亚研究"的全貌,从而让我们对那一整块的知识领地,获得高屋建瓴的,既见树木、也见森林的总体了解。

当然,如果严格地计较起来,那么不光是所谓"东亚",乃至"东北亚"的概念,就连所谓"欧亚大陆"或者"亚欧大陆"的概念,都还是值得商榷的不可靠提法。因为在一方面,中国并非只位于"亚洲"的东部或东北部,而在另一方面,"欧洲"和"亚洲"原本也并无自然的界线,而"欧洲"的幅员要是相比起"亚洲"来,倒更像印度那样的"次大陆"或者"半岛"。可即使如此,只要能警惕其中的西方偏见与误导,那么,姑且接受这种并不可靠的分类,也暂时还能算得上一种权宜之计——毕竟长期以来,有关中国、日本、韩国的具体研究成果,在那边都是要被归类于"东亚研究"的。

无论如何,从长期的历史进程来看,中国跟日本、韩国这样的近邻,早已是命运密切相关的了。即使是相对较小的朝鲜半岛,也时常会对我们这个"泱泱大国",产生出始料未及的、具有转折性的重大影响。正因为这样,如果不是只去关注我们的"内史",而能左右环顾、兼听则明地,充分利用那两个邻国的"外史",来同传统的中文史籍进行对照,就有可能在参差错落的对映中,看出某些前所未知的裂缝和出乎意料的奥秘。陈寅恪在其《唐代政治史述论稿》的下篇,即所谓《外族盛衰之连环性及外患与内政之关系》中,就曾经发人省醒地演示过这种很有前途的路数,尽管当时所能读到的外部材料,还无法在这方面给与更多的支持。而美国汉学家石康(Kenneth M. Swope),最近又写出了一本《龙头蛇尾:明代中国与第一次东亚战争,1592—1598》,也同样演示了这种富含启发的路数。具体而言,他是拿中国所称的"万历朝鲜战争",和朝鲜所称的"壬辰倭乱"——前述那尊李舜臣的"大将军雕像",在那边正是为了纪念这次战争——对比了日本所称的"文禄庆长之役",从而大量利用了来自中文的历史记载,并且重新解释了日本的那次侵朝战争,由此便挑战了西方学界在这方面的"日本中心观",也即只是片面地以日文材料作为史料基础,并且只是以丰臣秀吉作为叙事的主角。

更不要说,再从现实的地缘格局来看,在日益变得一体化的"地球村"中,这些近邻跟我们的空间距离,肯定又是越来越紧凑、挤压了。事实上,正是从东亚地区的"雁阵起飞"中,我们反而可以历历在目地看到,无论是日本,还是"四小龙"与"四小虎",它们在不同阶段的次第起飞、乃至于中国大陆的最终起飞,在文化心理方面都有着同构关系。正如我在一篇旧作中指出的：

> 从传统资源的角度看，东亚几小龙的成功经验的确证明；尽管一个完整的儒教社会并不存在"合理性资本主义"的原生机制，但一个破碎的儒教社会却对之有着极强的再生机制和复制功能。在这方面，我们的确应该感谢东亚几小龙的示范。因为若不是它们板上钉钉地对韦伯有关中国宗教的研究结论进行了部分证伪，缺乏实验室的社会科学家们就有可能老把中国现代化的长期停滞归咎于传统。而实际上，无论从终极价值层面上作何判定，中国人因为无神论发达而导致的特有的贵生倾向以及相应的伦理原则，作为一种文化心理势能却极易被导入资本主义的河床。不仅东亚的情况是这样，东南亚的情况也同样证明，华人总是比当地人更容易发财致富。
>
> （刘东：《中国能否走通"东亚道路"》）

——而由此便可想而知，这种在地缘上的紧邻关系和文化上的同构关系，所蕴藏的意义又远不止于"起飞阶段"；恰恰相反，在今后的历史发展中，不管从哪一个侧面或要素去观察，无论是基于亚洲与欧洲、东亚与西方的视角，还是基于传统与现代、承认与认同的视角，这些社会都还将继续显出"异中之同"来。

有意思的是，正当我撰写此篇序文之际，杭州也正在紧锣密鼓地举办着延期已久的亚运会；而且，还根本就用不着多看，最终会高居奖牌"前三甲"的，也准保是东亚的"中日韩"，要不就

是"中韩日"。——即使这种通过竞技体育的争夺,顶多只是国力之间的模拟比拼,还是让我记起了往昔的文字:

> 我经常这样来发出畅想:一方面,由于西方生活方式和意识形态的剧烈冲击,也许在当今的世界上,再没有哪一个区域,能比我们东亚更像个巨大的火药桶了;然而另一方面,又因为长期同被儒家文化所化育熏陶,在当今的世界上,你也找不出另一方热土,能如这块土地那样高速地崛起,就像改变着整个地貌的喜马拉雅造山运动一样——能和中日韩三国比试权重的另一个角落,究竟在地球的什么地方呢? 只怕就连曾经长期引领世界潮流的英法德,都要让我们一马了! 由此可知,我们脚下原是一个极有前途的人类文化圈,只要圈中的所有灵长类动物,都能有足够的智慧和雅量,来处理和弥合在后发现代化进程中曾经难免出现的应力与裂痕。

> (刘东:《"西方日本研究丛书"总序》)

那么,自己眼下又接着做出的,这一丁点微不足道的努力,能否算是一种真正的现实贡献呢? 或者说,它能否在加强彼此认知的情况下,去增进在"中日韩"之间的相互了解,从而控制住积聚于"东亚"的危险能量,使之能不以悲剧性的结局而收场,反而成为文明上升的新的"铁三角"? 我个人对此实在已不敢奢想了。而唯一敢于念及和能够坚守住的,仍然只在于自己的内心与本心,在于它那种永无止境的"求知"冲动,就像我前不久就此坦承过的：

> 真正最为要紧的还在于，不管怎么千头万绪、不可开交，预装在自家寸心中的那个初衷，仍是须臾都不曾被放下过，也从来都不曾被打乱过，那就是一定要"知道"、继续要"知道"、永远要"知道"、至死不渝地要"知道"！

（刘东：《无宗教而有快乐·自序》）

所以，不要去听从"便知道了又如何"的悲观嘲讽，也不要去理睬"不务正业"或"务广而荒"的刻板批评。实际上，孔子所以会对弟子们讲出"君子不器"来，原本也有个不言自明的对比前提，那就是社会上已然是"小人皆器"。既然这样，就还是继续去"升天入地"地追问吧，连"只问耕耘，不问收获"的宽解都不必了——毕竟说到最后，也只有这种尽情尽兴的追问本身，才能让我们保持人类的起码天性，也才有望再培养出经天纬地、顶天立地的通才。

刘　东

2023 年 10 月 1 日

于余杭绝尘斋

目 录

前　言

　　弗朗西斯·斯科特·基·菲茨杰拉德（F. Scott Fitzgerald）在 1921 年创作的小说《本杰明·巴顿奇事》（*The Curious Case of Benjamin Button*）中，一个出生就已经年老体衰的婴儿受到了双重诅咒。他有着一副婴儿的躯体，但是身体机能已经衰老，这让他和他周围的人痛苦不堪。在以年龄/世代划分的等级社会结构下，他老年人般的思维方式让他意外地遭到抛弃。本杰明·巴顿在他的一生中，一直与他周围世界保持一种非常荒谬可笑的关系，韩国与周围世界的关系亦是如此。

　　近代早期的全球政治秩序迫使韩国这个拥有两千年统一历史的"隐士王国"在一夜之间被迫回到其"幼儿"时期。这个国家衰老的身体迫切想要恢复活力，却没有反省其落后的思想，这种思想反映在"东道西器"（保存东方文明精神，借鉴西方文明形体）的意识形态中。然而，来自日本和美国的现代主义殖民者

（尽管美国殖民时间短暂）并不这么认为，他们自诩无情权威（且专制）的老师，认为朝鲜人不仅机体老衰而且思想幼稚。在过去，传统的朝鲜民族按照他们古老的儒家标准，觉得日本民族是野蛮（或幼稚）的，因此受到日本如此对待是一段特别屈辱的经历。

自朝韩分裂后，韩国（在连续的亲美政治领导下）治理国家的方式却基本上与以前的殖民统治者一样。（相比之下，民族主义强烈的朝鲜则相反，他们谴责美国人是资本主义帝国主义者，并因此让政治和社会回归自身传统。）韩国人希望尽快摆脱这种摇摇欲坠且尴尬的境地，在"祖国现代化"的大旗下，政治精英主要采用无保留、无限制的西化来推动基层民众接受外来事物，他们也的确做到了。如果以追赶西方国家的速度来衡量，他们对经济、社会文化和政治现代化的追求取得了前所未有的成功，这也的确是个奇迹。

但是，文明的转型从来都不是全盘性的，某些领域会抵抗这种转变。现代化有助于将西方之"器"（即知识、技术、社会制度、政策方针等）传播到韩国社会的各个领域，但西方之"道"（即社会和政治哲学、个人和家庭规范等）只能零星地、无序地融入韩国人的生活。在学术界，只有在那些肤浅又敷衍的社会科学家面前，愤愤不平的地方人文学者（韩国历史、哲学、文学等领域）才会公开对此表示蔑视。国家政体、官僚机构、工业组织、地方社区、学校和家庭，都受到"传统+现代+后现代"和"本土+西方+世界主义"等奇怪的混合意识形态的支配。

　　为了说明韩国社会压缩的变化和极其复杂的秩序,我不得不创造出"压缩现代性"这一概念。在国际上,我在介绍压缩现代性下韩国人的社会、政治和经济生活后,经常会听到这样的反馈:亚洲其他地区也有类似现象。这些反馈使我发现,亚洲国家以一种出人意料的方式形成了共同的地区特征。亚洲国家被认为是与西方国家截然不同的国家类型或处于劣势的国家,这些国家在尽力摆脱由此产生的不安和焦虑时,似乎都经历了压缩现代性,但是程度和范围不尽相同。

　　我最初的目的是出版一系列关于压缩现代性的作品,分别关注家庭、政治体制、知识分子,以及对比研究(亚洲)这几个维度。为完成第一本书,我付出了巨大努力,同时我也为自己提出的一个社会学问题所带来的知识倍感压力(本书中的一些论题也在我的韩文著作中讨论过,见《家庭、生命历程、政治经济学:压缩现代性的微观基础》[*Family*, *Life* *Course*, *Political* *Economy*: *Micro-Foundations* *of* *Compressed* *Modernity*], 2009, Changbi)。但是,这个学术项目向我证明了作为社会学家生活的某种价值,而且它将我与有着类似关注和目的的广泛国际知识界联系了起来。因此,我备受鼓舞,决心迟早要完成余下的有关压缩现代性的课题。

　　在准备本书稿的过程中,我获得了国立首尔大学奎章阁韩国学研究院的资助。2008年春夏两季,延世大学社会学系聘任我为客座教授,使我能够集中精力完成书稿。2004年我在伍伦贡大学亚太社会转型研究中心担任客座教授,这对我开发和整合本书的研究理念非常有用。

　　毋庸置疑的是，近 20 年来，国立首尔大学社会学系的很多同事和学生提供了巨大的帮助，在此表示特别感谢。南希·阿贝尔曼（Nancy Abelmann）、具海根（Hagen Koo）、乌尔里克·贝克（Ulrich Beck）、阿里夫·迪里克（Arif Dirlik）、蔡明发（Chua Beng Huat）、小岛宏（Hiroshi Kojima，音译）、迪特里希·鲁斯切梅耶（Dietrich Rueschemeyer）、申义恒（Eui-Hang Shin，音译）、安东尼·伍迪威斯（Anthony Woodiwiss）、阿尔文·苏（Alvin So）、布赖恩·特纳（Bryan Turner）、琳达·韦斯（Linda Weiss）、李鸿永（Hong Yung Lee）、申起旭（Gi-Wook Shin）、皮特罗·玛希娜（Pietro Masina）、张优远（Teo You Yenn）、C. P. 钱德拉塞卡尔（C. P. Chandrasekhar）、彼得·伯勒·凡·根斯布鲁克（Peter Boele van Hensbroek）、甘让·赛伯恩（Göran Therborn）和落合惠美子（Emiko Ochiai）以及其他海外同事，他们都是在这一学术领域出色的知识分子和支持者。我很遗憾未能单独感谢韩国和海外的许多其他学界同事，在我对这一主题的长期探索中，他们为我提供了建设性的鼓励和启发。

　　朴佑（Park Woo）和崔善英（Choi Sun-Young，音译）是我的两个优秀的研究生，他们在数据收集和分析、文本编辑等方面细致而不辞辛劳地给予了帮助。专注于韩国文学的研究生加布里埃尔·西尔维恩（Gabriel Sylvian）也乐此不疲地投入了时间和精力，对整个手稿进行编辑。劳特利奇出版社的两位审稿人提供了诸多清晰的评述和建议，使手稿更易于理解。劳特利奇出版社的亚洲研究领域高级编辑斯蒂芬妮·罗杰斯（Stephanie Rogers）在我与出版商一起探讨关于这本书的想法时，总是给予我友善且富有建设性的帮助。

　　在准备此书稿的漫长过程中，我的妻子美京（Meekyung，音译）和两个女儿姬恩（Gene）与琳恩（Lynn）给了我极大的支持，谨以此书献给她们。

第一章 | 压缩现代性及其家庭基础

第一节 目的

学界认为，韩国经历了国际上前所未有的经济、政治和社会迅速变革。然而，在这种转变的背后，韩国社会又呈现出不断强化以家庭为中心的社会秩序这一独特趋势。我试图将韩国社会转型的爆发性和复杂性描述为压缩现代性。[①] 可以说，韩国人培养了一种以家庭主义为基础的压缩现代性。[②] 经典现代化理论曾假定，在走向现代化的关键过程中，家庭作为社会制度和意识形态的重要性会从根本上降低，这是因为学界认为各种社会（或者非家庭）实体接管了主要的社会功能，如经济生产和教育。[③] 在这一观点的影响下，像韩国这样似乎由家庭主宰经济、政治和社会秩序的社会，被诱导察觉到陈旧和不合理的现实，从

---

① 见 Chang, K. (1999a)。

② 此处的家庭主义由韩语 gajokjuui 翻译而来，意思是以家庭为导向或以家庭为中心。其形容词"家庭主义者"（Familist）将在后文提到。个人主义和个人主义者与这两个术语相对应。

③ 家庭这一实体作为人类社会中普遍存在的体制，受到了众多学者和其分支学科的挑战。有些人选择用"families"一词来代替"the family"，以强调家庭存在的各种可能性。在这本书中，我常用"family"来代替"the family"，以避免过度定义相关现象。"families"也专门用在一些相关性强的地方。

而站在了迅速逃避或至少是谴责此种现象的立场上。

虽然关于家庭秩序的社会理性和/或有效率的规范性评断一直存在，但遗憾的是，学术界未能将家庭主义经济、政治和社会秩序的具体内容和特征作为具体的历史现实进行详实记录，无法系统地描绘其文化、制度和历史渊源，也未能将宏观层面的家庭主义秩序在普通人的实际生活中被感知、经历和再现的方式进行分类和理论化处理。虽然没有本土学者会否认韩国社会以家庭为中心的事实，但当西方人基于此事实看待韩国社会时，他们仍会不禁怀疑这是西方的东方主义式偏见。在如此复杂的背景下，家庭主义秩序吸引了更多关于社会状况的日常争论，而非系统的学术调查。当然，有大量研究揭示了韩国人在社会各个方面的以家庭为中心的行为和态度。然而，他们的成果从未在理论上被整合，以至于未能产生一个关于整个韩国社会的创新性理论。

本书试图通过描绘韩国经济、政治和社会秩序的家庭主义特征，分析这些特征与压缩现代性的关联方式，系统地考察这种家庭主义现代性的历史和理论特征，以此来填补这些学术空白。具体而言，我将韩国人以前所未有的速度和复杂的方式经历的政治、经济和社会变革的具体特征，定义为"压缩的现代性"这一概念，并详细研究作为其微观基础或表现形式的家庭主义的结构和行为。在此过程中，我批判性地探讨了早期关于现代化和现代性的学术研究，并指出了以往家庭秩序研究的缺陷和局限性。此外，必要时，我会将韩国以家庭为中心的现代性与其他东亚社会和西方社会进行比较评价，以此为韩国经验的理论刻画和概括奠定逻辑基础。

第二节　家庭和现代性

西方古典社会学认为,家庭对现代化进程的贡献主要是降低其社会功能和淡化其社会角色。家族作为内向型社群主义原则的古老堡垒,可能阻碍工业社会的发展,而工业社会需要的是普遍和客观的社会关系和功能。然而,由于韩国工业社会的特点是家族持续且普遍存在,像塔尔科特·帕森斯(Talcott Parsons)等学者不得不从满足情感和关怀的心理需求的角度来证明这一现象是合理的。① 在此种解释的基础上,西方社会科学对家族的研究大多从关注家庭内部微观层面的人际关系开始。在这种情况下,家族研究很快呈现出家族关系研究的性质——有时则被归入诸如"家族学"之类的新学科下——并因此与其他对宏观社会结构和变化研究保持兴趣的社会学领域隔离开来。② 与此同时,一种规范性观念在公众范围内迅速蔓延,即家庭应该作为与社会相分离的私人生活单元而存在。私人生活很快成为家族研究的核心课题。

尽管如此,20 世纪末,学术界对家族现象的研究出现了几个新的趋势:有学者对家庭/家族经济作为早期资产阶级其阶级形

① 见 Parsons and Bales(1955)。

② 例如,Burr and Leigh(1983)。

成的组织基础的重要性进行了有力的历史分析,通过编撰家族史或以家族为分析单位,重构了西方工业革命的基础经验;也有学者研究了以家族为中心的农民和城市穷人对第三世界经济结构性欠发达的应对措施,或通过强调涉及各种家族问题的劳资阶级冲突来分析工业资本主义的结构转型,又或者通过探究以各种社会政策为特征的国家或家族关系来审视现代国家的本质。[①] 这些研究不一定是在传统家族社会学的形式范围内产生的,而是产生于社会历史、政治经济学、政治社会学、经济人类学、社会政策研究等其他各个领域,这反映出学界对家族相关研究的理论和经验兴趣日益增多。

　在韩国学术界,受西方(主要是美国)社会学的主导性影响,对家族的研究集中在作为私人生活单元的家族其内部各种人际关系的情感特征和工具性特征上。然而,即使在韩国,家族在宏观社会的重要性也引起了社会历史、农村社会学、工业社会学、性别研究、社会福利研究等各个学术领域的兴趣。[②] 虽然这些研究并不是具体或专门地聚焦家族问题本身,但它们揭示了很多韩国的家族社会关系和与家族相关的社会问题。

　现代学术界有必要将韩国国内与国外日益增加的对家族的宏观社会重要性的兴趣联系起来。综合考虑以下几点,不难看出家族在现代工业资本主义制度中的中心地位:西方资产阶级

① 见 Chang,K.(1993c)。
② 见 Chang,K.(1997a)。

的形成在组织上是以父权家族经济为基础的；而无产阶级的阶级团结很大程度上归功于家族和亲属网络；福利国家的理论和实践基础一直离不开家族支持制度；西方对第三世界的资本主义剥削，以及基层对这种剥削的适应和抵抗，都是建立在家族经济和亲系团结之上的；东亚资本主义的发展同步于或先于家族资本所有权、企业管理和社会福利的发展。因此，家族在经济组织、政治秩序和社会关系中的根本性衰落是现代化进程社会内核这一传统观点是站不住脚的。

　　韩国人一方面实现了前所未有的资本主义工业化、政治民主化和社会结构变革，另一方面又表现出特别强烈的家庭中心主义，即家庭对社会秩序和私人生活有着巨大影响。综合考虑这些看似矛盾的趋势，韩国人的压缩现代性很可能就是通过家庭在多方面构建形成的。同样，韩国的这一压缩现代性的许多局限和问题可能也与家庭密切相关。然而，无论是在韩国国内还是国外，以往和当前关于韩国经济发展和社会政治变革的学术研究都严重忽视了经济、政治和社会的日常条件和基础。明显反复出现的以家庭为中心的经济、政治和社会秩序，要么是被视为现代性不足的证据，要么被故意忽视。而这种立场不能恰当地解释普遍存在的以家族为中心的企业管理和政治控制，以及在社会政策中的家庭本位、家庭依赖等现象。即使为了实现"正常"或"公正"的现代性而采取规范的立场，来根除以家庭为中心的经济、政治和社会秩序，完成这样的任务也需要对家庭主义秩序有一个明确、直接的认识。

第三节　家庭主义的继承与重塑

　　韩国人以家庭为中心的生活本质不仅体现在个人生活中，还体现在社会秩序、政治和经济当中。这是可以追溯到数百年前的古老王朝时代的传统。特别是儒家（或者更准确地说，新儒家）的意识形态，被正式编入政治统治和社会关系的原则，通过让家庭在社会控制、政治整合、经济生产和社会支持中发挥核心作用来统治朝鲜社会。① 这一套系统性的法规、法律和习俗规定了这种以家庭为中心的生活态度和行为准则。整个国家的社会、政治和经济体系都精心调整以适应每个家庭的道德操守和组织稳定性。朝鲜人忠于家庭，他们也能忠诚于国家且为国家效力。事实上，国家本身也可以被概念化为一个家庭，国王是这个父系社会中所有民众的大家长。国家与社会的关系可以被理解为一种伪家庭约束，个人对国家或说王权的忠诚，可以被谨慎地解读为一个人孝顺父母的衍生现象。虽然许多学者对这种传统进行过讨论，但值得强调的一点是，韩国的现代社会、政治和经济制度在很多方面正是依赖于它的存在，而不是使其消亡。

　　19 世纪中叶以来，数十年的社会乱象和政治动荡迫使底层民众不得不更多地依靠家庭，以此寻求唯一可靠且稳定的支持

---

① 见 Choe，H.（1991）。当代儒家文化的历史渊源是朝鲜时代中期的新儒学（详见第二章）。

和保护。当底层遭到猖獗的殖民经济剥削和政治虐待时,当一场巨大的内战使社会关系和经济活动紊乱无序时,当政治制度不稳定且公民受到专制统治时,大多数人束手无策,只能寄希望于家庭团结来保证生存。即使在 20 世纪 60 年代初以来的全面工业化过程中,也一直是家庭,以及其他具有相似社会特征的群体,让外出务工者和小贩、城市工业企业家和资本主义工业主义的其他参与者从中勉强获得经济成功所需的资源和战略。

　　在社会层面,两场潜在的社会革命(即 19 世纪末的朝鲜东学党农民起义和紧接着的后殖民时期的社会主义运动)在殖民者的干预下以失败告终,导致朝鲜半岛上除亲属关系网之外的底层民间(社区)社会彻底瓦解。由于国际政治秩序变化或军事政变而出现的新政权,既没有准备也没有计划对底层人民残存的社会、文化和经济生活的基本结构进行任何根本性改革。事实上,因为没有了贵族和平民之间的阻隔,现代学校制度在很大程度上将所有人都纳入了反映儒家传统的社会价值观和态度的公众教育中。此外,战后的一系列恢复政策,特别是土地改革,也是在以家庭为基本单位保障底层民众的基本生活。

　　从 20 世纪 60 年代开始,朴正熙(Park Chung-hee)军政府策划向工业资本主义进军,而这需要以家庭为主要制度框架来调动社会和经济资源,控制当地民众政治立场。正是这样一种建立在政治威权主义基础上的动员式的经济发展,才让韩国人走上了今天压缩现代性的历史道路。民间和社区层面的基层群众是非组织性的,存在于每个家庭单元中,威权发展主义政权直接针对这种家庭单元动员劳动力、储蓄、农业盈余、兵役，甚至实行政治认同。尽管本书各个章节都显示了依赖家庭的战略所产生的各种问题性后果，但也证明了这种依赖是非常有效的。

韩国人以一种从本质上依赖家庭的方式书写了国史和民族传记。通过这种方式，他们成功地将西方人走过的两个多世纪的社会、政治尤其是经济方面的历程浓缩成了不到半个世纪的历程。即使在今天，韩国人以家庭为中心的历史仍在继续上演，这使得他们的压缩现代性有些自相矛盾。然而，他们的现代性并不等同于西方人的现代性。在生活的各个领域，家庭在思想和实践上都凌驾于个人和社会之上，这既是一种传统，也是一种现代性的实践。在区分韩国社会与其他诸多社会的结构和动态时，韩国的这种经验可以被视为独一无二的标准。然而，在批判性地重新评估西方社会科学的经验相关性时，同样的经验可能会被视为一个关键的现实参考。

第四节　压缩现代性

自 20 世纪 90 年代初以来，我一直用压缩现代性这一概念来描述当代韩国社会的各种结构/历史特征。[1] 为了证实压缩现

---

[1] 韩国以外的国际媒体上关于压缩现代性的第一份正式出版物是《压缩现代性及其不满：转型中的韩国社会》(Compressed Modernity and Its Discontents: South Korean Society in Transition)，载于《经济与社会》(Economy and Society)第 26 卷(1)(1999)。

代性存在于韩国社会的各个方面,韩国国内外都发表了大量学术文章。然而,我还没有将压缩现代性具体地概念化,因为我不倾向于通过演绎给出其理论定义,而是希望采用一种研究策略,在历史现实中确定其范围,同时对相关社会现象进行各种实证分析。这一研究策略可以通过越来越多的研究和文献来进行补充,明确利用压缩现代性视角来解释韩国社会的各个方面以及问题。① 压缩现代性可以被视为通过分析归纳来研究韩国社会的一种概念性工具,下文将对此进行解释。由于我一直采用这一策略进行各种研究,压缩现代性的理论内容将会不断被重新构建。

　　压缩现代性有五个具体维度,由时间/空间和凝聚/压缩两个轴交互构成(见图 1.1)。② 时间既包括物理时间(时间点、时间顺序和时间量),也包括历史时间(时代、时期和阶段)。空间包括物理空间(位置和区域)和文化空间(地点和地区)。凝聚是指两个时间点(时代)或两个位置(地点)之间的运动或变化所需的物理过程被缩短或压缩的现象。③ 压缩是指存在于不同

---

① 例如,Abelmann(2003);Armstrong(2007);Martin-Jones(2007)。

② 见 Chang,K.(2009),参阅有关压缩现代性的详细理论解释。

③ 大卫·哈维(David Harvey,1980)在其关于西方现代主义和后现代主义的论述中将时空凝聚(用哈维的话说就是时空压缩)作为核心主题来讨论。他认为,资本主义的积累危机和克服该危机的努力导致了可控空间的扩张和机械时间的泛化,从而最终导致了全球范围内的时空简缩。与哈维的观点相比,我的压缩现代性概念中的时空凝聚和压缩涉及更多不同的背景、因素和表现尺度。

时代或地点的多种文明的不同组成部分在特定的时间和空间内共存,并相互影响和改变的现象。① 这四个维度中产生的现象又以复杂的方式相互影响,进而产生新的社会现象。

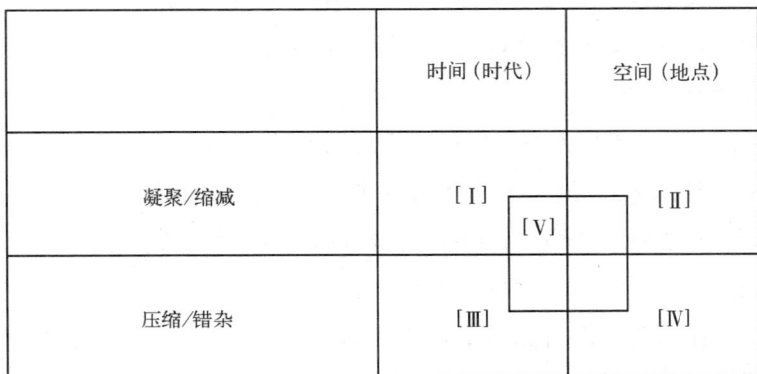

	时间（时代）	空间（地点）
凝聚/缩减	[Ⅰ]	[Ⅱ]
	[Ⅴ]	
压缩/错杂	[Ⅲ]	[Ⅳ]

图 1.1　压缩现代性的五个维度

我将简要说明压缩现代性的五个维度。维度 Ⅰ 由以下事实体现:韩国通过几十年的爆发性工业化和经济增长,缩短了其从贫穷农业社会向先进工业经济转型所需的时间。韩国人自豪地称其为"压缩增长"(apchuk seongjang)。大体上说,韩国人经历

① 后殖民主义理论家争论的一些问题(如文化的"混合性""共时性"等)也可以包括在时空压缩中(参见 Ashcroft et al. ,2002)。然而,在这里受到压缩的文化和制度的广度(甚至包括后现代和全球元素)比后殖民主义所暗示的要大得多。此外,这里的压缩并不局限于融合或同步,也涉及竞争、碰撞、脱节、关联、包含等内容。

了"压缩现代化"。① 维度 II 与以下事实相关:外部势力(日本和美国)对韩国的连续殖民统治,以及韩国人自身积极引进或复制西方文明的各种要素,从根本上重塑了韩国的空间格局。值得一提的是,韩国的主要城市几乎立刻变成了复制西方文化和制度的场所。② 韩国的西化进程省略了像"丝绸之路"这样的文明间交流通常需要的地理要素,在空间上进行了缩减或拆除。维度 III 涉及压缩的社会历史背景下,传统、现代和后现代元素之间的激烈竞争、碰撞、脱节、衔接和复合的现象。这些一般被定性为"非同时事件的同时性"的现象,经常伴随着非常复杂的条件和变化过程,出现在意识形态、文化和其他非物质领域当中。特别是在没有本土社会革命帮助根除传统社会结构和文化秩序的情况下,现代和后现代元素才会以复杂的方式与传统元素共存。维度 IV 涉及在压缩的社会历史背景下,外国/跨国/全球元素与本土元素之间激烈竞争、碰撞、脱节、衔接和复合的现象。不同地域背景下产生的各种社会因素在同一时空中共存并发挥作用,它们之间往往会形成一种依附的或者(新)殖民统治的层级结构。③ 韩国人的二元性(他们一方面走高度外向型的发展道路,另一方面又没有表现出摆脱自身毫无保留的民族主义伪装

① 从这个意义上说,压缩现代化是压缩现代性的组成部分。

② 朝鲜战争通过摧毁许多本土文明的物质遗迹加速了这一进程。

③ 在文化领域,爱德华·赛义德(Edward Said,1978)将这种不对称的秩序批判为"原始主义"。根据迈克尔·利普顿(Michael Lipton,1977)的说法,在第三世界的发展中,类似的等级秩序以"城市偏见"的形式被观测到。

的迹象）明确表明，他们对现代性的追求长期受到不同文明在空间方面压缩的影响。维度 V 的出现是因为，在压缩现代性的上述四个维度中产生的社会现象或文化因素之间，往往在存在激烈的竞争、碰撞、脱节、衔接和复合，从而产生更多的社会现象或文化因素。

很明显的是，考虑到这些不同的维度，压缩现代性既包含变化的过程，也包含变化的结果。这种变化过程充满了各种社会现象，按照传统的严谨分类，一方面是传统文明对现代文明对后现代文明，另一方面是本土文明对外国文明（殖民主义或新殖民主义文明）对全球文明。如果按此来评估，这些现象可能显得高度"不成体系"。从某种意义上说，压缩现代性研究是一门非系统性的系统科学。在试图系统地分析非系统性现象时，虽然可以从传统的历史和社会科学中推理出处理传统/现代/后现代和本土/外国/全球文明的独立要素，但它们之间的非系统性关系或秩序，使得这些要素只能通过对历史现实的"分析归纳"来处理。

鲁施迈耶（Rueschemeyer）及其同事将弗洛里安·兹纳涅茨基（Florian Znaniecki）的分析归纳法应用于分析民主化与经济发展之间的关系，他们说，[①]

> 分析归纳法是一种自我认知和自我规范的策略，它和我们在日常生活和复杂的历史解释中使用的策略相同。不

---

① 引自 Rueschemeyer et al.（1992），第 36—37 页。

过,它有一个更明确的分析方向。从反映透彻的分析性问题开始,然后从对一个或几个案例的理解,转移到能够解释每个案例问题特征的潜在概括性理论观点……连续案例的每个因素仍植根于其历史背景,因此可以得到更充分的解释,其复杂特征充当了经验性"路障",用于阻碍武断的推测性理论……

在分析归纳的基础上建立压缩现代性的理论成分,须对详细的案例分析进行测试和再测试,因此需要大量的时间和其他研究资源。

人们有时可能会发现,分析归纳法作为解决这一障碍的方式,尽管与之相关的研究来自不同的理论或经验,但是其对于重新分析那些涉及压缩现代性相关主题的研究所产生的实证结果非常合适。特别是考虑到韩国社会科学的许多实证研究主要是通过借鉴西方理论来建立其研究目标或假设,并且只是罗列其研究成果,而不关心其使用的西方理论和潜在的存在主义问题,分析归纳法的再分析过程在帮助他们完成学术任务方面具有实用价值。

第五节　压缩现代性与家庭：以韩国为例

本研究试图证明压缩现代性是如何在韩国的家庭主义秩序中体现出来的。为此,我将详细说明压缩现代性的各种特征,虽然这些特征无法通过传统的社会科学或历史进行解释，但其似乎与家庭问题或家庭相关问题具有系统性关联。对于这项研究来说，或许更合乎逻辑的顺序是从在一般层面上阐明压缩现代性的理论属性和实践本质开始。然而，此任务能否仅凭我一人完成仍然存疑（尽管关于"压缩现代性的制度政治"和"压缩现代性的生命历程表现"的两篇概要式研究正在进行）。在这个阶段，我只想利用我对韩国家庭主义及其社会影响的观察结果作为分析压缩现代性微观基础的依据。基于本书所涉及的具体社会现象，我可以阐明压缩现代性的以下特征是与家庭相关的。

（1）价值观、意识形态和制度的偶然多元性：虽然韩国进入现代社会不是通过逐步克服封建秩序的方式，而是殖民统治和政治军事依赖的结果，但韩国自身追求一种外部依赖与仿制的现代化，其中最重要的，就是迅速的资本主义工业化。随着现代（西方）价值观和制度的涌入，韩国许多传统（本土）价值观和制度虽然仍有效，却缺乏将其加以协调和整合的系统性原则，这就导致价值观和制度体系中表现出偶然多元性（accidental pluralism）。这种价值观多元和制度多元在家庭意识形态中尤为明显，家庭意识形态既是传统家庭规范的实际载体，也是西方文化和生活方式的容器。由于单身等类型的非家庭型人口并不常见，再加上家庭的支持和控制对大多数人的社会生活具有重要影响，家庭意识形态的多元化直接或间接地影响着整个社会的思想形态。与家庭意识形态的多元化形成鲜明对比的是，公共领域几乎被政治和经济自由主义这一单一意识形态所主导，而在不久之前,公共领域还一度完全受到冷战政治的控制。从某种意义上说,微观层面的非正式意识形态的多元化可能是被允许的,甚至可能是被提倡的,这样能减轻由正式国家政治的僵化意识形态控制所带来的宏观层面的社会紧张。① 这一现象,如第二章所示,与图 1.1 中压缩现代性的维度Ⅰ、Ⅱ、Ⅲ和Ⅳ相关。

(2)制度铸造和人为学习:韩国制度的建立主要是通过移植或叠加美国式的政治制度和社会经济制度而实现的。这种制度铸造(institutional casting)让这个国家在短时间内就有了现代民族国家的结构。这种制度进步,或者说是过剩的现代性,不仅会因为外国起源的制度与历史现实之间存在差异而注定造成制度的长期低效,而且还会导致外来机构人员配置出现问题。这个问题必须通过正规教育来解决。然而,韩国正规教育的形式和内容与美国正规教育非常相似,公共教育政策一直由政治学术派系主导,该派系由美国留学派(miguk yuhakpa)组成,尤其是拥有研究生学历的人,而这并非巧合。严酷的现实要求大多数教育课程通过填鸭式教学在短期内快速培养政府、管理、专业和产业人员。与其他地方一样,新的社会制度——特别是与公共资源和/或权力的使用相关的制度——往往会形成排他性社会利益。因此,根据匆忙颁发的正式教育证书来认定社会机构管

① 相似的是,许多对(前)社会主义国家的深入研究表明,尽管公共领域有严格且正式的意识形态控制,但公民的日常私人生活中仍渗透着显著不同的非正式规范和价值观。第二社会、文化和经济的概念(和理论)就是在这种背景下提出的。见 Hankiss(1988)和 Sampson(1987)。

理者的资格,会不可避免地让正式教育成为争夺特权利益的激烈社会斗争的平台。即使韩国称不上是精明的教育投机者或寻租者①,这种机会结构也使韩国成为狂热的教育投资者。获得各种机构资格所需的教育课程越是以短期课程为基础,教育投资(或者说是投机?)的预期回报也就越大。随着整个国家教育体系呈现出"现代性短期课程"的性质,韩国人开始以教育投资者的身份投身于正规教育。这种教育投资主要体现在父母对儿童教育的支持上——这是跨代向上流动的关键性家庭策略。现代代议制民主和工业资本主义的引入,开始迅速削弱家庭作为传统政治和经济秩序支柱的制度优势,在这种历史情况下,现代正规教育成为家庭之间进行社会竞争的另一个舞台。韩国人对正规教育的热情,对其国家的很多方面都有好处,特别是政府不需要太多的政治性说教,就可以要求那些作为极度热切的投资者去认识和接触正式教育的公民大量分担公共教育费用。韩国"家庭偶然间或无意的社会投资"产生了一种集体效应,就相当于安东尼·吉登斯(Anthony Giddens)在西欧背景下所说的"社会投资国家"。如第三章所述,上述现象在图 1.1 中体现了压缩现代性的维度 I 和维度 II。

（3）生产主义偏见和再生产危机:现代经济体系,包括资本主义和社会主义在内,都是由生产者阶级所创造的,并且一直在

---

① 译者注:寻租者(rent-seeker),指通过政治手段或其他非市场手段,试图获取经济利益的个人或团体。

生产中为其活动保持一种意识形态的优先。即使不依赖马克斯·韦伯(Max Weber)有关社会理性化的论点,我们也很容易认同生产力是衡量现代性的关键标准这一观点。工业化后期的资本主义社会以及许多(前)社会主义社会,它们的发展"赶超"这一主要政治目标进一步将生产主义的优先地位升级为生产主义至上。根据早期关于经济增长的新古典主义理论(或者说意识形态?),生产收益需要增加投资,而增加投资反过来又会抑制消费。抑制消费主要是指社会再生产的各种条件和资源的停滞或恶化。社会再生产即保护、培育、管教、安抚和帮助人类的社会活动,主要体现在家庭中。韩国在"先增长,后分配"战略下,成功实现"奇迹"般的经济增长,韩国政府对社会再生产的主要立场,可以概括为"最大限度地缩减社会福利和公共支出",以及将社会福利的政治责任转移给家庭。直到最近,韩国经济实现了所谓的"压缩增长",其代价是家庭负担过重,因为家庭承担了几乎全部福利责任。这种政治策略需要将家庭支持的传统规范作为一项官方社会政策加以保留和强化,并且从根本上造成了这样一种社会氛围:在过去,人们习惯于指责"个人主义"核心家庭给稳定的社会再生产造成了麻烦。如第四章所示,这一现象反映了图 1.1 中压缩现代性的维度 I 和 Ⅲ。

(4)局部的社会转型,复杂的社会角色:自 20 世纪 60 年代以来,伴随着世界经济史上前所未有的急剧性产业结构调整,韩国经济飞速增长。产业结构调整涉及早期工业化(即经济总体上从农业转向城市工业),制造业从劳动密集型轻工业向资本密集型重工业的转型，以及近来向技术密集型信息与通信技术产业的再次转型，还有各种服务业的扩张。如此剧烈而根本性的变化只用了不到半个世纪——大约是一个人一生的工作年限，这意味着大多数韩国人的职业和工作场所变化异常频繁。甚至在近期，在新自由主义提高劳动力市场灵活性之前，不同于东亚劳工制度的普遍特征，对极少数韩国劳动人口来说，终身就业是一种特权。普通的韩国男性退休人员或接近退休人员已经从农民转变为工厂/办公室工人，然后再转变为个体经营者；年龄相近的普通女性则从农民转变为工厂工人、办公室秘书或销售人员，她们会在结婚时或结婚前离岗，并在孩子出生后间歇性地重回劳动力市场，从事一些临时服务工作，以此来增加家庭收入。大多数韩国人，无论男女，都未能在长期集中经济活动的基础上得到社会阶层认同。这是由于他们普遍难以依靠集体行动来追求个人利益，而往往是求助于包括父母、兄弟姐妹、亲戚、同学、家乡朋友等在内的个人支持网络关系。尤其是对女性而言，剧烈的产业结构调整以及存在极端性别歧视的劳动力市场结构，严重阻碍了以工作为基础的社会阶层的自我认同或自我价值的实现。尽管韩国已实现全面工业化，但对于长期从事临时工作的半无产阶级女性来说，即使是进入工业无产阶级的底层阶级也是一种奢求。另一方面，政府和企业普遍缺乏对婚姻、生育和育儿的支持政策，这就导致大多数女性被迫从事全职家庭主妇，而这对于政治动员的传统和现代家庭关系意识形态来说，却也是合乎情理的。正如第五章所说到的，上述现象在图 1.1 中体现了压缩现代性的维度Ⅰ、Ⅱ、Ⅲ和Ⅳ。

（5）传统（本土）和现代（国外）因素之间的对立关系：在韩国，以工业资本主义、议会民主和实用主义科学为代表的现代社会秩序的建立，并不是基于对传统秩序的创造性继承或逐步取代。这种向现代性的不成体系的历史过渡，一方面让各种传统制度、价值观和关系得以延续，另一方面也造成了传统文明和现代文明间偏执、剥削和功能失调的对立关系。由于不同行业、地区、职业、世代有着不同的历史传统和社会利益，行业间、地区间、职业间、世代间的激烈冲突不可避免。然而，系统性理论或意识形态很少能成功解决此类冲突，因此大多数冲突只能通过利益上的讨价还价来得到暂时性的解决。举一个典型的例子，韩医（Hanui）和洋医（Yangui）/洋药（yangyak）之间为争夺医疗、治疗和卫生实践各个领域的专属法律认证展开了激烈斗争。① 在这方面，农业（农民）和城市工业（工业资本）之间的关系是更具结构性和长期性的问题。自推行典型的二元论经济发展模式以来，韩国的工业化要求古老的农业经济和农民社会作出难以恢复的长期牺牲（尽管也存在一些"反向联动效应"）。尽管传统家庭生产模式下的农业被牺牲造成了农村家庭的经济和社会危机，但大多数农村家庭并没有坚决抵制这种不平衡的发展战略，而是采取了通过多种方式参与工业化来对冲风险的战略。特别是农村家庭通过把孩子送到城市接受教育、培训、就

---

① 例如，见 Eom et al.（2002）。

业和创业,并尽其所能提供资金支持这些活动,而这为工业化的微观社会和经济条件的准备作出了重要贡献。然而,农民对工业化的贡献意味着自愿(尽管是间接的)退出农村社区和经济,并且最终意味着一段自我否定的历史。这一现象,如第六章所分析的,反映了图 1.1 中压缩现代性的维度Ⅰ、Ⅱ、Ⅲ和Ⅳ。

(6) 政治经济积累:韩国的经济爆炸式增长伴随着国家财富高度集中在主导工业、媒体、教育甚至宗教的大家族和族阀(jokbeol)手中。这些工业集团、保守派媒体、私立大学和学校,以及由蒙受神恩的大亨及其兄弟、儿子、女婿控制的新教教会规模以惊人的速度增长,使国民经济上的"奇迹"增长相形见绌。这种现象在结构上与国家对经济和社会采取积极行动的发展战略有关。为了尽快发展国民经济和社会基础设施建设,所谓的"发展型国家"选择将可用的物质资源战略性地集中到各个工业和社会领域的私营部门手中。作为积极服从国家政策的回报,这些私营部门在优惠政策贷款、直接补贴、税收优惠、公共资产转让、市场保护、获得发展信息、许可特权、监管豁免、破产保护等方面受益颇多,甚至在法律上被网开一面。这种回报最终使寻租政治经济达到了前所未有的规模。在这种情况下,与政治领导人和关键官僚建立联系往往是企业成功的关键条件。此规则不仅在私营企业中有效,而且在新闻、教育和宗教等民间部门也同样有效。大多数主要的报纸、私立大学和学校,以及大教会的建立和运作都与商业机构非常相似。以租金为基础的利润积累结构不可避免地导致行业和社会企业家之间产生激烈的政治竞争,其中包括服从风险政策、(过度)实现无利可图的政策目标、捐赠政治和官僚费用、个人贿赂政客和官员,有时甚至会在没有政治控告的情况下受到法律制裁。企业和准企业关注的政治化管理及其暴利潜在性,通常与专制的父权制首领、其家族成员和家臣(gasin)组成的兄弟会式组织领导有关。在韩国奇迹般的发展之下,家族和族阀成为各类企业和准企业关注点之间政治经济积累的轴心。如第七章所述,这一现象在图 1.1 中体现了压缩现代性的维度Ⅰ、Ⅱ、Ⅲ和Ⅳ。

(7)压缩性去家庭化现象:20 世纪中叶以来,韩国实现了现代性,其前提是家庭作为微观基础的至关重要性。自此之后,随着宏观政治、社会和经济的剧变,韩国人的家庭关系和家庭生活变得极其复杂多变。这种现象在家庭意识形态中的偶然多元性和随之而来的家庭多重功能方面尤为明显。韩国家庭遭受了一种可称之为"功能超载"的困扰,因为他们必须承担各种不同家庭意识形态所需的不同角色和功能。即使对于那些物质丰富和/或文化资源丰富的公民来说,承担如此多样的角色和职能也是非常困难的。贫困阶层为此承受的家庭关系和家庭生活压力的重量不言而喻。此外,20 世纪 90 年代后期,韩国经历了前所未有的经济危机,随后为补救而进行了大幅度的产业结构调整,极度动荡的社会和经济环境加剧了韩国家庭的功能超载。一系列的家庭破裂现象(如家庭暴力、私奔、离婚、延婚和厌婚、无子、低生育等)紧随而来,形势非常严峻。韩国的压缩现代性,恰逢突如其来的经济危机和重组,导致了极具压缩性的家庭危机,而

这场危机又引发了各种压缩性家庭破裂趋势。如第八章所述，
这一现象反映了图 1.1 中压缩现代性的维度Ⅰ和Ⅲ。

　　虽然上述社会现象是作为压缩现代性的一般表现而介绍的
不同例子，但每一章的主题都涉及一组限定社会学变量之间独
特的因果结构。构成压缩现代性的特定维度的表现程度因学科
领域不同而异。压缩现代性不是某种结构性力量或因素，不能囊
括本书所讨论的各种社会现象；压缩现代性是一种文明状态，其
属性为个体独立性和社会变量的相互作用模式，以及与之相伴
的社会秩序和文化特征。

第二章 │ 偶然多元性

第一节　简介

众所周知,在个人生活和社会生活中,韩国人都以家庭为中心。[1] 然而,他们对家庭的观念千差万别。特别是不同的家庭意识形态(包括家庭价值观和准则)同时出现,映射出韩国经济、社会和文化体系的快速变化。由于韩国人在半个世纪内压缩性地完成了西方国家几个世纪的历程,因此,取决于韩国人不同的诞生时间和其他社会因素,他们接触到了不同的经济结构、社会关系和文化环境。虽然人们认为韩国人的家庭主义(韩语中的"gajokjuui")是一种持久的文化特征,但其家庭关系和家庭生活也不可避免地受到社会剧变的严重影响。[2]

结果就是,不同时代的人形成了截然不同的家庭意识形态,导致家庭关系和家庭生活中代际冲突和敌对现象频频出现。此

---

[1] 本章在早期著作《压缩现代性与韩国家庭:家庭意识形态中的偶然多元性》(Compressed Modernity and Korean Family:Accidental Pluralism in Family Ideology)的基础上进行了修订、重组和拓展,《亚太研究杂志》(Journal of Asian-Pacific Studies)第 9 期(2001 年 9 月):31—39。

[2] 我将家庭主义(或韩语中的"gajokjuui")定义为有关家庭导向的个人和社会生活的价值观、规范、态度和理解的总和。另请参见第 1 页注释[2]。

外,教育、地区和性别差异也与社会剧变互相影响,造成了家庭意识形态的巨大差异。因此,由于不同世代在家庭意识形态和其他方面都存在差异,韩国人越是追求以家庭为中心的生活,他们在家庭中面临的心理负担就越多。

当然,不同家庭意识形态同时存在并不一定会引发社会焦虑或社会问题。相反,它可以为创造有活力的家庭文化提供宝贵的资源。但是,宏观层面的经济、社会和文化转型,必然导致韩国多种家庭意识形态的产生具有高度偶然性。例如,当年轻人通过大众媒体接触到西式家庭关系和家庭生活,并据此追求人生时,随之而来的家庭意识形态却和传统家庭观念之间缺乏系统性联系,这就导致他们陷入无法化解的代际困境。在韩国,有四种主要的家庭意识形态——儒家家庭主义、工具家庭主义、情感家庭主义和个人主义家庭主义。现在韩国所面临的困境是,在突如其来的社会变化中,这些不同的家庭意识形态只是在偶然间实现了共存,所以,这并不一定就代表韩国具有民主多元的(democratically plural)家庭文化。

直到最近,韩国才接受以现代化理论作为心理层面和伦理层面研究韩国家庭变化的主要方法。[1] 它解释了韩国家庭生活和家庭关系中的大多数问题都源于传统与现代之间的摩

---

① 见 Cho,S. and D. Lee(1993)。肖特(Shorter, 1975)从心理层面和伦理层面全面讨论了与家庭相关的现代性。

擦。① 但韩国社会的一个重要特征是，传统文化、现代文化甚至后现代文化并存，不同世代接触到这些文化的程度不同，导致代际关系紧张、冲突不断。此外，传统、现代和后现代文化之间的相互作用产生了新的混合文化元素。韩国的家庭规范和态度明显地表现出了这种趋势，这就使韩国的家庭意识形态变得无比复杂。因此，要解释如此错综复杂的现实情况，新的理论思路必不可少。

第二节 压缩性社会变革与家庭意识形态

近几十年来，尽管韩国社会发生了爆炸性巨变，但韩国人以家庭为中心的特点一直存在。在殖民、战争、军事统治和工业化的动荡局势下，韩国人无法再轻易地向国家或社区寻求物质、身体和心理方面的保障。相反，他们通过家庭的支持和配合，化解了各种危机局势，探索新的机会，并维持社会身份。因此，韩国人的家庭主义一直是消化快速社会变化的重要机制。从某种意义上说，研究韩国 20 世纪社会历史的最佳切入点可能是将基层和精英阶层的家庭史汇总起来。

然而，韩国人以家庭为中心的生活并不一定以某种共同的家庭意识形态为前提。相反，韩国人有关家庭的价值观和规范比其他大多数国家更复杂、更多样化。当代韩国人同时

---

① 见 Chang, K.（1997a）。

接触到儒家家庭主义、工具家庭主义、情感家庭主义和个人主义家庭主义,且不同的世代、地区、性别和教育背景的人们对每一种家庭意识形态的适应程度也不同。因此,不仅整个社会,而且每个家庭都必须面对相互矛盾的家庭意识形态之间的失调所造成的紧张局势和冲突。个体越依赖家庭来满足个人和社会需求,此种紧张局势和冲突就越会加剧。不幸的是,对于这种家庭意识形态差异的控制,往往是通过家庭权力关系以专制的方式实现,更糟的是,这种情况会严重减少家庭间的对话和往来。

　　韩国社会中各种家庭意识形态的出现是宏观层面上社会、文化和经济快速变化的偶然结果。因此,韩国人的家庭意识形态构成了一种具有"偶然多元性"的文化秩序(或文化失序)。最初,多元主义是一种西方民主政治哲学,主张在相互包容和认同的基础上,追求不同或相互竞争的社会要素逐步实现共存。韩国人多样的家庭意识形态并非建立在多元主义这一社会和家庭融合的进步原则之上。家庭意识形态上的多样性是每个家庭在经历一系列漫长而突然的历史事件和社会变革的结果,包括殖民统治、战争、西化、工业化、城市化、商业化、信息化和传统复兴。尽管人们自愿接受了其中一些过程,但整体上韩国家庭思想转变的本质远谈不上和谐或稳定。

　　除了复杂且爆炸性的社会变化,预期寿命的迅速延长也促进了家庭意识形态的多元性。即老一辈人所强调的家庭思想,如儒家家庭主义和工具家庭主义,因老龄化迅速且持续的延长而获得了更长的社会寿命。① 同时,情感家庭主义和个人主义家庭主义在中年群体和青年群体中迅速蔓延。这使得有不同历史和不同地域渊源的家庭意识形态在韩国实现了共存。

第三节　家庭意识形态的主要类型

下面将简要探究儒家家庭主义、工具家庭主义、情感家庭主义和个人主义家庭主义的特征、背景和现实情况。

一、儒家家庭主义

儒家家庭主义的核心是对朝鲜时期传统家庭价值观和规范的继承。② 这种以道德等级为基础、维持两性和代际关系的家庭意识形态,仍对当代韩国人产生着最主要的影响。尽管这种意识形态出现了各种明显的弱化甚至退化,但它仍深深影响着亲子间、夫妻间以及兄弟姐妹间的关系。

有两个历史因素让儒家家庭主义的影响无处不在,但同时也造成了问题:首先,儒家思想,包括其家庭意识形态,是一种由贵族(称为两班)垄断的阶级现象;其次,它的现代载体与社会结构变化的性质不相符。由于儒家家庭仪式和家庭关系需要大量文化资源和物质资源,超出普通民众和底层阶级的承受范围,因此有学识

---

① 见 Chang,K.(2001)。

② 见 Choe,H.(1991)。

和有地权的贵族能够将道德上合理的阶级统治合法化。有趣的是,在 19 世纪中叶传统的阶级制度开始瓦解后,儒家家庭主义在全社会趋向普遍。这一趋势反映出,从前的普通民众和底层民众渴望融入专属他们原先主人的阶级文化。[①] 而且,在经历殖民破坏和战争之后,儒学开始在维护家庭团结的基础上,促进社会融合和稳定。由于反复的政治和军事冲突,国家与地方社区陷入混乱,私人家庭担负起保护和管理个人的全部责任。

虽然韩国的家庭生活和家庭关系中出现了一种再传统化(或两班化)现象,但与家庭无关的政治、社会和经济变化需要迅速脱离传统。日本的殖民统治、美国的军事占领、内战和剥削劳力的工业化,都迫使韩国底层民众一方面摆脱传统的工作和生活的社会文化环境,另一方面承受着巨大苦难和极度贫困。他们背井离乡,面对物质生活的困境,长此以往,只能违背儒家家庭仪式与家庭关系的文化期望。

此外,儒家思想中的性别等级和年龄等级导致人们疏远、歧视妇女和年轻人,而这类人群原本能够更加适应现代社会趋势和经济发展,在社会中扮演重要角色。[②] 特别是女性在社会、经济和政治上普遍的从属地位,致使她们渴望至少生养一个儿子(见表 2.1)。在重男轻女的其他原因中,家庭血统的延续对大多数韩国老人来说至关重要(见表 2.2)。

---

① 见 Kim,S.(2001)。

② 见 Chang,K.(1997a)。

表 2.1　韩国人对生儿子必要性的态度

		必须有一个儿子				
		受访者数量	完全认同/%	大体认同/%	大体不认同/%	完全不认同/%
总计		1 520	27.8	37.0	29.2	6.0
区域大小	首尔	383	21.0	38.6	32.5	7.9
	大型城市	336	21.0	39.2	35.4	4.4
	中小型城市	410	22.8	38.2	31.4	7.6
	城镇（邑）	112	36.6	36.7	18.6	8.1
	乡镇（面）	278	49.3	30.3	18.0	2.4
性别	男	747	26.2	40.2	27.8	5.8
	女	772	29.5	33.8	30.4	6.3
年龄	20—29 岁	479	13.9	33.3	43.9	8.9
	30—39 岁	404	18.4	44.8	31.8	5.0
	40—49 岁	257	30.1	43.1	22.7	4.0
	50 岁及以上	379	54.0	29.1	12.0	4.8
学历	小学	266	59.8	23.8	11.7	4.7
	初中	167	32.5	35.1	25.7	6.8
	高中	629	23.2	38.9	32.9	5.0
	两年制大学	108	15.3	40.7	34.7	9.4
	四年制大学及以上	347	13.7	42.9	35.7	7.7

资料来源：人口与发展研究中心（Population and Development Studies Center, 1993），第 99 页。

注：两年制大学包括四年制大学的辍学学生。

表 2.2　关于"必须生儿子才能延续血统"的看法

		受访者数量	完全认同/%	大体认同/%	大体不认同/%	完全不认同/%
总计		1 000	9.7	23.0	44.1	23.2
性别	男	464	13.6	24.4	45.7	16.4
	女	536	6.3	21.8	42.7	29.1
年龄	20—29 岁	314	5.4	13.7	51.0	29.9
	30—39 岁	282	7.4	16.7	46.1	29.8
	40—49 岁	192	9.9	29.2	43.8	17.2
	50—59 岁	139	16.5	38.1	33.8	11.5
	60—69 岁	58	20.7	41.4	29.3	8.6
	70 岁及以上	15	33.3	46.7	20.0	0.0
学历	初中	404	14.8	41.4	34.4	9.4
	高中	673	9.1	22.4	45.6	23.0
	大学及以上	419	8.8	17.6	45.5	28.2

资料来源：韩国放送公社与延世大学（Korea Broadcasting System and Yonsei University,1996），第 410 页。

二、 工具家庭主义

　　工具家庭主义是在动荡的 20 世纪,由韩国人依赖家庭的各种生存策略演变而来的一种人生哲学。随着传统秩序瓦解、日美相继殖民统治以及朝鲜战争破坏了稳定的国家治理和公共秩序,韩国人只能依靠家庭来寻求自我保护,实现社会成就。[①]　即

——————————

① 见 Chang,K.（1997a）。

使在全面工业化开始之后,韩国人仍继续依赖家庭来管理和发展其工业体系。

举个例子,正如第三章所详述的,受过教育且熟练的劳动力的形成,不是由于政府和企业对人力资本的积极投资,而是由于普通公民对自己和子女教育的过度热情(家长为子女支付高等教育费用的意愿见表 2.3)。韩国大多数普通的小规模商业经营都是由家庭出资和/或由家庭人员组成的企业,财阀这一最大的商业组织在所有权和管理方面也是由家庭控制的(参见本书第七章)。[①]

表 2.3 对于父母承担子女婚姻和教育费用责任的看法

单位:%

	父母在多大程度上对子女的婚姻和教育负有责任?				
	承担一切必要费用	承担部分责任	完全无责任	不知道或无回答	总计(总数=1500)
婚姻	23.6	69.2	6.6	0.5	100.0
研究生教育	40.7	48.1	10.6	0.6	100.0
大学教育	78.1	20.4	1.3	0.2	100.0
初中/高中教育	98.7	1.0	0.3	—	

资料来源:新闻办公室(Office of Public Information,1996),第 190 页。

韩国人通过调动他们的家庭资源和亲属网络,来实现社会进步、获取物质上的成就,甚至政治上的成功。好的家庭能够满

---

① 见 Cho,D.(1991);Kang,M.(1996);Chang,S.(2006)。

足其成员的社会、经济或政治需求。也就是说,这逐渐形成了一种意识形态,即家庭必须作为其成员竞争社会地位、财富和权力的主要工具。如果一个家庭未能达到这个标准,这将成为其低人一等的尴尬证据。工具家庭主义不可避免要付出的代价就是,许多的韩国家庭倾向于牺牲正常家庭的生活质量,以换取其成员在社会上的成功。由于家庭关系是通过对其成员社会竞争的战略性支持而得到巩固,而不是通过和谐的家庭互动来巩固,家庭的存在因此形同虚设。事实上,除家庭主妇之外,其他家庭成员花费在家庭里的时间并不多,而许多家庭主妇要迎接从私人补习班回来的孩子,以及加班归来或从应酬酒局归来的丈夫,为此熬夜到午夜。

另一方面,通过裙带关系调动家庭资源和亲属网络,往往会使各个社会领域滋生腐败、出现投机和勾结行为,从而对社会、经济和政治秩序产生负面影响。① 在许多情况下,通常是家庭主妇为维护家庭利益而进行秘密活动,因此牺牲了清白且公平的社会秩序。此现象衍生出一个说明性术语"裙裾之风"(chima baram),这个词被用来讽刺女性用贿赂来左右教师、组织孩子补习功课、通过房地产投机增加家庭金融资产、发展与丈夫上级妻子的人际关系等不当作为。

---

① 见 Chang,K.(2004)。

三、 情感家庭主义

在西方,情感家庭主义最初产生于资本主义工业化带来的社会动荡中,是因人们呼吁家庭的心理保护功能而发展起来的。① 由于大型工厂生产、大型办公室管理的大规模工业资本主义出现,许多依赖家庭经济组织的资产阶级企业家在经济和社会舞台上走向消亡。这一趋势促使社会面努力重建家庭,使其成为保护人们情感的避风港。② 他们开始期望家庭能够提供心理缓冲,以应对工业社会中猖獗的压制、剥削和人与人的疏离。人们认为女性可以保护家庭的情感完整性。后来,禁止雇用童工以及保护孕妇的政策让大多数儿童和妇女留在家中,养家糊口的男性收入有所提高,确保了家庭生活的物质条件。这些趋势促进了情感家庭主义的传播,尤其是作为中产阶级和无产阶级的家庭文化。

在韩国,快速的工业化和经济增长使得以情感家庭主义为主要家庭意识形态的中产阶级工人规模迅速扩张。此外,由于大多数受过高等教育的女性婚后都待在家里(见第五章),因此她们面对并逐渐习惯了西方人通过大众媒体传播的情感家庭主义。③ 对许多底层女性来说,她们为了贴补丈夫微薄的收入而必

---

① 见 Lasch(1977)。

② 见 Zaretsky(1973)。

③ 见 Choi, S. and K. Chang(2004)。

须出去工作,做全职太太只是她们自己对生活的美好幻想。

　　由于情感家庭主义将夫妻关系的优先级置于其他关系之上,韩国的婚配和老年人群体的社会特征因此发生了根本性变化。随着配偶关系的情感质量越来越受到重视,成年子女的婚姻自主决定权已经大大增强(见表2.4)。此外,随着越来越多人将老年问题视为独居生活管理的问题,孝道以及与有能力的子女一起居住的重要性逐渐下降,而配偶的和谐相处与相互支持越来越重要(见表2.5)。在这样的背景下,这些变化会让家庭内部的代际关系发生显著改变。

表2.4　已婚女性（15—49 岁）对晚年与子女同住的态度

		希望一起居住/%	希望分开居住/%	不知道/%	受访者数量
地域	全国	15.5	72.3	12.2	7 452
	城市	14.3	73.2	12.5	5 850
	农村	19.6	69.2	11.2	1 602
年龄	15—24	12.9	71.9	15.2	381
	25—29	10.2	77.5	12.3	1 466
	30—34	11.9	76.2	11.9	1 833
	35—39	14.6	72.6	12.8	1 531
	40—44	20.6	67.1	12.3	1 275
	45—49	25.8	63.5	10.7	966
学历	小学	23.2	63.4	13.4	1 704
	初中	16.1	71.2	12.7	1 933
	高中	12.1	76.4	11.5	3 064
	大学及以上	10.1	78.6	11.3	742

资料来源:Kong et al. (1992),第 134 页。

表 2.5　不同特征的女性确定婚姻的方式

单位:%

		完全由女方父母决定	父母决定后女方同意	女方决定后父母同意	完全由女方自己决定
合计		32.0	19.3	38.5	10.3
住所	城市	21.6	20.4	47.5	10.5
	农村	53.0	16.9	20.2	9.9
结婚年份	1939 年之前	93.6	5.8	0.6	—
	1940—1949	85.1	10.7	1.7	2.4
	1950—1959	67.6	21.2	6.3	4.9
	1960—1969	38.3	28.2	27.4	6.2
	1970—1979	9.5	25.6	53.0	11.9
	1980—1989	0.9	14.4	66.6	18.2
学历	小学	60.7	17.8	14.7	6.8
	初中/高中	6.1	21.2	58.9	13.8
	大学及以上	—	15.4	73.8	10.7

资料来源:Kong et al.(1990),第 70 页。

　　将情感家庭主义与工具家庭主义相比,前者不同于后者之处在于,强调家庭生活质量高是衡量一个好家庭的核心标准。将情感家庭主义与儒家家庭主义相比较,前者在强调女性的家庭地位和家庭主妇角色方面与后者一致,但在强调配偶之间、父母与未婚子女(而不是已婚子女对年迈父母的孝道)之间的情感融合方面与后者不同。情感家庭主义、儒家家庭主义和工具家庭主义之间的这些差异往往导致代际和配偶之间的冲突。

四、 个人主义家庭主义

有两种社会趋势决定了韩国的个人主义家庭主义的产生，即社会民主化促进了妇女和青年的个性发展，以及消费资本主义迅速扩张带来了家庭生活商业化。[1] 虽然个人主义家庭主义起源于西方，但在经济增长、民主化、西化甚至经济文化全球化的压缩过程中迅速传播到了韩国社会中。[2]

在西方和韩国，由于女权主义者强烈批评女性在中产阶级核心家庭中仅充当情感保护者、情感提供者，并且由于处在不断的经济结构调整和家庭收入来源不稳定的情况下，女性更多地参与到劳动市场中去，女性地位发生了根本性变化。[3] 在这种情况下，越来越多的人意识到在家庭和社会中，需要设置性别平等的角色和地位。此外，越来越多的女性认为结婚仅仅是人生中的一种选择，可以选择结婚也可以不结，抑或很晚结婚或者甚至不婚（见表 2.6）。

---

① 见 Kendall（2002）；Kim，S.（2000）。

② 个人主义家庭主义本质上不同于个人主义（见第八章）。

③ 见 Chang，K（1998）。

表 2.6　已婚女性对未婚独居女性的看法

单位：%

		合计 （总数）	独居 比结 婚好	如果 经济 允许 独居 更好	个人 隐私	结婚 比独 居好	必须 结婚	不 清 楚
	总计	100.0(2 828)	6.2	37.1	7.1	27.6	18.6	2.8
住所	城市	100.0(1 896)	6.4	41.7	7.5	27.8	14.0	2.4
	农村	100.0(932)	5.8	27.7	7.9	27.3	27.9	3.4
学历	小学	100.0(1 361)	6.8	24.0	7.4	28.9	28.8	4.1
	初中/高中	100.0(1 316)	5.6	50.4	6.9	26.4	9.0	1.6
	大学及以上	100.0(149)	6.0	39.6	16.1	27.5	10.1	0.7
年龄	29 岁及以下	100.0(587)	5.6	52.3	7.7	25.4	7.7	1.4
	30—39 岁	100.0(797)	6.6	47.2	9.3	26.5	8.4	2.0
	40—49 岁	100.0(584)	7.7	32.4	6.5	29.8	20.0	3.6
	50—59 岁	100.0(470)	5.5	26.2	6.0	27.4	31.1	3.8
	60 岁及以上	100.0(390)	4.9	13.8	8.2	30.5	38.7	3.8

资料来源：Kong,S.,et al.(1990)，第 84 页。

　　另一方面,由于从婚姻到日常生活中的决定,每一项家庭事务都显示着个人的品位和偏好,商业资本将现代家庭和住宅作为目标,认为可以对其进行无限制的干预。金钱可以为商业化的家庭生活带来一切所需要的物品,包括各种电子设备、家庭视频电影、即食食品,甚至外卖派对美食。家庭在商业消费方面的减少,以及随之而来的家庭文化恶化,对青年产生了尤为严重的

破坏性影响,大众媒体和学术界经常将他们描述为沉迷于无用
消费的不合群、没有精神的新一代。① 对于他们中的大多数人来
说,家庭的作用主要是提供商品或购买商品的金钱。由于成年
人也愈加沉浸在商业化的日常生活中,他们无法对青年人的这
种态度施加严格的道德压力。

第四节　偶然多元性的困境

　　韩国家庭文化的基本特征不是从儒家家庭主义和/或工具
家庭主义向情感家庭主义和/或个人主义家庭主义持续转变,而
是多种家庭意识形态共存,根据年龄、世代、性别、地区、教育程
度、阶层等因素的不同而分布各异。整个社会、每个家庭,甚至
每个人,都要同时维护各种不同的家庭意识形态,过着复杂而焦
躁的生活。家庭意识形态中的偶然多元性导致了个人、家庭和
社会生活中的日常斗争,这是因为以家庭为中心的社会不仅支
配着家庭,也支配着个人和社会。

　　我们需要简要地检验不同家庭意识形态在不同个体特征中
的分布。一般来说,年轻人、受过良好教育的人、居住在城市的
人以及女性更加倾向于情感家庭主义和个人主义家庭主义,而
其他群体则更加倾向于儒家家庭主义和工具家庭主义。② 在这

① 见 Ju,E.(1994)。
② 关于家庭价值观和规范代际差异的最新研究,见 Kim,H.(2005)。

些差异中,年龄和/或世代的具体差异是最为显著的。当然,这是因为在这个压缩性变化的社会中,不同的世代和年龄组已经接触并习惯了截然不同的社会、文化和经济环境。当年轻人通过大众媒体和商业宣传接触到西方个人主义家庭主义,并开始追求此类生活时,其与保守的家庭价值观和规范几乎再无系统性关联,所以很容易与父母这类强烈的儒家家庭主义者或工具家庭主义者产生不可调和的矛盾。另一方面,当坚信工具家庭主义的父母试图控制孩子的婚姻,以此作为提升社会和/或经济地位的手段时,可能会让许多子女无法理解,因为年轻人往往会将西方核心的情感家庭主义理想化。

　　家庭意识形态的偶然多元性并不一定意味着每种家庭意识形态的存在都是偶然性的。儒家家庭主义、工具家庭主义、情感家庭主义和个人主义家庭主义的存在都有一些重要的历史原因或社会原因。虽然公众通过大众媒体意外接触到西方文化,情感家庭主义和个人主义家庭主义迅速传播,但同时也出现了与新家庭文化相匹配的压缩社会和经济重组的过程。因此,情感家庭主义和个人主义家庭主义的物质和社会基础已经建立,这些新家庭意识形态在日常生活中已然变得现实且实用。当然,社会和经济结构调整本身在很大程度上也是在效仿西方国家的模式。即使西方国家的家庭意识形态和西方社会经济结构是分别引入韩国的,即没有系统地考虑塔尔科特·帕森斯所说的文化元素和物质元素之间的"功能契合性",这些元素在韩国共存,最终也可能会带来某种功能上的联系。

　　此外,不同的家庭意识形态之间在逻辑上也存在一些相同之处。例如,儒家家庭主义和情感家庭主义都强调女性作为家庭主妇的道德品质和心理功能。这种一致性打造了至关重要的文化背景,在这种背景下,韩国上流社会的许多家庭(其中许多人仍然信奉儒家思想)非常轻易地接受了西方情感家庭主义。另一方面,由于儒家思想对女性的家庭地位和社会地位的压迫非常极端,同时也就成为西方女性主义声音和个人主义家庭意识形态获得巨大吸引力的重要条件。[①] 一些女性主义者甚至可能会否认家庭意识形态的多元性,认为工具家庭主义、情感家庭主义甚至个人主义家庭主义都从属于实行父权制的儒家家庭主义。

　　尽管存在这些可能性和争论,但不可否认的是,韩国的家庭和社会中,许多不同甚至相互矛盾的家庭意识形态共存是一个偶然现象。这是传统的、现代的、后现代的、韩国的、东亚的、西方的、全球的等多种宏观社会趋势偶然并存的直接体现。正是这种偶然多元性从根源上造成了韩国人家庭生活和家庭关系的困境。除了这些家庭意识形态各自造成的负担和痛苦,不同的家庭意识形态之间的不和谐与矛盾也给韩国人的家庭生活和人际关系带来了各种精神上的压力。

---

① 女性受压迫的最臭名昭著的证据是性别比例的扭曲。在过去,对女性胎儿的无情堕胎导致了世界上最高的性别比(男性对女性)之一(Han, H., 1994)。最近,这一比例一直在向着生物学正常水平稳步下降。

　　韩国虽然看上去一直在坚持崇尚家庭生活和传统道德的社会政策,实际上却加剧了家庭经历的心理上和功能上的矛盾。韩国一直用各种矛盾的方式大力倡导家庭主义。从表面上看,历届政府都试图保留家庭的(新)儒家性质,以便依靠家庭职能和职责来获得社会支持,实现政治控制。但现实中,国家对家庭的意识形态要求和功能要求直接体现并强化了相互矛盾的家庭意识形态——儒家家庭主义、工具家庭主义、情感家庭主义和个人主义家庭主义。然而,官方家庭政策一直以来的特点为:鼓励私人家庭(即普通公民的家庭)在不要求国家援助的情况下抚养、保护、教育、管教、抚慰、支持和照顾其成员。① 多元化的家庭意识形态确实助长了国家对家庭的依赖。如此一来,韩国的作为反而加剧了家庭危机——如第八章所述的去家庭化——其表现为生育率下降、离婚、推迟结婚等极端趋势。

　　21 世纪,韩国社会在信息化、全球化等社会新趋势下,面临着更加迅猛的社会变革。这些变化仍处于萌芽阶段,因此很难系统地预测或判断其对个人生活和社会秩序的具体影响。然而,有一点是很明显的:韩国人仍然过着高度依赖家庭的生活,并以依赖家庭的方式应对相关的社会变化,同时还要应对困扰他们的各种矛盾的家庭意识形态。

---

① 公共家庭是一个术语(和理论),用于强调和/或鼓励国家在帮助普通公民的家庭和/或代表普通公民的家庭提供各种形式的社会支持方面的作用。私人家庭则是一个用来突出公共家庭的弱点或缺失的术语。

　　例如，最近的经济危机明显是经济全球化所造成的，这让大多数韩国人寻求各种以家庭为中心的生存策略。① 当国家金融危机演变成底层民众的灾难性个人困境时，韩国家庭变得既强大又弱小——当家庭成员能够在经济困难面前团结合作时，家庭力量就变得更强大了；当经济负担和痛苦超出他们忍耐的能力和艰苦生活的能力极限时，家庭力量就会变得弱小。此外，文化全球化和信息化一方面加速了韩国人同美国、日本等文化元素的碰撞，另一方面鼓励他们对本土文化元素赋予更高的价值。这些倾向很可能直接影响家庭生活和家庭关系的根基，使家庭意识形态变得更复杂。总而言之，韩国人以家庭为中心的生活及其复杂的家庭意识形态不会被各种新的社会趋势所取代，而是与之相互作用，产生更新奇的个人生活模式和社会秩序模式。

———————

① 见 Chang, K. (1999b)。

第三章｜社会投资家庭与教育政策

第一节　社会投资国家对社会投资家庭

东亚社会的教育热情不仅被誉为整个地区经济成功的关键决定因素,也激励了许多西方政治家、学者和记者去促进自己国家的社会改革。[1] 人力资本的概念有助于对拥有教育动机和先进人口的经济价值进行评估。人们认为教育投资可确保东亚社会经济发展的长期可持续性。[2] 尽管日本、韩国和中国台湾的正规教育的质量和性质经常受到质疑,更不用说中国大陆,但他们对教育成就的普遍渴望为人称赞和羡慕,这已成为他们的民族

---

① 本章根据一篇题为"社会投资家庭的政治:韩国的教育和国家—家庭关系"(Politics of the Social Investment Family:Education and State – Family Relations in South Korea)的论文,使用客观的统计数据和文件进行了修改、重组和扩充。论文发表于新加坡国立大学亚洲研究所,2007 年 4 月 26—27 日,关于"不断变化的亚洲家庭作为(国家)政治场所"的国际会议。

② 当然,不仅是教育,东亚(尤其是日本)还有许多其他方面都得到了西方社会的赞扬和推荐。其中赫尔曼·汗(Herman Khan, 1979)、傅高义(Ezra Vogel, 1991)和凯文·麦考密克(Kevin McCormick, 2002)一直是"东亚方式"的积极推动者。由于最近的亚洲经济危机,他们积极的声音现在受到的关注比以前少。当然,应该认识到,东亚作为一个文化或历史上一体化的实体是一个备受争议的议题(见 Dirlik, 1999)。

特征。①

　　安东尼·吉登斯提议将"社会投资国家"作为改革英国社会"第三条道路"的核心,很可能是考虑到了东亚对教育的重视。在他看来:

> 　　再分配绝不能从社会民主议程中消失。但社会民主党最近的讨论重点已经明确转向了"可能性的再分配"。人类潜能的培养应尽可能取代"事后"再分配。② ……教育和培训已成为社会民主政治家的新口头禅。托尼·布莱尔(Tony Blair)用"教育,教育,教育"来形容他在政府中的三个主要优先事项。大多数工业国家显然需要提高教育技能和技能培训,尤其是对较贫穷的群体而言。任何社会都需要受过良好教育的人,谁能否认这一点呢? 教育投资是当前政府的当务之急,也是"可能性的再分配"的关键基础。③

从这个角度来看,吉登斯对传统福利国家作出了如下批评:

> 　　贝弗里奇(Beveridge)在 1942 年撰写了《社会保险和相关服务报告》(*Report on Social Insurance and Allied Services*),向贫困、疾病、无知、肮脏和懒惰宣战,他的宣言广为人知。

---

① 2000 年世界银行的一份分析报告对韩国的教育体系进行了无情的批评,该体系被认为具有过度控制、僵化、单调、被动、平庸等特点(《数字朝鲜》[*Digital Chosun*],2001 年 4 月 2 日)。

② 引自 Giddens(1998),第 100—101 页。

③ 引自 Giddens(1998),第 109 页。

换言之,他的关注点几乎完全在于负面特征。今天,我们应该谈论的是积极福利(positive welfare),个体和政府以外的其他机构为之作出贡献,这对创造财富起到了作用。① ……指导方针应该是在任何可能的情况下对人力资本进行投资,而不是直接提供经济援助。我们应该在积极福利社会的背景下,用社会投资国家(social investment state)代替福利国家。②

虽然吉登斯强调对教育方面的公共投资,但他的理论听起来可能很适合韩国或东亚的父母,这些父母尽最大努力调动家庭资源为孩子提供教育,而不是在自己或孩子的直接物质满足上耗尽这些资源。另一方面,尽管这些国家的政府可能会公开同意吉登斯的观点,但没有多少政府拥有制定相同政策路线的强大政治基础,因为他们没有在福利或教育方面进行大力投资。③ 在韩国,社会投资家庭(social investment family)一直在为经济持续发展提供社会基础,日本、中国台湾、中国香港、新加坡和改革开放后的中国大陆也在不同程度上如此。尽管热衷于教育的东亚家庭不一定是出于对公共教育的社会责任,但产生了相当于社会投资国家的集体效应。

---

① 引自 Giddens(1998),第 117 页。

② 引自 Giddens(1998),第 117 页。

③ 按照亚洲的标准,日本一直是一个相对活跃的社会投资国家。

韩国的个人生活和社会结构以家庭为中心的特征，甚至在国际观察家中也广为人知。在所谓的工具家庭主义（见第二章）下，韩国家庭尽力在经济、社会甚至政治竞争中支持他们的家庭成员。一个优秀的家庭应该是促进其成员在社会上成功的主要工具。家庭成员在社会上的成功反过来将会提高整个家庭的社会地位。调动家庭资源以实现儿童或家长自身的教育成就，这可能是最明智的集体行为，原因有很多，本章随后将对此进行解释。在这种背景下，家庭教育投资成为家庭经济和社会发展战略最典型的案例。① 20 世纪后半叶，韩国人的受教育水平出现了显著的提高，使韩国成为世界上受教育程度最高的国家之一（韩国人的受教育水平见表 3.1）。

2002 年 6 月，韩国的社会投资家庭在英国遭遇了一桩有趣的教育轶事。据报道，时任英国首相托尼·布莱尔的两个儿子曾参与著名私立学校老师的私人课程，这在政治和教育领域引发了激烈争议。② 两个儿子就读于同一所公立学校，为准备大学入学考试而修读了私人历史课。反对党的政客认为，这一事件明确证明了托尼·布莱尔在公共教育体系方面是多么不值得信任。韩国人觉得尤其荒谬的是，一位大声呼吁以社会投资国家作为其第三条道路政治内核的政治家，他的表现与韩国极其关

---

① 见 Abelmann（2003）第四章，详细生动地描述了韩国女性在教育竞赛最近阶段的经历。

② 《文化日报》（*Munhwa Ilbo*），2002 年 7 月 5 日报道。

心孩子私人课程的社会投资家庭如出一辙。即使在英国,也有
人对布莱尔父母的担忧表示同情,而在韩国父母中,这种同情心
可能就要强烈得多。

表 3.1　25 岁及以上人口受教育程度

单位:%

年份	小学及以下	初中	高中	学院、大学、研究生院
1947	95.0	4.4	—	0.6
1955	91.8	5.3	1.7	1.3
1966	79.6	11.1	5.6	3.7
1970	73.4	11.5	10.2	4.9
1975	65.5	14.8	13.9	5.8
1980	55.3	18.1	18.9	7.7
1985	43.4	20.5	25.9	10.2
1990	33.4	19.0	33.5	14.1
1995	26.6	15.7	38.0	19.7
2000	23.0	13.3	39.4	24.3
2005	19.1	11.2	38.3	31.4

资料来源:1947—1975 年的数据来源于《从统计数据看韩国五十年经济和社会
变化》(Economic and Social Change in the Fifty Years of the Republic of Korea Seen through
Statistics)(国家统计局,1998),第 221 页;1980—2005 年的数据来源于《2006 年韩
国社会指标》(Social Indicators in Korea 2006)(国家统计局[National Statistical
Office,NSO],2006),第 274 页。
注:1947 年初中的数据包括初中和高中。

第二节　韩国的教育、家庭和现代性

一、 教育与依附现代性

在没有社会革命的情况下融入现代性，无论是自下而上还是自上而下，都需要不同的社会布局和社会机制，以使现代活动、职业、阶级和组织制度化。在大多数西方国家，政治和经济革命使资产阶级能够创造和指导现代形式的生产、商业、劳动、企业、政府等。在韩国，建立现代政治、社会和经济秩序的本土努力受到国内抵抗和外国压制，日本和美国的殖民统治催生了一种扭曲而僵化的社会结构，在这种结构下，自发现代化和国家前景的发展希望仍然非常渺茫。朝鲜战争有助于消除传统阶级利益的物质残余，但没有提供一种适合追求现代性的替代型社会结构。

在这种社会结构性真空中，正规教育成为主要的机制，社会团体试图通过这种机制促进阶级利益、争取阶级流动，国家尝试通过这种机制组织和动员社会团体从事现代职业，实现现代职能。正规教育成为政治、政府、工业、职业和文化现代化项目的通行证。只有通过正规教育，个人才能具备现代性。受教育水平低或不受教育不仅意味着要成为文盲、做不喜欢的工作、拥有较低的薪资，还意味着与国家和社会追求的新文明渐行渐远。

此外,学校不仅是集体学习知识和利用技术实现现代化的场所,也作为建立社会、经济和政治竞争所需的社会网络机制发挥作用。①

韩国人在后解放时期追求的新文明并不是他们有意识地、自主地设想出来的,而是由美国人提供的,有时甚至是强加给韩国的。美国先是通过军事政府,然后通过精心挑选的当地政治领袖李承晚(Rhee Syng Man)的政府,将其制度、习俗和价值观移植给了当时的韩国。特别是,通过移植现代机构而引入的现代性没有经过任何的当地社会建设或重建过程,需要一夜之间形成精英群体,以此为这些机构提供工作人员和运营。正规教育通常会被缩减,用于迅速培养官僚、工业、文化等领域的精英。正规教育成为将韩国人融入对西方(尤其是美国)文明的学习和体现过程的主要渠道。② 利用本土教辅资源、传授传统或当地知识,与此相关的自学和非正规教育渠道被国家教育系统彻底摒弃——虽然没有被禁止。只有通过正规教育,韩国人才能在智力层面接触到美帝国强加在他们生活上的目标、前提和概念。③ 另一方面,韩国人对民族自立的渴望没有被纳入正规教育课程中,反而遭到了刻意的压制。

---

① 见 Kim,K.(1998)。

② 见 Son,I.(1992)。

③ 对于已经过了上学年龄的成年人,政府运动和大众媒体起到了替代作用(Son,I.,1992)。

　　最重要的是,美国式的政治和经济体系如此突然地植入韩国,要求政治、行政和创业精英彻底了解美国民主和资本主义的逻辑和本质。① 事实上,美国军政府动员了几乎所有在日据时期从美国大学获得学位的韩国人,并利用他们作为政府官员。② 这些幸运的韩国人,其中许多人因亲日活动而被其他韩国人视为民族叛徒,从 1948 年政治独立开始,一跃成为统治精英的核心。之后,许多富有和/或喜欢冒险的精英成员直接进入美国学校,获得高等教育学位。美国政府有意识地帮助韩国精英成员在美国大学学习,并慷慨提供奖学金和津贴。在后来的几年里,韩国政府拨出一笔特别预算,将精选出来的学生送往西方国家——当然,主要是美国——去进行深造。由此,在国内外学校获得的知识和文凭,构成了政界、商界、学界、高雅文化圈、媒体等领域的主流。高级的正规教育使韩国人能够在当地的权力、财富和威望的竞争中加入美国人的霸权阵营。

　　正规教育是按照美国标准而建立的,运作现代政治、经济和社会制度的主要机制,因此大多数高等教育机构一直处于由美

---

① 见 Amsden(1989) 。

② 见 Son,I. (1992) ;Cumings(1981) 。美国军事占领政府的官员对如此多的韩国人进入美国最好的学术机构并获得高级学位表示惊讶(Son,I. ,1992) 。这是西方人第一次认识到韩国教育的热情。

国培养的学者的严格控制之下。① 尤其是,美国在教育学领域的
影响力极其强大,这并非巧合。韩国人几乎所有的外国教育学
博士学位都是从美国学术机构获得的。此外,经济学和政治学
(包括国际政治学)一直受到美国学术界的过度影响——这是韩
国在经济和政治上依赖美国的一贯指标。出于政治和功能原
因,韩国对美国自然科学和工程技术的依赖程度同样很大。美
国人公开且乐于接受这些趋势。事实上,美国向韩国提供的首
批主要援助之一,被用来支付学术上占主导地位的国立首尔大
学的教授的学费和生活费,这些教授被指定在美国的大学进行
高级研究。②

　　社会革命没有发生,并且现代化对外依存,这使得正规教育
具有非同寻常的历史意义,韩国因此变成了一个"学历斗争"社
会,斗争的激烈程度不亚于资本主义阶级斗争。获得了韩国的
教育证书通常被归为"学阀"(hakbeol),这不仅能代表知识培训
的水平,还暗示其在政治、社会和文化等级中的地位。因此,对

---

① 在这方面,韩国似乎与日本有着根本的不同,在日本,受过当地培训的学者从
　 未失去学术和社会霸权。然而,学术界与霸权国家之间的关系在这两个社会
　 之间可能没有本质上的区别。众所周知,日本学术界一直受到国家官僚和政
　 治利益的严格控制。另一方面,冷战以及在美国支持的朝鲜半岛总统独裁统
　 治下的现代化实际上扩大了美国占领的政治状态。与美国权力精英保持友
　 好关系的韩国学者很容易被反复授予韩国政府的要职。因此,韩国学者与美国
　 统治精英之间形成的关系在某种程度上类似于日本学者与国家之间的关系。
② 见 Son,I.(1992)。

自己或子女教育的投资更多地是由获得和提升阶级地位的社会斗争引起的，而不是由个人将知识作为文化价值取向引起的。韩国人的教育热情在极度依赖现代化（以及最近的全球化）的独特历史背景下产生，是一场激烈的集体运动，因此，对于正规教育的运行过程，国家不仅关注教育机会的增长情况，也关注教育机会的公平分配。

二、通过教育形成阶级

由于正规教育被设定为将社会愿望和资源引导到经济、政治和社会发展的主要渠道，所以现代社会阶层的形成在很大程度上取决于个人和家庭的教育投资和竞争。这不仅关系到所谓的新中产阶级——即管理、技术和专业工人，他们通过教育获得社会和经济地位——也关系到政治和经济统治精英。除农村地区外，没有受过教育或受过很少教育的人，实际上已经为自己组成了一个独立的阶级。至少在 20 世纪后半叶，韩国人对教育的热情必须更多地从历史和国际背景来解释，在这些背景下，正规的教育证书表明了各种有利的社会结构地位，而不是从任何文化传统的角度来解释。

对于政治精英来说，教育背景是被政治权力中心认可并与之相关联的关键政治资源。韩国第一任总统李承晚就是一个例子，他是普林斯顿大学（Princeton University）的博士，他的教育背景使他在解放后不久与美国军事占领当局打交道时处于战略优势地位。此外,日据时期在日本或朝鲜获得的教育文凭,在解放后的国家精英招募中得到了充分承认,这一切都是出于功能和政治原因。① 在数十年的军事独裁统治中,被嘲讽为陆法党(Yukbeopdang)的群体——"陆"代表陆军士官学校(Yuksa),"法"代表国立首尔大学法学院(Seoul Beopdae),"党"代表政党——主导着韩国社会。这些教育机构的毕业生组成政治集团和高级官员,并领导政局。在组织上不稳定、意识形态上不一致的政党未能成为经验丰富的政治家的核心培训基地。取而代之的是,政治候选人往往在拥有各种高等学历的专业人士和学者中确定。② 即使在恢复民主政权之后,地区间竞争的政治也导致了地区精英高中校友网络的政治霸权。

更重要的是,行政精英和司法精英的形成与正规教育密切相关。招聘行政人员、法官、检察官甚至外交官的国家考试系统的测试,基本上就是测试考生对大学课堂教科书知识的回忆程度。事实上,国家体系本身就是从教科书知识移植而来的。为了通过国家精英的招聘考试,人们要在一流大学学习法律、政治和经济学;为了进入一流大学,一个人就要为通过大学入学考试而进行殊死搏斗。在被聘用到道政府办公室后,这些公职人员大多在职业生涯的不同阶段被送往美国研究生院或研究机构。

① 见 Son, I. (1992)。

② 政客们普遍伪造教育背景反过来也证明了这一趋势。

这一机会使他们能够按照美国标准完善自己的智力和职能能力。①

　　经济精英的形成，包括专业经理人和财阀（韩国企业集团）的继承人，也非常依赖于正规教育。三所重点大学——国立首尔大学、高丽大学和延世大学，培养了大部分大公司高管。② 即使是财阀，大多数继承人也曾就读于这些学校和/或在美国著名大学学习。由于这些财阀的继承人不仅控制着企业所有权，而且还指导着企业管理，因此他们的父辈试图让他们通过紧张而先进的正规教育做好准备。③ 财阀在抵抗企业管理和所有权分离的社会压力的同时，对其继承人进行了广泛的教育投资。具有讽刺意味的是，在财阀附属公司招聘管理人员时，美国学位并没有获得特殊待遇。④ 这意味着韩国的商业运作与其他行业不同。例如，各级所谓的"政经勾结"（jeonggyeongyuchak）要求企业经理同官员、政客甚至记者建立当地的社交网络。当地大学和/或高中的校友关系网对于企业管理来说是不可或缺的。

　　各种专业职业（如科学家、工程师、医生和艺术家）也按照正规教育体系形成阶层。这已经是一种普遍现象。但是，韩国正

---

① 很自然，在这些韩国官员中，最受欢迎的研究生课程是（新古典主义）经济学，他们不仅从中了解美国主流经济理论和政策，而且了解美国的社会和政治意识形态（参见 Amsden，1989）。

② 见《数字朝鲜》，2002 年 5 月 2 日。

③ 见 Cho，D.（1991）。

④ 由受过美国教育的财阀继承人领导的公司在这方面没有什么不同。

规教育体系带来的决定性影响源于一个历史事实,即职业绕过了社会建设的进程。他们的社会存在不是知识探索和社会斗争的历史结果,而是殖民统治和依附的现代化的偶然结果。① 专业的定义本身就是以正式教育资格为前提的,而正式教育资格获取方式又以某种方式模仿西方标准。是正规的教育认证,而不是知识产权意识或社会斗争产生了这些职业。与之相对,律师、医生和其他专业人士的专业协会行使的规范影响力或机构权威非常薄弱。这些专业组织的大部分活动都反映了机构寄生现象,或韩国通俗所说的"集体利己主义"(jipdanigijuui)——例如,反对扩大医学院的学生配额和国家律师考试配额,抵制国家将药房与医疗实践分开的政策,破坏医学和法律教育研究生院制度的采用。② 这些专业团体缺乏对其专业实践的社会和科学基础的信心,更不用说对公众的尊重,任何改革其制度化遗迹的社会尝试或政治尝试都伴随着这些专业团体的生死斗争,在这些斗争中,他们的物质利益毫无保留地被表达出来。

正规教育不仅对上述各种精英阶层的形成至关重要,而且对普通工业和服务业工人阶层的形成也至关重要。高中和大学

---

① 见 Son,I.(1992)。

② 2003 年 10 月,韩国医学会作出决定,终止那些支持政府将药房与医疗机构分离的医生的会员资格,引起了广泛的社会批评(《教学新闻》[Gyo-susinmun],2003 年 10 月 19 日)。政府试图改革医疗和制药行业,以遏制医院和药房的过量和错误剂量问题。韩国医院过去严重依赖直接向患者销售药品的利润。药剂师过去常常为患有各种疾病的病人开出不受限制的处方。

不仅为普通工人提供了基本的智力能力，而且还将劳动人口重新分配到需要劳动力供应的各个地区和行业。特别是在工业化初期，农村剩余劳动力的城乡再分配主要基于以城市为中心的高等教育体系（见第六章）。以城市为基础的大学通过结合教育职能和跨区域劳动力再分配，促进了合格工业劳动力的形成。由于公共组织和私营企业在地理上都集中在首尔及其周边城市，首尔都市圈内的大学和学院比外面的大学和学院更令人向往。最近，由于大量学生打算转学到首尔都市区大学和学院而选择辍学，首尔都市区以外的许多私立大学和学院面临着严重的财务危机。

世纪之交以来，高端制造业、金融业和专业服务业的快速产业结构调整，以及在外资迅速增长的影响下企业管理和所有制的多元化，都对大学教育的专业化和国际化提出了更高的要求。不仅是中年人，还有大量的大学毕业生最近都开始接受再教育和再培训，在这种趋势下，某些地区的专科院校、研究生院和私立学习培训学院发现了能够带来丰厚利润的商机。此外，短期和长期出国留学现象也已经非常普遍。

三、 教育和文化分层

虽然殖民、战争、资本主义发展和民主政治几乎完全摧毁了封建社会秩序的物质基础，但韩国仍然保持着强烈的古老文化等级观念。出于政治和实践的原因，他们非常迅速地采纳了西方的制度、实践和价值观。但他们以非常物质的方式消费了这些西方元素,也就是说,没有将这些元素的基本文化、哲学或意识形态基础灌输给自己国家。① 无论是在文化层面还是精神层面,当代韩国人与他们的祖先仍旧是非常相似的。尤其是,他们仍然热衷于儒家的社会秩序,通过教育获得的文化资产是地位的关键象征。

对大多数韩国人来说,包括男性和女性,大学教育无疑是一种追求。然而,由于儒家社会秩序的另一个方面,妇女在经济、政治和社会发展过程中要么受到歧视,要么被排斥。上述通过正规教育实现的政治、行政、经济、专业和工业阶级形成是一个由男性主导的过程,绝大多数参与经济活动的女性受教育程度都是较低的。这并不是因为整体来说女性受教育程度远低于男性。尽管女性接受高等教育很少能使她们在经济、政治或社会领域取得成功,但家庭对女儿教育的投资热情不亚于对儿子教育的投资。事实上,女性的高等教育往往使她们丧失了进入就业市场的资格,因为与她们的教育水平相称的工作机会很少。只有在 21 世纪,拥有四年制大学学位的女性才第一次成功脱离了"最低就业"的类别(见图 3.1)。

联合国开发计划署(The United Nations Development Programme,UNDP)在最近一份关于性别赋权指数(Gender Empowerment Measure,GEM)的报告中表示,韩国在同一年接受

---

① 见 Chang,K.(1999a)。

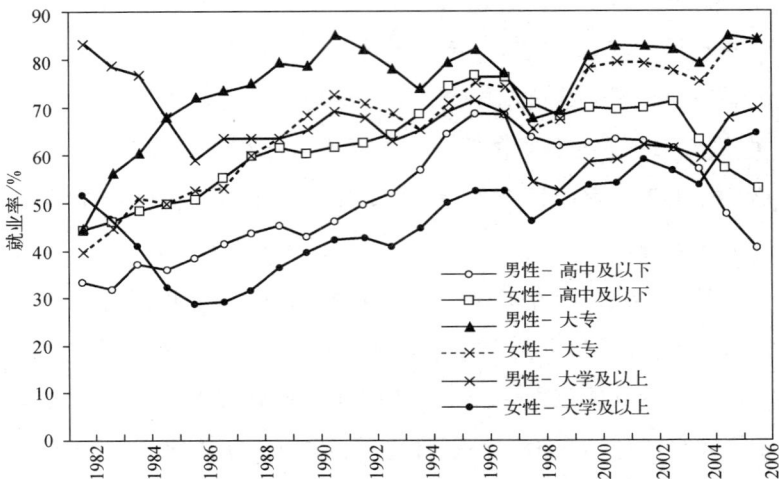

图 3.1　1982—2006 年按性别和学历分列的就业率

资料来源：根据《2006 年韩国社会指标》（国家统计局，2006）第 310 页中的数据编制。

注：就业率＝就业人数/（毕业生人数－升学人数－应征入伍人数）×100。

调查的 64 个国家中排名第 61 位。[①] 性别赋权指数反映了女性在议会、高级行政和管理以及专业职位上的代表性，收入方面的性别平等，女性参与决策过程等。相反，在反映女性识字率、受教育程度、预期寿命等因素的性别相关发展指数（Gender-Related Development Index，GDI）上，韩国在 177 个调查对象国家中排名

---

① 见《2007 年人类发展报告》（*Human Development Report 2007*）（联合国开发计划署）。

第 26 位。综合结果表明,女性的高等教育并不能使她们成为经济、政府和政治主流的参与者。①

　　尽管受教育后获得职业奖励的前景较为黯淡,但几乎所有年轻女性还是希望尽可能地去上大学。这是一种攀登文化等级阶梯的行为。特别是,音乐和美术是富裕家庭的女儿们试图建立高文化地位的两个主要领域。许多雄心勃勃的家庭对女儿在

———————————

① 事实上,这种差异成了一场国际辩论的主题。2004 年 3 月 15 日,联合国开发计划署驻韩国项目经理林玉森(Ok Soon Leem,音译)发布了以下疑问:

　　各位同事,

　　韩国在人类发展指数(Human Development Index,HDI)和性别相关发展指数方面排名相对较高(第 29 位或第 30 位)。但自 1995 年引入性别赋权指数概念以来,韩国性别赋权指数排名已远远落后(1995 年第 90 位,1999 年第 78 位,2003 年第 63 位)。在此形势之下,韩国政府通过在各领域采取配额制度、为私营部门提供激励政策、增加就业机会等方式,竭尽全力提高女性在政治和经济领域的代表性地位。但迄今为止,相关情况并没有发生明显改变。

　　在这一方面,韩国政府最近加强了提高性别赋权指数排名的力度,并成立了一个工作组来制定有效且以结果为导向的政策/行动计划。

　　我在此提出询问,即是否有国家成功提高了性别赋权指数排名,如果有的话,其采取了哪些有效的行动和政策来实现这一成果?

　　欢迎提供相关实践/经验信息。期待听到您宝贵的知识经验,非常感谢,并致以最诚挚的问候。

　　(http://hdr. undp. org/docs/nhdr/consolidated_replies/RepublicOfKorea_Improving_the_GEM_Ranking_August_10_2004. pdf)

联合国开发计划署驻毛里塔尼亚、尼泊尔、挪威等国官员对此相继作出答复,由此开启了一场漫长的辩论。

国内接受的音乐和美术教育并不满意，毫不犹豫地将她们送到欧洲和美国的知名学校。在意大利、法国、奥地利和德国以及美国，著名的音乐或美术学校都有韩国学生的存在。例如，2003 年春天，168 名韩国学生申请了柏林艺术大学音乐学院，超过了德国申请者的人数 107。这导致当地一家报纸发表了一句非常愤世嫉俗的评论："韩国人什么时候会接管这所学校？"①该报讽刺地补充道："德国学位为女生提供了更好的结婚机会，更不用说进入韩国管弦乐队了。"②的确，拥有高文化地位的重要性不仅仅在于心理层面，还具有高度的现实意义，因为女性的婚姻市场从根本上取决于她们的受教育水平。众所周知，没有大学教育，女性可能无法与成功或有前途的男性结婚，无论是在商业、政府还是其他行业。在韩国，基于教育的婚姻分层现象异常严重。③ 因此，父母对女儿教育的投资程度与对儿子教育的投资程度一样大，尽管他们的女儿不太可能从教育中获得经济、社会和政治参与方面的回报。

第三节　韩国（无意中的）社会投资家庭和考试监管国家

出于上述原因，韩国人一直认为正规教育是个人成就和家

---

① 《数字朝鲜》，2003 年 10 月 8 日报道。
② 《数字朝鲜》，2003 年 10 月 8 日报道。
③ 见 Park，M.（1991）。

庭成功的关键。"努力学习！"是韩国父母对孩子最频繁的表达爱意的方式。孩子的学习负担和父母的经济负担就像同一枚硬币的正反面。特别是，农民家庭将其剩余收入的大部分都用在了子女在城镇的教育上（见第六章）。人们怀疑，就连政府对农业生产和结构调整的补贴，也在很大程度上被用在了城市儿童教育方面。即使对大多数城市家庭来说，教育费用也是预算计划中的头等大事，而学校则是住宅区地理位置的首要考虑因素。地理位置是否接近竞争激烈的高中和著名的私立补习机构，被认为是城市房价的最重要决定因素之一。[①] 大学入学考试和各种学业成绩的私人课程费用是大多数城乡家庭承受的最大经济负担（见表 3.2）。2003 年，由政府资助的研究机构所进行的调查显示，大约 70% 的中小学学生接受了私人辅导或就读于私立学习机构。[②] 如果家庭需要为孩子进行教育储蓄，就会推迟买房计划，甚至在教育费用用完时卖掉房子。私人家庭在子女教育方面无限制的财政投资和心理投资，极大程度上维护了正规的公共教育。

[①] 首尔江南区集中了竞争激烈的高中和优秀的高考备考私立机构，房价平均是江北区（Gangbuk）的两倍多。大多数自然和文化丰富的地区都位于江北区。一项调查显示，江南区 35.9% 的户主表示，教育环境是居住在那里的主要原因，而只有十分之一的户主提到了住房条件（《京乡日报》[*Kyunghyang Daily News*]，2001 年 8 月 1 日）。

[②] 韩国联合通讯社（Yonhapnews），2003 年 10 月 16 日报道。

表 3.2　教育支出的月度金额和感知负担

年份	地区	每个孩子的教育费用/千韩元					感受到教育费用的负担/%		感知负担的构成/%				
		合计	学费	课外辅导费	住宿、房租、食物	其他	感受到教育费用的负担/%	学费	课外辅导费	书和其他材料	留学费用	住宿、房租、食物	杂项费用及其他
2000	城市	225	98	84	12	30	73.5	36.6	58.5	1.6	1.8	—	1.5
	农村	203	88	45	33	38	68.0	43.6	44.4	2.4	5.8	—	3.8
2004	城市	294	103	143	15	32	78.0	30.2	66.1	1.6	—	1.7	0.4
	农村	250	94	89	36	31	72.7	35.8	55.1	2.0	—	6.5	0.5

资料来源:根据《2006 年韩国社会指标》(国家统计局,2006) 第 306—307 页中的数据汇编而成。

最近,韩国家长和学生实实在在地感受到了全球化的压力,引得许多相对富裕的家庭作出一些激进反应。夏季,环太平洋英语国家(如美国、加拿大、澳大利亚和新西兰)的大学校园里挤满了参加短期英语课程的韩国学生。许多家庭把孩子送到这些国家的小学和中学,母亲经常作为看护人陪伴他们,而父亲则独自一人在国内生活。这些父亲被隐喻性地称为"大雁"(gireogi),即季节性迁徙的鸟类,因为他们每年夏天和/或冬天都会跨越海洋去看望家人(见表3.3)。在国家层面上,这些教育过度活跃的家庭每年往往会造成相当数量的非贸易赤字(见表3.4)。

一个更加不体面的轶事是人们普遍称之为远征生育(weonjeong chulsan,为孩子接生而进行长途旅行)的现象。许多怀孕的韩国母亲潜入美国和其他国家(这些国家以良好的教育机会而闻名),以便她们的孩子出生时可以拥有这些国家的公民身份。她们希望自己的孩子能在对合法公民有利的条件下接受优质教育。① 2003年9月,美国移民局终于介入此类事件,拘留了一名韩国母亲,原因是她留在美国的目的与她最初在签证文件中声明的目的不同。这一事件促使韩国政府采取行动制止这一令人尴尬的社会趋势。当对远征生育的母亲和/或她们的丈夫进行传唤或采访时,他们明确地反驳道:"为我们孩子的未来提供良好的教育机会怎么可能是错误的?"

---

① 另一个目的是让她们尚未出生的儿子避免未来的强制性征兵。

表3.3 "大雁"——分居家庭的户主

单位：%

		合计	地区		分居原因						
			国内	国外	工作	学习	家庭困难	健康	教育/培养	军事	其他
合计		21.2	93.5	8.3	55.9	32.2	5.3	1.9	3.5	14.7	0.9
户主学历	小学及以下	26.3	98.0	2.9	73.8	17.7	5.3	2.5	1.1	8.9	1.9
	初中	32.4	96.2	4.9	61.3	26.5	6.4	1.7	0.8	16.1	0.7
	高中	20.1	94.0	7.6	50.1	34.4	5.8	1.8	2.9	18.3	0.8
	大学及以上	15.1	85.8	18.2	42.9	48.2	3.5	1.4	9.5	13.0	0.8
家庭月收入/百万韩元	不足100	21.2	96.2	5.2	67.3	18.2	10.1	3.4	1.5	8.8	1.3
	100—200	21.7	95.7	5.6	58.9	28.2	6.8	1.8	2.6	14.7	0.9
	200—300	19.4	94.6	6.9	53.6	34.5	2.5	1.3	3.5	18.6	0.6
	300—400	20.1	90.1	11.9	47.7	41.2	2.8	1.3	5.8	18.4	0.7
	400—600	24.2	88.9	14.1	44.6	47.4	1.7	0.6	7.5	15.4	1.4
	600及以上	26.9	81.0	25.6	37.5	56.6	0.4	1.3	6.1	12.9	0.3

资料来源：节选自《2006年韩国社会指标》(国家统计局，2006)，第206页。

表 3.4　韩国教育相关非贸易逆差

年份	(1) 贸易顺差总额/百万美元	(2) 非贸易逆差总额/百万美元	(3) 学习相关支出/百万美元	(4) 学习相关收入/百万美元	(5) 学习相关赤字/百万美元	(5)/(2)	(5)/(1)
1993	2 150.10	2 126.20	297.40	34.9	262.5	0.12	0.12
1994	-3 017.20	1 800.60	944.60	23.1	921.5	0.51	0.31
1995	-4 364.60	2 978.80	998.10	90.2	907.9	0.30	0.21
1996	-15 077.10	6 179.40	1 128.00	24.3	1 103.7	0.18	0.07
1997	-3 255.70	3 200.30	1 157.70	20.9	1 136.8	0.36	0.35
1998	41 665.00	-1 024.10	829.70	42.8	786.9	0.77	0.02
1999	28 463.00	651.00	905.50	38.7	866.8	1.33	0.03
2000	16 953.60	2 847.80	957.90	23.0	934.9	0.33	0.06
2001	13 488.00	3 872.10	1 070.00	10.8	1 059.2	0.27	0.08
2002	14 777.40	8 197.50	1 426.60	16.9	1 409.7	0.17	0.10
2003	21 952.00	7 424.20	1 854.70	14.8	1 839.9	0.25	0.08
2004	37 568.80	8 046.10	2 493.80	15.9	2 477.9	0.31	0.07
2005	32 683.10	13 658.20	3 380.90	12.6	3 368.3	0.25	0.10
2006	27 905.10	18 960.70	4 514.60	28.0	4 486.6	0.24	0.16
2007	29 409.40	20 574.90	5 009.80	46.5	4 963.3	0.24	0.17

资料来源:根据韩国统计信息系统(www.kosis.kr)的国际收支数据汇编和计算。

由于私人家庭在教育上的花费极为慷慨,而政府仍然不愿将财政资源从经济项目和补贴中转移出去,所以韩国已经成为一个近一半的公共教育支出由私人家庭承担的国家,如表 3.5 所示。同样,经济合作与发展组织(Organization for Economic Cooperation and Development,OECD)最近的统计数据显示,韩国的私人家庭对正规公共教育的负担远远领先于经合组织其他成员国。经合组织国家 2003 年的教育指标显示,韩国中小学教育的私人支付比例为 17.5%(而所有经合组织国家的平均比例为8.3%),高中教育的私人支付比例为 76.0%(相对于所有经合组织国家的平均比例 20.0%)(Pressian 新闻网,2003 年 9 月 16日)。在公共教育支出占国内生产总值的比例方面,韩国在经合组织国家中排名第一,即韩国为 7.1%,美国为 7.0%,英国为5.3%,日本为 4.6%,等等。在韩国,1990 年至 1995 年期间,私人支付的高中公共教育费用比例甚至更高,约为 80%。[1] 日本作为第二高的国家远落后于韩国,同期比例为 50% 到 60%。这些统计数据还没有反映出私人学习的费用,韩国人的情况更为明显。韩国贸易协会(Korea Trade Association)2003 年的一份报告指出,韩国人将国内生产总值的 2.73% 用于私立教育,这使他们在这方面举世无双。[2]

---

[1]《网络韩民族日报》(*Internet Hankyoreh*),1998 年 11 月 25 日报道。

[2]《京乡日报》,2003 年 10 月 12 日报道。

表 3.5　公共教育花费及其中的政府占比与民间占比

年份	(1) 公共教育总花费 （在国内生产总值 占比/%）	(2) 政府教育 预算	(1)–(2) 公共教育 开支	[(1)–(2)] /(1) 民间占比/%
1980	2 018（5.3）	1 099	919	45.5
1985	4 600（5.6）	2 492	2 108	45.8
1990	8 524（4.7）	5 062	3 462	40.6
1995	19 215（5.5）	12 496	6 719	35.0
2000	31 087（6.0）	19 172	11 915	38.3
2005	49 525（6.4）	27 982	21 543	43.5

资料来源：根据《2002 年韩国社会指标》（国家统计局，2002）第 258 页、《2006 年韩国社会指标》（国家统计局，2006）第 301 页中的数据进行汇编和计算。

　　这种在孩子身上进行的家庭性教育投资,几乎不受公共教育社会责任的驱动,但还是产生了一种相当于"社会投资状态"的集体效应。尽管公共教育支出很少,但韩国还是能够获得世界上受教育程度最高劳动力群体之一,从而发展出世界上最先进的产业结构之一。[①] 如果说韩国的发展在很大程度上是由其强大的劳动力教育程度实现的,那么私人家庭——尽管是无意间形成的社会投资家庭——所达到的成就比国家还要大得多。

---

① 特别是,韩国在知识密集型的信息与通信技术（information and communications technology,ICT）产业化上取得了令人印象深刻的成功,甚至引起了日本人明显的嫉妒。

事实上，韩国家庭的教育热情一直超过政府的发展需要，因此具有讽刺意味的是，韩国教育部一直在努力抑制人们追求高等教育学术学位的愿望。① 如表 3.6 所示，尽管不是强制性的或必不可少的标准，但大学教育水平现在几乎是全国通用的标准。并不令人感到奇怪的是，韩国科学家和工程师在总人口中的比例甚至领先于大多数西方国家。②

与政府资助的教育投资相比，由私人家庭承担的教育投资存在许多隐患和副作用。最重要的是，许多家庭因为太过穷困而付不起学费，而富裕家庭却支付得起极其昂贵的私人课程并获得海外学习机会。③ 如表 3.7 所示，大多数韩国人对他们目前所受到的教育水平并不满意，而"经济困难"是教育水平不令人满意的主要原因。吉登斯建议，如果教育投资主要依靠个人努力，那么"重新分配的可能性"也许是无法实现的。④ 此外，个人家庭经常将知识获取投资与证书获取投资混为一谈。许多上层

----

① 见 Seth(2002)。

② 见《国际统计年鉴》(*International Statistics Yearbook*)(国家统计局，2000a)，第373 页。

③ 见 Lee,S. and J. Ryu(1999)。

④ 韩国政府对公共教育承担的最低责任可耻地成为联合国关注的人权问题。联合国经济、社会和文化权利委员会(UN Committee on Economic, Social, and Cultural Rights)发出警告称，韩国公共教育质量低下，学生往往需要补课，从而给低收入家庭带来严重的经济负担(《数字朝鲜》，2001 年 5 月 12 日)。它还敦促韩国政府制定一个合理的时间表，为中学生实施免费义务教育，这是韩国长期被忽视的宪法责任。

表 3.6　选定国家按教育水平划分的入学率

单位:%

	1965			1985			2004/2005[1]		
	初等教育	中等教育	高等教育[2]	初等教育	中等教育	高等教育[2]	初等教育	中等教育	高等教育[2]
韩国	101	35	6	97	92	34	105	93	90
日本	100	82	13	102	95	28	100	102	54
中国	—	—	—	123	40	3	118	73	19
印度尼西亚	72	12	1	117	4	117	64	17	—
印度	74	27	5	96	38	6	116	54	12
伊朗	63	18	2	96	44	4	103	82	22
埃及	75	26	7	85	61	18	101	87	33
法国	134	56	18	109	90	30	105	111	56
意大利	112	47	11	96	73	26	101	99	63
瑞典	95	62	13	98	91	30	99	103	84
英国	92	66	12	104	84	22	107	105	60

续表

	1965			1985			2004/2005[1]		
	初等教育	中等教育	高等教育[2]	初等教育	中等教育	高等教育[2]	初等教育	中等教育	高等教育[2]
加拿大	105	56	26	103	99	70	101	105	57
美国	104	96	40	99	97	60	99	95	82
墨西哥	92	17	4	118	57	16	109	80	23
阿根廷	101	28	14	105	70	36	118	99	61
巴西	108	16	2	100	35	11	145	110	20

资料来源：1965 年和 1985 年的数据来源于《韩国五十年经济和社会变化》(The Economic and Social Change of the Fifty Years of the Republic of Korea)(1998) 第 450—459 页；2004/2005 年的数据来源于《韩国社会指标》(国家统计局，2005) 第 636—639 页。

注：1. 韩国和美国采用 2005 年数据，其他国家采用 2004 年数据。

2. 高等教育包括高中以上二至四年制教育的机构(即大学、学院、工艺学校等)。

表 3.7　韩国人永不满足的教育需求

单位：%

		2000		2004	
		城市	农村	城市	农村
对目前教育水平不满意的比例		73.6	82.1	66.7	76.5
未完成满意教育的原因	经济困难	47.9	53.5	66.4	66.9
	离校太远	0.9	1.2	1.3	1.9
	未通过考试	10.4	6.1	13.9	7.8
	父母不同意	9.2	14.4	10.7	15.2
	家庭责任	4.4	4.6	5.6	5.5
	疾病，残疾	0.7	1.0	1.0	1.4
	其他	1.7	1.3	1.1	1.4

资料来源：根据《2006 年韩国社会指标》（国家统计局，2006）第 283 页的数据汇编。

阶级家庭和中产阶级家庭花费巨资给孩子请家教，为孩子们的高考做好充分准备。那些有经济能力为大学入学进行昂贵的战略研究的家庭更有可能在学历证书的争夺战中获胜。① 社会投资家庭的简单聚集并不能构成一个健全的社会投资国家。

虽然国家在教育支出上采取节俭策略，但许多大公司为员工提供了慷慨的教育机会和津贴，有时还会为他们的子女提供教育。当然，在工业化的早期阶段，很少有公司能够提供这样的教育支持。然而，随着许多公司成长为财力雄厚、技术进步的实体，它们开始自行组建先进的企业员工队伍。许多员工都获得了在国内外大学进行研究生学习的机会，他们有义务在毕业后提供一定年限的服务。此外，作为企业福利计划的一部分，公司还会为员工的子女提供学费。② 尽管人们认为这些福利根本不可能普及，但教育已成为许多韩国企业与其员工之间社会纽带的重要组成部分。

国家对公共教育的财政承诺有限，并不意味着完全忽视教育政策。几乎所有政府都强调教育政策是最关键的国家问题之一。教育政策的主要重点放在了高考制度上。由于韩国人将自己或子女考上一所好大学视为人生最重要的目标，因此任何关于高考制度的改变都必然会成为一个极其敏感的问题。政府、

---

① 例如，专业人员和管理阶层的孩子进入竞争最激烈的国立首尔大学的可能性是其他阶层孩子的数倍。近年来，阶级差距不断扩大（Yu,Y.,2001）。
② 见 Song,H.（1995）。

学术界、媒体和学生家长之间关于高考制度的效率和公平性的辩论从未停止而且异常激烈。① 考虑到韩国大学入学考试带来的过于沉重的社会负担和政治负担,没有一届政府会真正放弃决定大学入学考试细节的最终权力。国家在教育方面扮演的核心角色是国家考试的监督者。几乎每一届新政府都试图对高考制度提出一项别出心裁的改革,这让学生和家长对考试制度极其频繁的变化感到困惑。然而,没有一届政府敢于放弃考试制度中基本平等的信条,以免父母辈之间的社会经济差异直接转化为子女辈之间不平等的未来。②

　　国家对社会投资家庭的支持作用不在于对其直接进行教育投资,而在于通过快速经济增长创造就业的政策。韩国所谓的发展型国家意识形态取向同工作福利的相容性,远远大于同福利本身的相容性。狭义上的传统工作福利是指根据受助人的实际工作或正在寻找的工作水准提供福利。在目前关于韩国局势的讨论中,工作福利意味着人们只有积极工作,才能从国家对经济生产的大力支持中分享社会利益。经济的快速增长可能会促成就业和收入的快速增长,从而有助于将大部分国民纳入国民经济发展项目当中。

---

① 见 Kim,K.(1998)。

② 这一政策被概括为"三不"政策,即各大学/学院不单独进行笔试,在计算学生成绩时不区分申请人所在高中的权重,入学不与经济贡献挂钩。这些严格的规定被认为是为了防止战略教育支出和学区的阶级差异左右学生接受高等教育的机会。

在这种模式下,稳定且薪酬越来越高的就业曾经是发展型国家向受教育驱动的政治选民提供的主要和唯一的社会权利。① 除非人们继续就业,否则他们通过积极的教育投资积累的人力资本将不会得到利用。在企业层面,稳定的就业条件——特别是技能型和管理型员工的长期就业——让员工感觉到了长期而昂贵的教育投资带来的回报。充分而稳定的就业,以及教育上的差别待遇,是社会投资家庭愿意与国家和企业合作形成和改善工业人力资本的基本前提。然而,在1997—2008年的国家经济危机之后,这种前提难以维持下去。这场危机由经济政策的新自由主义转型引起,也在经济政策的新自由主义转型下得到了应对。

第四节　新自由主义全球化与社会投资家庭危机

一、 灵活的劳动力市场和韩式工作方式的终结

自20世纪90年代初以来,韩国的政策制定者、经济学家,当然还有商业雇主,都将劳动力市场的灵活性视为新自由主义中最受欢迎的部分。金泳三(Kim Young-Sam)政府推行了一种极端扭曲的新自由主义改革,即追求自由劳动力市场,同时只粗略地进行政府企业结构调整。在颁布和通过新的劳动改革法律

---

① 见 Chang, K. (1999b)。

时,政府甚至没有考虑同工人和工会进行协商,更不用说同反对党协商。工会进行了全国性抗议活动,并得到了公众同情和媒体支持,这样的政府在政治上注定要经历一次失败。该政府在经济方面也经历了失败,因为其忽视了财阀改革,对待已经过热的经济持有一种漫不经心的态度,还对这样的经济进行吹捧,甚至仓促而毫无准备地追求金融自由化。这些因素加在一起,导致了1997年末前所未有的经济惨败。

要克服这场危机,至少在代表全球金融资本前景和利益的国际货币基金组织(International Monetary Fund)纾困团队理论中,需要对韩国经济进行彻底的结构调整,包括将不间断的劳工改革作为核心组成部分。① 时任总统当选人金大中(Kim Dae-Jung),本着"苦痛分担"(gotong bundam)的精神,成功说服强大的工会达成了一项劳工—雇主—政府三方协议,并提出了一个多方面的改革方案。② 因此,在"企业管理紧急情况"下大规模人员下岗是被允许的,而政府组织和商业公司还承诺自行进行内部结构改革。不过,这些痛苦毕竟没有被分担出去。1998年的官方经济统计数据显示,大多数韩国公司只有通过大规模裁员和减薪,才能渡过国家金融危机和国际货币基金组织实施的紧缩(包括臭名昭著的高利率)带来的困难。③ 相比之下,公司

① 见 Stiglitz(2002),了解国际货币基金组织对韩国政策的重要说明。
② 见1998年1月20日的《劳资政共同声明》(Nosajeong Co-Declaration)。
③ 来自韩国银行(Bank of Korea, 1998)的企业调查报告。

管理和公共行政的结构改革没有得到切实执行。自危机发生以来，少数财阀集团的企业所有权和工业生产集中程度进一步加剧，政府官僚机构和公共经济更加膨胀（见第七章）。

与其他地方一样，韩国劳动力市场的灵活性，尤其是在经济萧条时期，意味着较高且不稳定的失业率、不稳定的就业条件、有就业能力却非常沮丧的工人大规模退出经济，当然还有广泛的收入损失。① 经济危机多年后，失业率逐渐下降，但这是一个统计假象，掩盖了非正规就业的迅速增加和沮丧的年轻人从劳动力市场的自愿退出。② 这些结果终结了长期以来备受推崇的韩国式工作福利制度，但也没有迹象表明一个正式的福利国家正在逐渐形成。韩国政府在国际货币基金组织（甚至是全球金融资本的一些领导人）的讽刺和敦促下，才开始认识到所谓的社会保障体系经济效用，并开始向失业者提供巨额救援津贴。然而，这一次，由于缺乏经验的官僚机构和腐败的救援资金输送网络，政府的财政承诺无法在缓解失业和贫困人口方面发挥重大作用。③

二、 社会投资家庭的撤资与退出

工作福利的终止反过来开始破坏社会投资家庭的财务基

---

① 见 Chang, K.（2007）。
② 见 Chang, K.（2007）。
③ 见 Chang, K.（1999b）。

础、社会基础和道德基础。当工人在没有社会福利保障的情况下失去工作和收入时，他们家庭的生存同时也受到了威胁。大多数家庭将储蓄用于消费和新兴业务，而其他家庭则出售房屋和/或搬进较小的房子，妻子寻找其他的工作，孩子们休学甚至是辍学，尝试赚取额外收入。① 然而，随着这些为家庭生存所做的努力，家庭暴力、分居、离婚和青少年离家出走的概率开始以惊人的速度增长。② 对于大多数穷人和中产阶级家庭来说，教育费用的私人借贷变得越来越困难。更让人感到困惑的是，对父母和孩子的教育进行漫长而昂贵的投资将不再能带来安全感和高薪工作这一可怕的认知。即使是经济结构调整所创造的新工作岗位，也主要集中在体力劳动上，因此不需要严格要求学历。越来越多的体面工作往往受到临时劳动合同的约束，无法保证稳定的生活。突然之间，他们对教育成就的追求不再像过去那样绝对，不再是合乎情理的家庭策略。

需要强调的是，即使在经济危机发生之前，韩国人口的过度受教育情况仍然很严重，因为他们的教育程度并不是根据宏观经济协调来提供具有适合当前产业结构教育水平的劳动者，而是取决于对职业流动性和地位获取的普遍私人愿望。大多数能够获得更高教育水平的人——最初是大学学位，后来甚至是博

---

① 见 Bae, J. (1998)；Chang, H. and Y. Kim (1999)；Kim et al. (1998)；Park, J. (1999)。

② 也许，这方面最令人担忧的问题是普遍存在的青少年犯罪（Jeong et al., 2003）。

士学位——远远领先于其他群体,他们过去常常占据着稀缺的工作岗位,名利双收。随着快速持续的经济发展,越来越多的人在追求高等教育的浪潮中迎头赶上,高等教育的社会回报和经济回报立即开始减少(见图 3.2)。然而,高等教育回报率的下降并没有在很大程度上削弱韩国人对大学学位的渴望。几乎每一个高中毕业生都会进入大学,这就培养出世界上即使不是受教育最好,也是受教育最多的一代青年。① 这些受过良好教育的年轻人——或者从宏观经济的角度来看可以说是受教育过度的年轻人——突然不得不面对国家经济崩溃。更糟糕的是,大多数企业在绝望中规划的生存战略都集中在劳动力重组上。尽管有些幸运的大学毕业生设法保住了目前的工作或获得了新工作,并与教育程度较低的人之间保持着工资差距(见图 3.2),但真正的挑战是在稳定的基础上就业或继续就业。

在这种情况下,许多二流和三流学院的招生人数急剧下降。即使在经济危机发生之前,从这些名气不高的教育机构毕业也不足以保证能找到一份体面的工作。在目前的经济萧条时期,把钱花在任何雇主都不会认可的教育证书上是一种浪费时间的行为,且已经不再具有意义。名校的研究生教育开始受到影响。国立首尔大学自开始系统的研究生教育以来,在 2001 年和 2002

---

① 韩国私立学院和大学的平均学费水平位居世界前列——落后于美国和澳大利亚的学校,但超过了大多数欧洲学校(《京乡日报》,2007 年 3 月 20 日)。这是一个严重的社会问题,因为大多数韩国高校都是私立的,给大多数家庭带来了巨大的经济负担。

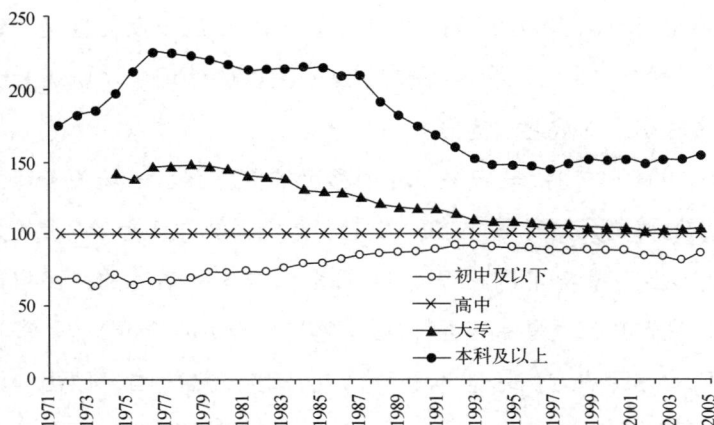

图 3.2　1971—2005 年按学历划分的相对工资（高中毕业生 =100）

资料来源：1971 年至 1993 年的数据根据《从统计数据看韩国五十年经济和社会变化》（国家统计局，1971—1993）第 106 页的数据计算；1994 年至 2005 年的数据来源于《2006 年韩国社会指标》（国家统计局，2006），第 313 页。

年的学年度，未能为几乎所有的研究生院系和项目找到足够的新生，这是前所未有的情况。当然相比之下，大多数其他大学的情况要糟糕得多。这一现象被新闻媒体大肆宣扬，立即引起全社会的震惊。教育的价值在各个层面都受到严重质疑。已经离开或计划离开韩国的中产阶级家庭作出了更加直接的回应。当中产阶级工人失业或面临失业的危险时，他们会有一种强烈的社会背叛感，因为他们辛苦得来的教育证书在任何意义上都得不到认可。他们不仅对自己昂贵的教育投资感到遗憾，而且开始怀疑在孩子的教育上进行繁重、可怕的投资是否有用。人们的即刻反应是，开始计划搬到公共教育服务良好、社会和经济环境稳定、积极有能力的移民受到欢迎的国家，这一反应也是合理的。例如，加拿大成为这些被背叛的、失望的韩国中产阶级社会投资家庭最受欢迎的地方。

2001年3月，一场关于外国移民的博览会与一场关于留学首尔的博览会同时举行，立即引起了社会强烈的反响，吸引的人数也达到了史无前例的程度。[1] 许多参与这些活动的移民咨询公司宣布其公司是专门进行"教育移民"（gyoyuk imin）的。教育和职业方面的担忧可能不是导致这场移民热的唯一原因。然而，毫无疑问，它们是最近实际移民和希望移民激增的两个最关键的因素，而这些移民涉及惊人的大半人口。2000年9月，一家报纸进行了一项民意调查，8 982名受访者中有7 149人回答说："如果有机会，我会移民。"[2]2001年9月，当被问及他们是否打算进行"教育移民"时，41.5%的受访者的回答是肯定的。[3] 大学毕业生和在读大学生中52.0%的人给出了肯定回答，而只有28.0%的初中学历者和27.3%的初中以下学历者给出了肯定的回答。

受教育驱动的海外移民一直是中产阶级现象，对贫困家庭来说不是一个负担得起的选择。对于后者来说，收入的突然减少或损失迫使许多儿童辍学或放弃大学计划，导致"教室崩溃"

---

① 《京乡日报》，2001年10月30日报道。

② 《京乡日报》，2000年10月27日报道。

③ 《东亚日报》（*Dong-A Ilbo*），2001年9月11日报道。

（gyosil Bunggoe）。越来越多在经济上被剥夺权利的家庭被迫看着他们的孩子在教育上被剥夺权利。

第五节　新自由主义"教育总统"的困境

具有讽刺意味的是,金大中试图把自己塑造成"教育总统"的形象。金大中的经济危机管理（以及经济危机本身）严重损害了社会投资家庭。一开始,他任命最有才华、备受赞誉的政治助手李海瓒（Lee Hae-Chan）为教育部长,并承诺将大幅增加公共教育投资,以符合国际标准。① 随后,金大中将该部更名为教育和人力资源部,并将其部长的政治级别提升为副总理。继南北关系缓和和经济结构改革之后,教育是下一个对于金大中来说最受关注的政治问题。

他强调教育,其理论渊源可能很大程度上源自英国"第三条道路"中的社会投资国家理论。教育部的新名称将教育与人力资源联系起来,这显然让观察家想起了安东尼·吉登斯用社会投资国家取代福利国家的观点。从某种意义上说,社会投资国家的理论是从英国重新引入韩国的,英国最初试图效仿东亚对教育的重视程度。从这个意义上说,韩国人感受到教育危机、严重丧失对国家教育体系和政府教育政策的信心,对金大中来说

---

① 李海瓒后来被下任总统卢武铉（Roh Moo-Hyun）任命为总理,并在总理的决策和执行方面行使了前所未有的权力。

无疑是一种可耻的尴尬。

　　金大中想要建立社会投资国家的兴趣很可能成为后危机时代的一条合乎逻辑的政策路线。韩国的社会投资家庭的危机不断加深，似乎急需正规的社会投资。在一定程度上，金大中应该为社会投资家庭的危机承担责任，也有义务提供其他教育投资手段。尽管尚不确定他是否真的承认了这种政治责任，但他的部长们曾一度就以前所未有的规模增加公共教育投资的财政方案达成协议。然而，令他失望的是，公众、教育专家和媒体对这一政策决定的反应是充满质疑甚至漠不关心。在他们看来，对公共教育进行慷慨投资的承诺，尤其是在公共财政极度紧张的情况下，似乎是不切实际且无法持续下去的。

　　人们对金大中印象深刻并不是因为"教育总统"的名号，更多地是因为他在教育和经济方面的新自由主义改革所带来的灾难性教育后果。金大中官僚式的干预倾向与教育部部长们的新自由主义倾向相结合，对教师和学生两者都产生了过度竞争驱动力，也导致了无数让人丧失斗志的复杂官僚规章制度。教育改革发出的信号前后矛盾，让人难以理解，大多数家长对此感到困惑，就连孩子的老师也无法给出明确的解释。他们现在不得不从政策角度出发，在孩子的教育竞争中权衡更加复杂和多样化的因素，这让他们感到筋疲力尽。即使他们的孩子通过了这一艰难的教育过程，在劳动力市场灵活性的严苛约束下，萧条的经济仍旧是他们要面对的境况。

　　金大中接下来的两位继任者卢武铉和李明博（Lee Myung-

Bak），他们的政府试图在不放弃新自由主义经济和教育范式的
情况下面对国内已经陷入沮丧情绪的年轻人。这两届政府的成
功只是在长期停滞的就业市场中加剧了教育竞争。然而，由于
大多数韩国人仍然承受着维持教育精神和家庭功能的极端社会
压力，教育投资的社会和经济回报又不太乐观，因此教育被普遍
认为是阻碍家庭生活舒适的最大因素。在这种背景下，韩国的
古话"无子乃福"更加频繁地在民众间流传。

第四章 | 核心家庭与福利政治

第一节　引言

　　西方社会学家曾积极讨论在英国和美国这样的西方国家中,新右派在塑造家庭道德话语和运动方面的政治影响和成就。[①] 关于判断家庭道德变迁的政治含义,并不局限于新自由主义统治下的这些西方国家。然而,在韩国,人们过去对最近的家庭变化提出的道德批评,不是为了像西方福利国家那样扭转迄今为止进步的社会政策体制,而是为了消除政治压力,促使政策从以经济增长为导向的国家干预转变为以社会福利为导向的国家参与。这种对关于家庭变迁的道德话语的政治运用,是由根深蒂固的儒家社会文化环境促成的。

　　韩国政治民主化之后的十年是一段特别的时期。韩国的民主几乎是通过一场社会革命赢来的,在这场社会革命中,知识活

---

① 例如,参见萨默维尔(Somerville,1992、1993)和德拉姆(Durham,1993)在《经济与社会》(*Economy and Society*)中发表的辩论。本章根据张庆燮1997年的早期文章(《韩国的新儒家权利和家庭政治:作为意识形态建构的核心家庭》[The Neo-Confucian Right and Family Politics in South Korea: The Nuclear Family as an Ideological Construct],《经济与社会》26[1]:22—42),使用客观的统计数据和文件进行了改写、重组和更新。

动、阶级斗争和政治精英冲突有序地结合在一起,从而迫使威权军事政权在 1987 年同意进行民主的程序过渡。然而,这种历史性的转变并没有立即促使进步的或激进的政治力量成为国家领导人。在接下来十年中的后民主化过程中,卢泰愚(Roh Tae-Woo)总统和金泳三总统领导的两届保守党政府接连统治着韩国。面对对经济正义和社会正义的强烈政治要求,这些保守派政府被迫服务于、妥协于或操纵弱势阶级和群体的各种利益。"福利国家"首次出现在正式的政治话语和行政话语中。有趣但并非巧合的是,一场关于家庭变革的政治化保守派辩论开始在政策界和媒体上蔓延开来。

虽然没有明确证据表明有关韩国家庭的争论与新右派的英美家庭辩论有关,但这是一种意识形态上的对策,针对日益增长的对进步社会政策和经济政策的政治要求。具有讽刺意味的是,在韩国,保守的政策制定者、记者甚至学者都对核心家庭发出谴责,因为其对老年人、儿童和其他需要帮助或依赖他人的人的物质和心理健康构成威胁,而西方的新右派的争论则围绕着核心家庭作为社会道德操守和社区稳定堡垒的重要性展开。在韩国的压缩现代性下,核心家庭——与传统的大家庭相反——仍然被认为是一个危险的自由主义(或个人主义)社会结构,剥夺了老年人和其他受扶养人获得物质和情感支持的家庭权利。尽管韩国和西方保守派在核心家庭的道德和政治地位方面存在这样的分歧,但他们的政治目标并没有什么不同。在这两方,福利国家都非常地不受欢迎。

　　本章通过考察韩国家庭生活的具体现实情况，对韩国后民主化十年中关于家庭政策的政治辩论进行了批判性的评价。（如第八章所示，自 1997—1998 年经济危机以来，突然出现的物资匮乏加上大规模失业和就业机会不足，已经破坏了家庭生活和家庭关系的稳定性。这是一个独立的社会问题。）这场辩论中的保守意味，源自社会政策领域中占主导地位的自由主义意识形态和陈旧的儒家思想的独特结合方式。许多保守派政客、记者甚至学者将核心家庭视作方便利用的替罪羊，他们习惯性地指责核心家庭是最近许多社会问题的主要原因，尤其是在老年人和儿童中普遍存在的贫困问题和心理状态困扰。曾经有人认为，核心家庭——据信是各种大家庭解体造成的结果——未能维持家庭团结、孝顺和自我牺牲等儒家美德，从而破坏了家庭成员之间和谐稳定的支持关系。这种意识形态层面的批判是因韩国社会在无意中将家庭核心化的功能主义理论应用于韩国社会而形成的。

　　然而，本章驳斥了上述儒家/自由主义主张，表明家庭核心化的观点在韩国是无法立足的，从人口统计学角度是如此，从社会文化和经济角度来看也是如此。核心家庭作为一个社会人口实体结构，并没有什么新鲜之处。但是，作为一种意识形态结构，核心家庭能够被当作一种强力的工具，用来转移政治压力，使政策从保守的发展主义转向进步的福利主义。

第二节　政策向何处过渡？

与大多数后发展中国家一样,计划生育曾经是韩国唯一一项全面的处理家庭事务的社会政策。但这种人口控制政策是非常成功的。生产力的急剧下降迅速让韩国进入了"低生育率"阶段。1960 年的总生育率为 6.0,但 1987 年降至 1.6,总体下降了73%,这一数据令人注目。① 生育率从 20 世纪 90 年代中期开始下降,到 21 世纪中叶,韩国将成为世界上生育率最低的国家之一(见第八章)。许多行业开始出现劳动力短缺现象,因此韩国政府正式宣布将其人口政策从计划生育转向产前支持。"从数量控制到质量控制"的政策口号,代表了政策制定者和合作学者在经过几十年的积极计划生育后,就一个根本性改变的政策背景达成了共识。②

这一政策转变同社会和经济发展总体战略的拟议转变同时发生。过去经济是在国有企业家的领导下进行管理的,他们

① Kim,T. et al.(1993)。至少在这一时期,韩国生育率的转变甚至超过了中国通过最严格的计划生育所取得的成就。中国的总生育率从 1963 年创纪录的7.5 下降到 1980 年的 2.2,下降了 71%。但在 20 世纪 80 年代,生育率持续几年上升,并开始波动(中国财政经济出版社,1988)。
② 这种政策转变早在 20 世纪 90 年代初就开始在"从数量控制到质量控制"的口号下讨论。见人口规划委员会(Population Planning Committee,PPC)(1991)。

依靠所谓的"发展威权主义"，以"先增长，后分配"的口号推动
经济快速增长。20世纪80年代中期，当全国性的民主起义终
结了军事独裁之后，这一"增长优先"的倡议在国家政治中失
去了许多民众的支持。政治领导人宣布了在新世纪初建立
"福利国家"的目标。至少在公共政策公告中，社会福利随后
成为行政活动的首要目标，据说这与"社会融合和维持政治秩
序"有关。①

　　在这种背景下，家庭在有关人口和公共福利的政策辩论中
成为中心议题。例如，关于"家庭福利"的辩论引起了公众的广
泛关注。② 家庭福利是会成为未来全面社会福利的一个主要
发展因素，还是仅仅是对社会福利持续投入不足的一种委婉说
法，人们对此感到无比困惑。但至少，家庭确实是主要的政策
目标之一。政府以质量为导向的人口政策与其社会福利政策
趋于一致，因为家庭福利或健全的家庭生活是高质量劳动力再
生产的核心基础。而所谓的转变则是家庭将不再受到"控制"
（关于其生殖行为），而是得到"支持"（关于其养育儿童和青少
年，以及为贫困的、依赖他人的成年人提供物质照顾和情感关
怀的功能）。

---

① 见社会保障规划委员会（Social Security Planning Committee，SSPC）（1991:6）。
② 社会保障规划委员会（1991）；Chung，D.（1991）。

在家庭福利方面,家庭支持成为政策实施的主要手段和目标。① 如果国家依靠家庭成员之间良好的支持关系来保护儿童、老人、残疾人和其他类型受扶养人的权益,那么家庭支持不仅是一种个人美德,也是一种政治目标。然而,国家和社会似乎都在意识形态上对家庭支持这一概念产生了一些抵制,因为家庭支持不仅是每个家庭的道德行为,也是国家的政治责任。在大多数情况下,这种保守主义理论上源于对现代家庭变化——家庭核心化(即核心家庭的崛起和增加)极度扭曲的理解,认为是家庭核心化破坏了传统家庭支持系统的稳定,从而导致了各种社会群体福利的危机。

在韩国社会,儒家思想与功能主义家庭核心理论之间有着独特的结合方式。奇怪的是,这种结合造成了一种极端的保守主义,在这种保守主义背景下,威胁稳定家庭生活的各种社会问题通常会促使全社会对致使家庭陷入困境的人进行道德批判,而不是敦促政府或社群主义者共同纾困。从功能主义理论来看,不仅是学者,还有记者、官僚和政客,都内化了这样一种信念,即家庭核心化滋养了个人主义,与传统的家庭团结观念相对立,从而导致许多社会问题发生。大多数韩国人在国家历史和

---

① 韩国的家庭福利可以用两种方式来解释:支持家庭本身,以及通过家庭支持贫困群体和受扶养群体。从前一种意义上讲,家庭——或健全的家庭生活——是政策目标;在后一种意义上,家庭是用来促进老年人、儿童、残疾人、病人和穷人福祉的政策手段。虽然家庭福利的这两个含义在分析上是可分离的,但在处理人口管理和福利提供的实际问题时,它们不能轻易分离。

个人生活中深受儒家思想的熏陶,他们开始相信,为了社会利益和个人利益,是应该反对核心家庭观念的。

　　在韩国历史上,儒学(或者更准确地说,是新儒学)在 17 世纪中叶左右受到了霸权影响。在这个时代,韩国——当时是朝鲜——的学者甚至比中国学者更擅长复兴和发展儒家哲学,使之成为一套完善的规范、法律和习俗,用于约束政治统治和社会关系。在儒家思想的统治下,宗法家庭(patriarchal family)在社会控制、政治整合和福利提供方面发挥着核心作用。① 韩国社会在接二连三经历了殖民侵略之后进入现代工业时代,原住民精英阶层没有真正想要根除儒家化人口的以家庭为中心的生活方式。事实上,儒家的思想和价值观已经作为合法的文化遗产被纳入公共教育和政治话语。在韩国社会,人们一直承受着强大的道德压力,有时甚至是政治压力,为了家庭团结而无条件地牺牲个人利益,将家庭问题限制在家庭内部,避免诉诸社会或通过政府来解决家庭需求。② 从这个角度来看,如果能对抗家庭的个体化力量,更好地保护强大的家庭团结和个人牺牲的传统,那么与不同阶层和群体的家庭支持有关的许多明显且日益严重的问题是可以避免的。

　　这种从儒家/功能主义出发的当代韩国家庭生活观念,对有关老年人、儿童和青少年、妇女以及一般家庭支持的福利完善政

---

① 见 Choe,H.(1991)。

② 见 Kim,Y.(1990);Chung,D.(1991)。

策预先产生了影响。自 20 世纪 60 年代初以来历届保守派政府相继执政,每当出现严重的社会问题、涉及家庭和个人福利的事件时,他们发现诉诸学者、记者、政客以及韩国公民崇尚的儒家/功能主义观点是极为方便的。就这样,在核心家庭的概念被政治丑化的前提下,家庭问题的非政治化(depoliticization of family issues)就非常有可能实现了。[①]

第三节　意识形态层面：核心家庭应受责备吗？

一个新发现表明,大多数人早在现代工业资本主义到来之前就开始在小型的核心家庭——而不是理想化的几代同堂的大型家庭中生活,韩国也不例外。[②] 无论在哪个时期,普通人都不可能活特别久,久到三世同堂甚至四世同堂,而且在人的整个生命周期中,死亡率都很高。即使一些家庭可能存在健康长寿的人口,但贫困的经济条件,如土地占有率低和住房条件差,也让他们无法像富裕的大型家庭一样拥有持久的幸福感。

---

① 除了家庭核心化的争论,还有一些旨在制定孝道法(hyodobeop)的政治努力,这显然是受到新加坡人类似举措的刺激(见 Kuah, 1990)。虽然这一努力未能获得广泛的政治支持或公众支持,但其主要逻辑已被纳入各种福利计划,这些福利计划的前提是成年子女对赡养和保护年迈父母负有事先的法律责任。有关孝道法政治驱动力的综合分析,见 Park, K. (2007b)。

② 例如,见崔(Choi, j., 1983)关于 17 世纪韩国社会的发现,这与彼得·拉斯利特(Peter Laslett, 1965)关于工业革命前的英国的开创性描述相似。

在现代社会初期,死亡率和生育率转变的时间差确实增加了韩国大多数社会阶层组建几代同堂的大家庭的可能性。但是,伴随着日本殖民主义、美国侵占和朝鲜战争而来的社会动荡和经济动荡,以及后来快速的工业化和城市化,韩国人再次失去了与父母、祖父母以及许多子女和兄弟姐妹过上稳定的家庭生活的机会。下面详细介绍的官方统计数据显示,近几十年来,小家庭和/或核心家庭的比例已经稳步上升,但这并不意味着在过去的几十年或几百年里,这样的家庭类型非常罕见。

人们普遍有这样一种错误的认识,韩国也不例外,即人们过去生活在和谐融洽、正常运转的大家庭中,而且据说核心家庭数量的增加已经威胁到了传统的家庭照顾制度,这种制度针对的是诸如老年人、儿童、青少年和残疾人等在精神上、身体上和经济上必须依赖他人的社会群体。所谓的核心家庭支持功能的弱化,往往与年轻一代所谓道德观念的改变(恶化)有关。从这个角度来看,人们认为从几代同堂的大家庭到小型核心家庭的转变是加剧老年人和其他受支持人口福祉危机的原因。如果确实如此,那么以年轻一代为主的核心家庭,为了加强家庭支持功能,就必须加强孝道等伦理道德的建设以促进家庭赡养。这似乎暗示了核心家庭的存在有些自私,只能照顾到年轻父母及其一个或两个子女的情感和物质幸福。

我们甚至完全不能确定,人口统计上属于核心家庭的那些人是否已经受到良好的养育和保护。事实上,在官方人口统计数据中,许多被归类为"核心"的家庭实际上是那些留在农村的孤独的老年夫妇、单亲家庭，以及由其他弱势或无能力的人组成的家庭。（在韩国，官方统计数据对核心家庭的定义相对宽松，将上述类型的这些家庭也包括了进来。）考虑到长期的住房短缺和租金飞涨、就业关系日益不稳定、形成民主家庭关系的文化困难等问题，我们或许可以毫不犹豫地说，在一个物质稳定，更不用说情感和谐，而且相处极好的核心家庭中生活，仍然是幸运的少数人的特权。

人口普查统计数据系统地表明，实际上，核心家庭数量并未急剧增加，因此，我们没有充分的理由将家庭支持方面的所有问题都归咎于家庭核心化。[1] 也就是说，引发问题的不仅仅是所谓的家庭自我关怀危机（据说与家庭核心化有关）。在某种程度上，核心家庭在历史上一直是一种普遍而典型的家庭模式，那些无法被有能力的家庭护理者所照顾和支持的人，其命运恶化的原因是在家庭之外的，也就是说是源自国家和社会。然而，这种看似常识性的判断并未被普遍接受，因为大多数韩国人不习惯从家庭、国家和社会（包括劳动力市场和公民社区）之间的结构关系的角度理解与家庭有关的事情。[2]

在这种情况下，我们可以从不同的角度来理解家庭福利的概念。家庭福利逐渐被视为社会政策的核心要素，政府宣布在

---

[1] 见 Kwon, T. (1992)。

[2] 莱拉（Leira, 1993）和汉特拉斯（Hantrais, 1994）关于欧洲国家家庭政策的两篇论文以许多对立的因素来解释这种情况。在这些论文中，家庭、国家和社会之间结构关系的转变被认为是影响家庭生活状况的核心因素。

不久的将来会把韩国建设成一个"福利国家"。① 这一政策路线可以概括为通过家庭支持系统建立福利国家。一位负责社会福利工作的官员指出："家庭是国家和社会的基本组成部分，良好的家庭福利会带来社会稳定，有助于建成福利国家。"②然而，官方对家庭福利的这种明确强调，尚未在明确、一致的政策指导和具体、全面的政策措施方面得到证实。

　　相反，极低水平的福利支出继续体现了政府以积累为中心（或抑制福利）的经济发展战略（见表 4.1）。韩国在社会保障项目上的花费一度是大多数工业化国家支出水平的"五分之一到十分之一"。③ 家庭福利的引入并没有反映出系统的社会压力或长期的政治目标，正如 T. H. 马歇尔（T. H. Marshall）提出的西欧福利国家的"社会权利"所明确表达的那样。④ 家庭福利的

---

① 在金泳三政府执政期间，国家对社会福利的承诺甚至出现了政治上的倒退。在这种情况下，家庭福利不再像以前那样受到重视。政府官僚机构未能从技术官僚的角度遏制这种政治倾向，也许是因为决策者对家庭福利的矛盾立场，以及经济政策部门与社会政策部门之间的官僚利益冲突。这一意见是基于作者本人与许多履行相关职责的政府官员的讨论。

② 见 Chung, D. (1991)，第 38 页。

③ 见社会保障规划委员会(1991)，第 10 页。1980 年国家社会保障支出占国民生产总值的 0.12%，1990 年占国民生产总值的 0.97%。即使把教育、人力发展、公共卫生、环境、住房等其他方面的支出也包括在内，1980 年社会发展总支出仅占国民生产总值的 5.1%，1990 年占 4.9%。这些数字远远低于许多中等收入国家（《1991 年世界发展报告》[World Development Report 1991][世界银行,1991]，第 198—199 页）。

④ 见 Marshall(1964)。

引入也没有证实任何以家庭为基础的"劳动社会再生产"的成本
能够得到正式认可和适当补偿。唯一有待验证的根本原因似乎
是,在韩国特定的社会文化背景下,依赖家庭的福利将更具成本
效益,因此所需的公共支出远低于西方式的基于机构的福利支
出。① 但是,如果家庭核心化一直是各种家庭群体福祉受到威胁
的主要原因,那么,如何能够依靠已经核心化的韩国家庭来实施
社会福利呢?

表4.1　经济危机前韩国和其他选定国家的政府支出

国家	年份	政府开支占国内生产总值的百分比/%	占政府总支出的百分比%			
			社会安全	教育	经济事务	国防
澳大利亚	1995	27.9	33.8	7.6	7.1	7.6
加拿大	1992	25.2	41.3	3.0	8.3	6.9
智利	1994	19.7	33.3	13.9	15.4	8.8
埃及	1993	35.7	11.0	12.3	8.0	8.7
法国	1992	45.0	45.0	7.0	4.7	5.7
德国	1991	32.5	45.3	0.8	9.7	6.4

---

① 与此相关的是,塞缪尔·普雷斯顿(Samuel Preston)认为,依赖于家庭的日本
福利制度比单独的以机构为基础的美国福利制度成本低得多,效率也高得
多。见 Preston and Kono(1988)。有趣的是,自农业非集体化以来,中国农村
的情况似乎正逐渐与韩国,或许还有日本的情况趋同。人民公社的解散不可
避免地导致了其社会福利功能的崩溃,现在唯一的普遍福利机制不过是家庭
的自给自足(见 Chang,K.,1993a)。

续表

国家	年份	政府开支占国内生产总值的百分比/%	占政府总支出的百分比%			
			社会安全	教育	经济事务	国防
日本	1993	23.7	36.8	6.0	3.3	4.1
科威特	1994	56.2	16.6	10.9	8.0	22.3
墨西哥	1990	17.4	12.4	13.9	13.4	2.4
韩国	**1995**	**19.9**	**9.3**	**18.1**	**24.0**	**15.7**
瑞典	1994	48.5	48.2	5.0	13.2	5.5
泰国	1992	15.0	3.9	21.1	26.2	17.2
英国	1992	43.1	29.6	3.3	6.6	9.9
美国	1994	22.0	29.6	1.6	6.4	18.1

资料来源：《1997年韩国社会指标》（国家统计局，1997），第533页。

　　虽然没有证据表明政府行政人员和政治家就一个新概念达成了共识，即把家庭支持作为其公共责任，但他们对家庭福利的强调不太可能具有欺骗性——即官方明显缺乏对社会福利的承诺——也不会在社会上引起强烈反对。无论如何，个人和社会生活中以家庭为中心的观念丝毫没有减弱，家庭内部的社会支持在文化和政治上仍然是理想化的，在养老政策方面尤其如此（见表4.2）。

　　但讽刺的是，通常是那些迫切需要公共福利保护的低收入家庭在社会福利方面表现出相当保守的意识形态。那些受教育程度较低、就业不稳定、居住在农村的人往往更可能认为，必须由他们自己去解决与贫困、健康、住房和教育有关的困难，而不是依靠国家来解决这些问题。① （然而,如表 4.2 所示,地区、教育和年龄相关的差异在对赡养老人的看法方面并不是特别明显。）当再分配福利政策的潜在受益者对社会福利的意识和要求降低时,潜在的被迫捐助者(即高收入者)的意识和要求就会大大减弱。因此,只有决策者有意愿,家庭福利的观念才会被普遍接受。然而,如下所示,作为一种实际政策选择,家庭福利的合理性受到韩国家庭人口结构和社会经济现实的严重制约。

表 4.2　对赡养老人责任的看法

单位:%

| | | 子女的责任 | | | | 父母自己养老 | 社会责任等等 |
		合计	长子独自赡养	儿子单独赡养	子女共同赡养	有能力的子女赡养[2]		
1983		71.7	22.1	21.7 (0.8)[1]	27.1	—	20.5	7.8
1988		79.3	25.2	17.8 (0.5)[1]	35.8	—	15.8	0
1994		87.3	19.6	11.4	29.1	27.2	9.9	2.9
地区(1994)	城市	87.3	17.3	11.2	31.2	27.6	10.0	2.8
	农村	87.5	27.7	11.8	21.8	26.2	9.5	3.0
学历(1994)	小学	87.3	31.8	11.1	21.0	22.9	10.2	2.4
	初中	86.4	16.6	11.5	29.0	29.7	10.5	3.1
	高中	87.8	15.0	10.8	32.1	29.2	9.3	2.8
	大学及以上	86.5	16.3		34.1	25.3	10.0	3.5

① 见 Kim,Y.(1990),第 67—71 页。

		子女的责任				父母自己养老	社会责任等等
		总和	长子独自赡养	儿子单独赡养	子女共同赡养	有能力的子女赡养[2]		
年龄(1994)	15—19	86.4	14.0	8.6	33.2	30.6	9.5	4.0
	20—29	88.5	14.4	10.3	35.4	28.4	8.6	3.0
	30—39	89.1	15.6	12.3	30.5	30.7	8.3	2.5
	40—49	86.3	18.5	12.7	27.1	28.0	11.1	2.6
	50—59	84.2	25.9	12.3	23.5	22.5	13.4	2.4
	60岁及以上	86.1	37.7	11.1	18.5	18.8	10.7	3.2

资料来源：《1997 年韩国社会指标》(国家统计局,1997),第 134 页。

注：1. 女儿单独赡养。

2. 1983 年和 1988 年的调查结果不包含该项数据。

第四节　保守家庭政策时期的韩国家庭实际情况：仍旧受儒家思想影响的核心家庭

一、人口特征

人口普查结果显示,在 1990 年,核心家庭在所有家庭类型中占 68.1%,在有亲属关系的家庭中占 76.0%。[1] 1966 年,上述占比分别变为 64.7%和 66.8%。蕴含在这些比例中的城乡差异

---

① 见 Kwon,T. and Y. Park(1993),第 30 页。

（有利于城市地区）在 1966 年略大于 1990 年。1966 年,在有亲属关系的家庭中,核心家庭在城市地区(si,市)和农村地区(myeon,面)分别占 72.24% 和 63.57%。1990 年,在有亲属关系的家庭中,核心家庭在城市地区和农村地区分别占 77.56% 和 70.00%。

伴随着历史上几十年来巨大的社会转型和经济扩张,在此期间,韩国社会在其他方面也发生了一些变化,与之相比,这些人口变化则显得微不足道。前文已经指出韩国历史上核心家庭的数量快速增加,因此这里省略对韩国家庭人口结构的具体讨论。但是,关于人口变化对家庭支持系统的影响,有几点需要明确指出。

第一,家庭人口变化最显著的特征不是核心家庭数量的增加,而是所谓的"不稳定"或"非传统"家庭数量的增加。例如,独居型家庭的比例 1966 年为 2.31%,1985 年增加到 6.91%,1990 年增加到 9.51%。[1] 在城市地区,相应年份的数据分别为 2.76%、6.75% 和 9.09%;农村地区分别为 2.04%、7.20% 和 10.74%。有趣的是,我们注意到,农村地区独居型家庭的增加甚至比城市地区更为显著。大多数农村独居型家庭都是老年人构成的,他们已然跟不上青年人向城市迁移的快速而持续的步伐。[2]

---

[1] 见 Kwon,T. (1991),第 120 页。
[2] 见 Rhee,G. et al. (1989)。

　　许多参与人口统计的核心家庭甚至包括空巢老人、单亲家庭和所谓的"不稳定家庭"等其他类型的家庭。尽管大家庭的比例逐渐下降，但这一家庭类型的解体似乎并没有大幅增加具有典型世俗形象的核心家庭的数量，而是导致那些从社会和经济功能来看人口结构有问题的家庭持续增加。需要特别提及的是，贫困的农民家庭解体为滞留农村的空巢老人家庭和城市贫民窟中子女的家庭，并不是典型的家庭核心化过程。在这一过程中，群众逐渐调整其家庭结构和关系以适应工业社会的要求。

　　第二，开始出现一些这样的趋势：一些家庭规划出新的生活模式，以维持、适应或加强其对年迈父母、子女和其他受扶养者的支持功能。尤其是年迈父母和成年子女之间出现了一些灵活的规划，比如"彼此相邻却各自独立的生活"（即年迈父母和成年子女住得很近，但彼此独立，并在必要时灵活提供各种实质性帮助和情感关怀），又如"经过改良的大家庭"（即年迈父母和成年子女住在同一所房子里，但在预算等方面保持独立）。① 由于预期寿命和老年人口比例的提高已经导致韩国进入了人口快速老龄化的过程，这些改良过的赡养老人体制可能有助于减轻日益增长的赡养老人负担。② 虽然这些改良过的生活规划未必反映

---

① 见 Rhee,G.(1989)。

② 到 1989 年，男性的预期寿命已经上升到 67 岁，女性的预期寿命上升到 75 岁（人口规划委员会,1991）。从那时起，提升的趋势就非常缓慢。65 岁及以上人口的比例从 1960 年的 2.9%增加到 1990 年的 5.0%。

了家庭支持方面的自发性努力,且比例不高,但这仍然是家庭适应社会和经济环境迅速变化的重要发展趋势。

第三,虽然核心家庭数量总体上没有显著增加,但规模较小的核心家庭数量增加了。这当然是由于近 30 年来生育率的迅速下降。在各种各样的社会压力和经济压力下,韩国人被迫适应只生育一两个孩子的家庭生活。那些包含亲属关系的家庭,其平均规模迅速变小,从 1960 年的 5. 66% 降到 1990 年的 4. 11%,这一趋势在城乡之间没有显著差异。在农村,一个家庭如果没有足够的劳动力就无法维持其核心经济活动,即家庭耕作,因此更有可能迁移到城市。此外,只有一两个孩子的父母也不希望看到孩子们继续在农场上过艰苦而没有希望的生活(见第六章)。在农村,大多数父母都愿意让"追求城市光明"的孩子离开家乡,即使他们的目的地并不十分明确——学校、工厂、建筑工地、商店、餐馆和酒吧,或者是街上的某个地方。在城市里一些规模较小的家庭中,一方面,父母似乎更积极地为每个孩子提供物质和情感上的照顾,另一方面,他们更加意识到自己需要为老年生活做准备。无论是农村还是城市,仔细考虑小规模家庭生活的各种影响似乎都很重要。

第四,家庭变革在人口结构方面和社会、经济方面存在一些不平衡。和其他地区一样,在韩国,人们通常认为移民(或家庭生活安排的变化)和生育率下降是工业化和家庭核心化之间的主要中间变量。然而,1989 年进行的一项全国性调查显示,在过去十年中搬家的那些人之所以搬家,更多是因为住房问题,而不是出于职业原因。① 在城市和农村地区都是如此。因为韩国人口与土地的比例极为不利，而且房地产投机行为也臭名昭著，所以住房短缺可能已经成为韩国最具潜在爆炸性的社会问题。此外，农村地区生育能力的转变速度与城市地区一样快，证明了除工业化或城市化之外生育因素的重要性——尤其是大规模计划生育的重要性。农村地区计划生育的成功，以及持续的人口外流，造成了乡镇劳动力严重短缺，以及留守老人生计困难。这些与工业化没有直接关系的特殊因素在一定程度上促进了家庭的核心化，不难想象，与工业化的实际步伐相协调的合理且适应性较强的人口结构变化可能已经遭到严重破坏。

二、 物质条件

在社会学理论中，一个典型的(父权制的)核心家庭会有一个在工厂或办公室工作的丈夫，其收入大致足够家庭成员的基本生活开销，并可以存储一些钱用于未来的教育、住房等主要支出。这样一来，核心家庭就可以在经济上和情感上获得独立，无需忍受来自亲戚关系的压力。在韩国，或许和在大多数其他非西方国家一样，绝大部分核心家庭都不可能如此。

首先，尽管工业化迅速发展，但从事工业劳动(在工厂和办公室)来养家糊口的男性只在少数。相反，小规模和/或暂时性从事农业和第三产业的劳动力所占比例要大得多。大多数韩国

---

① 见 Kong, S. et al. (1990)，第 50 页。

家庭迫于国情要承受这些非工业行业、通常是非正式行业本身存在的经济不稳定性。[1] 此外,他们在许多社会福利项目制度中受到歧视,因为决策者认为一些大型的城市公司和政府部门是启动或试验新的社会保障项目的最佳场所。例如,一直到20世纪90年代中期,他们还不能享受国家医疗保险、国家养老金和失业保险。[2] 此外,所谓"不稳定家庭"的成员更有可能在这些外围部门中工作,如此一来,他们的经济困难与人口问题就混杂在一起。[3]

其次,收入不平等在韩国仍然是一个严重的社会问题。所有家庭中收入最低的40%家庭在1965年的收入占国民总收入的19.3%,1985年为17.7%,1988年为19.7%。[4] 甚至自20世纪80年代中期以来工资水平大幅提高之后,收入分配也仅仅与25年前的水平相当。这一趋势令人担忧,而且其背后似乎存在很多因素。一个非常明显的因素是,保守政府不愿推出明确的收入再分配政策,例如对收入和遗产征收高额累进税,为受扶养者、穷人、失业者和/或无家可归的人提供充足的补贴。此外,还有一些

---

① 见 Yee, J. (1993);Chang, K. (1995)。

② 见 Nam, S. and H. Cho(1995)。

③ 见 Cho, U. and O. Cho(1992)。

④ 见《1993年韩国社会指标》(国家统计局,1993)。

社会、人口和其他类型的因素，这里暂不作详尽的解释。① 另一个
关键的问题源于一个事实，即在许多调查中，大多数人在这么多
年时间里并未感觉到实际生活质量有任何显著改善。②

　　再次，比收入不平等更严重的问题是财富分配不均。财产税
法和政府打击非法财富积累的措施被证明效果不够明显，房地产
以及其他生产和再生产手段的大规模投机活动不受限制时，从财
富集中可以直接推知生活条件的差异严重。这一点在后民主时代
的韩国表现得非常生动。以住房问题为例，在 20 世纪 80 年代末
的短短几年时间里，大多数城市地区的房价至少是原来的两倍或
三倍。正如人口普查数据所示，韩国家庭的房子拥有率从 1960 年
的 79.1%持续迅速下降，1975 年是 63.6%、1980 年是 58.6%、1985
年是 53.6%，1990 年是 50.6%，这些变化并不令人感到意外。③ 在

---

① 我想提一些有趣的因素，这些因素与当时的社会人口变化有关。其中一个原
　　因是，许多大型贫穷家庭已经分散成更小型的贫穷家庭（Kwon, T. and Y.
　　Park 1993），例如，一个贫穷的农村家庭分成一个留在农村的老人家庭和搬到
　　城市的儿子家庭。人口老龄化是另一个社会人口因素，因为老年人主要集中
　　在低收入类别（Rhee, G. et al. 1994）。要确定这些社会人口变化与收入不平
　　等之间的确切因果关系，还需要进行更系统的研究。
② 见当代社会研究所（Institute of Contemporary Society）（1992,1993）。
③ 这种可怕的趋势直接转化为整个社会的沮丧情绪和贫穷家庭的愤怒情绪。因
　　此，"为了避免一场革命"，卢泰愚政府启动了一项雄心勃勃的政治计划，在他
　　的五年任期内新建 200 万套住房和公寓。尽管出现了许多前所未见的经济问
　　题，但这一雄心勃勃的项目确实有助于稳定房价和增加住房所有权。在 20 世
　　纪 90 年代，情况似乎没有恶化，也许是因为对房地产市场的持续密切控制。

韩国,随着房价上涨,房租也持续飞涨,大多数贫困家庭无法避免受到房租的束缚。因此,家庭核心化最重要的物质基础——即单独的住所——正在不断崩溃,财富分配不均问题进一步加剧。

三、 社会关系：女性负担过重

虽然家庭核心化在人口问题上并不是特别明显,而且经济问题阻碍了独立的家庭生活,但是家庭生活的社会特征,如家庭成员之间的社会关系,发生了显著变化。首先,至少在女性的期望中,夫妻关系中感情方面和利益方面的相对权重倾向于向前者倾斜,因此"情感超载"的问题就此蔓延开来。结婚前,这种转变表现为越来越自由和主动的求爱;结婚后,则表现为人们对情感互动和社会平等的期望和要求越来越高。据说,这些变化反映在自由选择婚姻和离婚率的增加上,而这些行为被看作家庭关系中反对传统道德集体主义的典型个人主义行为。除离婚解散的家庭之外,通过自由恋爱结婚的夫妻不太可能一直为自己的亲属和姻亲——尤其是为丈夫的父母,提供物质和情感上的照顾。①

根据一项全国性调查,包办婚姻的比例(就通过相亲结婚的女性而言)正在迅速下降,从 20 世纪 50 年代的 96.3%下降到 20 世纪 60 年代的 82.0%,20 世纪 70 年代为 64.3%,20 世纪 80 年

---

① 这并不意味着通过相亲结婚的妇女总是以更和谐的方式赡养其岳父母。

代为 49.1%。① 离婚率(以每 100 对婚姻中的离婚数计算)也有着显著上升,从 1960 年的 3.1 一直上升,到 1970 年为 4.2,1975年为 6.0,1980 年为 5.9,1985 年为 10.0,1990 年为 11.0。② 然而,相对而言,至少在 20 世纪 90 年代中期以前,离婚率还没有高到可以预示一场普遍的家庭危机。③ 1990 年,在 15 岁及以上的人口中,只有 0.8% 的人处于离异状态。一些人担心离异家庭的增加或许会威胁到家庭对老人、儿童和其他类型受扶养人的普遍的社会支持功能,相对较低的离婚率可能给他们提供了些许宽慰。如果日益增加的自由选择结婚不一定会导致离婚率迅速增加(正如韩国统计数据表面上显示的那样),那么人们就会得出结论,足够和谐且令人满意的婚姻关系可以满足婚前的期望。与此相关的是,1983 年的一项研究表明,那些年轻人、受过良好教育的人和住在城市里的人——换句话说,那些变得越来越典型的韩国人——更加频繁地强调感情和陪伴作为婚姻关系的核心基础的重要性。④

　　然而,也有批判的反证案例。一项研究表明,高达 50.4% 拥有初中或高中学历的妻子和 39.6% 拥有大学学历的妻子认为,如果经济独立,她们更愿意独自生活。⑤ 换句话说,她们忍受痛

---

① 见 Kong,S. et al.(1990),第 67 页。

② 见《1992 年韩国社会指标》(国家统计局,1992),第 19 页。

③ 如第八章所示,1997—1998 年经济危机后的情况完全不同。

④ 见 Kim,Y.(1990)。

⑤ 见 Kong,S. et al.(1990),第 84 页。

苦的婚姻生活(即避免离婚),仅仅是因为她们缺乏经济资源。似乎有很多原因可以解释这个结果。第一,正如以上关于家庭经济状况的讨论所表明的那样,太多的韩国家庭受到经济困境和情绪失调的长期困扰。毫无疑问,这个问题在低收入家庭中更加突出。如上所示,受教育程度较低的女性(她们可能与受教育程度较低、收入较低、或许不够善解人意的丈夫结婚)遭受的痛苦更大,但教育劣势剥夺了她们在劳动力市场上经济独立的机会,从而迫使她们在现有的家庭状况中继续坚持下去。

第二,越来越强调情感的结合并不一定意味着婚姻关系的制度方面发生了根本性的变化。不仅大多数男性,甚至大多数女性仍然认为,妻子最好把照顾家庭、照顾孩子和老人作为她们的主要责任。大多数女性确实承担了这些责任。1989年的一项调查显示,妻子分担的家务比例,在城市大家庭中为71.0%,在城市核心家庭中为80.5%,在农村大家庭中为74.2%,在农村核心家庭中为83.2%。① 虽然人们普遍认为女性在家庭中劳动是封建制度的残余,但在核心家庭中,男性和女性领域的差距最为明显。

---

① 见 Kong,S. et al. (1990),第114—117页。需要指出的是,农村地区和城市地区家务劳动的概念或内容差别很大。在农村地区,农户在大多数情况下既是生产单位又是消费单位,家务劳动也包括许多与生产有关的活动。(无论如何,在农户中,很难将消费相关活动与生产相关活动区分开来。)许多城市贫困家庭,主要是所谓的非正规部门的家庭也可能出现这种情况。但是有工薪户主的家庭情况就不同了。

　　第三,尽管越来越多的女性外出就业,但家庭的性别分工并未发生任何显著改变。1989 年的调查还表明,有工作的妻子分担的家务比例(81.6%)略高于无工作的妻子(80.0%)。[1] 全面的劳动力短缺和服务业就业的扩大促使政府和工业部门鼓励女性参与到社会劳动中,但他们没有作出全面的努力来提供代替女性家务职责的公共手段,或构建一种共同家庭责任的新道德观。[2] 父权制家庭仍然盛行的时候,"公共家庭"的概念对于大众来说还很陌生。[3] 如上所述,如果经济上独立促使许多女性认真考虑独自生活,那么女性持续不断的家务负担,以及越来越多女性外出工作所带来的矛盾压力很可能会导致许多婚姻发生破裂。

　　第四,由于上述所有导致女性痛苦的问题在农村地区都要更加严重(在农村,"解放"社会因素的影响要小得多),大多数农村年轻女性会通过去城市的工厂、商店、餐馆和酒吧,偶尔也会去学校,抓住机会追求更好的生活来逃避粗俗鄙陋的农村婚

---

① 见 Kong,S. et al. (1990),第 114—117 页。

② 莱拉(1993)解释了斯堪的纳维亚国家在为职业母亲提供公共育儿手段方面的各种情况。在韩国,父权文化往往阻碍成年成员(特别是丈夫和妻子)灵活地重新安排家庭责任,国家对全职妈妈在育儿和其他家庭支持活动中的挣扎完全漠不关心,这种情况尤其有问题。将斯堪的纳维亚家庭关系文化作为妇女的社会就业和国家对家庭援助及服务的承诺之间的一个中介因素进行比较评估,可能有助于这方面的工作。

③ 见 Dizard and Gadlin(1990)。

姻。① 农村年轻女性外流到城市的人口远远超过农村年轻男性，导致大多数农村正常婚龄男女之间性别比例严重失衡。例如，截至 1985 年，农村婚龄人口（25—29 岁男性和 20—24 岁女性之间）的性别比（女性 = 100）高达 118.15。② 截至 1985 年，城市的这一比例仅为 93.72。在 1990 年，农村和城市婚龄人口的性别比分别为 113.70 和 100.90，性别比例的不平衡程度有所缓解。③ 然而，这一变化并不意味着农村生活的改善会吸引女性回到农村，而意味着绝望的农村男性和农村女性一起逃离农村的悲惨现实。虽然年轻的农村女性在城市里的命运通常是可怕的，但那些留在农村的青年男子，他们没有或很少有希望找到婚姻伴侣，痛苦也并没有减少，有些人甚至做出自杀的行为。因此，即使农村老年人与儿子同住，但他们的儿子被迫单身，往往会减少在"理想化的"大家庭结构中得到支持的可能性。

四、 社会关系：老人与儿童

大多数女性——同时也包括大多数男性——面临的复杂问题对老人和儿童有直接影响，他们作为两个主要的家庭群体，其物质和情感关怀在很大程度上取决于女性的道德承担能力。首

---

① 见 Chang, K. (1995)。

② 见 1985 年《人口和住房普查报告》(*Population and Housing Census Report*)（经济企划院［Economic Planning Board, EPB］,1985)。

③ 见 1990 年《人口和住房普查报告》（经济企划院,1990)。

先,儿媳服侍公婆的责任观念似乎正在发生一些变化。根据1984年的一项全国性调查,在所有照顾老人的家庭成员中,农村儿媳比例为 96.8%,中小城市为 91.4%,大城市为 87.6%,全国为 93.8%。[1] 在这些儿媳中,72.3%的人因为丈夫是长子而必须履行照顾老人的职责,而只有 5.9%的人是因为自己或丈夫想要履行照顾老人的职责。超过半数的儿媳接受了一项准则,即长子,或者最终是他们的妻子应该赡养与其同住的父母。

这些韩国女性遵守了赡养公婆的传统规范,但这种遵守背后显然存在一种道德强迫,因为她们中超过一半的人都声称自己希望在年老时与子女分开生活。[2] 七年后,韩国政府在1991年进行的社会调查显示,在 15 岁及以上的受访者中,只有18.3% 的人认为赡养老人只是长子的责任,而 46.2% 的人认为赡养老人是所有儿女的责任。[3] 调查还显示,只有 15.4% 的受访者认为年迈的父母应该独立生活。

因此,如果长子的养老职责逐渐成为所有子女的共同责任,那么,基于家庭的养老制度将至少作为一种准则而维持下去。尽管如此,需要明确指出的是,越来越多的老人只与配偶生活在

----

[1] 见 Im,J. et al. (1985),第 221—236 页。

[2] 当许多老年人由其子女和/或家庭中的儿媳赡养时,妇女的社会就业就面临除照顾子女之外的另一个障碍。这也涉及了另一个领域,在妇女经济参与程度增加的情况下,福利国家的干预是必要的。显然,韩国的形势比大多数西方国家要复杂得多。

[3] 见《1993 年韩国社会指标》(国家统计局,1993)。

一起,甚至独自生活,而独居的老人中有一半以上是为了让子女的生活更加方便,如果可能的话,他们希望与子女团聚并一起生活。① 与年轻人相比,这些独居老人和老年核心家庭的生活安排并不是追求积极自主生活的产物,而是一种在日益疏远的社会和经济环境中被动接受的命运。正如近代欧洲早期的"被保护免受成人社会影响的天真儿童的社会发现"一样,越来越多的老年人与子女分离,与现代工业主义疏远,突然被迫面对独立、寂寞的老年生活。② 国家似乎加剧了贫困老人的这种沮丧情绪,因为许多针对老年人的社会保障方案迫使这些薄弱方面愈加恶化,他们不仅被公司和公共部门拒之门外,随后又被与职业有关的就业社会保险排除在外。③

其次,尽管生育率的急剧下降似乎让许多年轻父母从育儿中节省了大量金钱、时间和精力,并将其用于改善夫妻关系,但抚养费用和教育费用的快速增长,以及与亲子情绪失调、教育竞争和其他问题相关的心理负担的增加,往往让他们无法顺利、舒心地抚养孩子成长。与其他工业化和大规模消费社会一样,大多数韩国家庭花费在孩子身上的金钱非常之多。在某种意义上,考德威尔(Caldwell)认为,生育率的大幅下降反映了韩国年轻夫妇的理性或利己主义,他们希望摆脱抚养孩子带来的过重

---

① 见 Rhee, G. et al. (1989),第 158—173 页。

② 参考 Aries(1962)。

③ 见 Park, K. (2007a)。

负担。[1]

他们的利己主义经常泛滥到对许多女性胚胎和胎儿进行残酷而蓄意的消灭，由于超声波可以检测到胎儿的性别，许多人（如果检测出是女性）就常常会选择进行非法堕胎。1990年，0—4岁年龄组的性别比高达112.0，5—9岁年龄组为107.1，10—14岁年龄组为106.6。[2] 也许，除了对家庭血统和老人安全的担忧，大规模的计划生育似乎已加剧了韩国人盲目堕胎的倾向。由于国家积极鼓励生育控制并默许堕胎，因此堕胎只不过是性别的问题，而非关乎生命，他们的行为只在道德上受到惩罚。

对成年女性的性别歧视也是造成许多儿童贫困和情感压力的原因。如果孩子的父亲已去世、和孩子分居或身份不明，那么这个孩子不仅要一直忍受没有成年男性养家糊口导致的经济贫困（或其母亲的就业机会有限且报酬过低），而且还要忍受在尊重父权保护的专制文化中强加给他/她的社会挫折感。[3] 更糟糕的是，大多数年轻的未婚母亲担心自己和孩子会受到社会上的歧视，因此不想自己抚养孩子。即使她们获得了足够的经济资源，情况也是如此。[4] 每年被遗弃的儿童大多数是年轻的未婚母

---

[1] 参考 Caldwell(1982)。

[2] 见人口规划委员会(1991)，第3页。

[3] 见 Chang, K.(2004)。

[4] 见 Choi, J.(1982)，第322—358页。

亲所生——例如,1989 年的 5 209 名被遗弃儿童中有 2 607 名是
这种情况,1992 年的 3 294 名被遗弃儿童中则有 1 813 名。①

　　韩国人过去常常用"残缺家庭"(gyeolsongajok)这个词来形
容那些因为死亡、离婚、分居、失踪等原因变为单亲的家庭。也
许,这个词的社会功能与其说是代指那些需要社会人道关怀和
国家公共援助的家庭,不如说是在个人关系和社会机会方面把
对那些家庭的偏见合法化。② 当然,只有父亲存在的家庭也被称
为残缺家庭,但是离婚或丧偶的男人比同类女性更有可能再婚,
这再次反映了父权制的社会结构。③ 因此,大多数残缺家庭都是
缺少父亲的家庭。虽然儿童的贫困和情绪失调并不是残缺家庭
所特有,但由于完全父权制家庭成员在社会关系和经济活动中
的持续利己主义,这些问题对他们来说尤其可能长期存在。

五、 不平衡的家庭核心化

　　如上所述,在国家奉行保守家庭政治的时期,韩国家庭的现
实表明家庭变化的核心本身并不是(人口)家庭核心化。核心家

---

① 见《保健社会统计年鉴》(*Statistical Yearbook of Health and Social Affairs*)(保健
　社会部[Ministry of Health and Social Affairs],1989—1992)。
② 在某种程度上是一种自我实现的预言。"残缺家庭"对儿童的社会偏见也导
　致了社会关系和经济活动对他们的歧视。这种歧视反过来又会导致孩子无
　法适应、成绩不佳,甚至在社会中出现异常行为。最终,这些结果控制了社会
　对他们的偏见。当然,这不是韩国社会独有的问题。这里的重点是,在儒家
　文化氛围中,这种周期性加剧残缺家庭儿童困境的行为通常是公开进行。
③ 见 Choi,J.(1982)。

庭的盛行并不是快速工业化的社会产物,而是之前几十年和几个世纪以来的一种持续的趋势。然而,如果采用更严格的核心家庭概念,强调其物质自主的经济基础,以及夫妻之间、亲子之间相对民主而温情的联结的社会基础,那么即使是大多数人口学定义上的核心家庭也可能是以各种不平衡的方式形成的。①

对于收入低、受教育程度低的社会群体来说,这种不平衡的家庭核心化(unbalanced family nucleation)似乎尤为严重。相反,一个拥有家庭社会关系的核心家庭,以民主而温情的联结、稳定而独立的收入基础以及相应的人口结构为特征,这种家庭已经在中产阶级中成为一种现象,且只与某个特定的人群有关。另外,单身老人、老年核心家庭、单身母亲等各种形式的不稳定家庭或非传统家庭的比例已经相当大,而且还在不断增加,我们需要考虑到这些因素以便对韩国家庭作出均衡的描述。

第五节　结论

在韩国 1987 年民主转型后的十年间,儒家意识形态和韩国核心家庭的功能主义理论以非常独特的形式相结合。这种结合造成了极端的保守主义,在这种保守主义下,威胁稳定家庭生活

---

① 这一主张并不是说应该鼓励和帮助韩国家庭同化为西方核心家庭模式,也不是说西方核心家庭总体上类似于理想型(平衡型)核心家庭。作者感谢权太焕(Kwon Tai-Hwan)教授让作者注意到这一点。

的各种社会问题往往引发全社会对困难家庭的成员进行道德批评，而不是引发对政府和社群救济工作必要性的政治讨论。几十年来，在以增长为导向的发展主义下，满足家庭需求的公共援助和服务一直受到忽视。在这种情况下，保守派精英们似乎从功能主义观点中找到一个适当的借口，即家庭核心化助长了个人主义的发展，破坏了传统的家庭团结，从而导致了许多社会问题。

　　甚至关于"家庭福利"的官方政策讨论也是基于国家对家庭自立的依赖，如此才能维持国家最低限度的福利承诺。然而，这一立场自相矛盾且站不住脚，因为正是在家庭缺乏适当的人口条件、经济条件和社会文化条件而无法发挥社会支持机构的作用时，才需要特别保护家庭的需求。即使是像韩国这样受儒家思想影响较大的社会也不能例外，如果要让贫困者、老年人、残疾人和其他类型的受扶养者更好地融入社会的话，资本主义工业社会必须设计一套完整且由国家组织和资助的福利计划。

第五章 | 女性劳动与性别分化的工业化

第一节 引言

　　近几十年来,韩国资本主义工业化快速发展,由韩国女性形成的社会关系已经从传统的父系家庭扩展到市场和其他公共领域。[①] 韩国女性开始作为主要经济参与者进入社会阶层结构,履行韩国社会资本主义转型所需的各种经济职能。然而,这种转变并没有从根本上改变她们与男性的弱势权力关系。与其他经历过资本主义转型的社会一样,韩国妇女仍然是资本主义社会劳动分工中"第一个受到压迫的阶级"。[②] 此外,家长式的统治劳动关系常常被誉为东亚高生产率资本主义经济体的一个重要组成部分,已经选择性地应用于大多数男性长期工人。职业女性的典型形象是"永久的临时工",由于其工作的不稳定性和无

[①] 本章中对特定性别的阶级结构调整的分析见张庆燮(1995),《性别和失败的资本主义社会转型:韩国妇女的半无产阶级化》(Gender and Abortive Capitalist Social Transformation: Semi-Proletarianization of South Korean Women),《国际比较社会学杂志》(International Journal of Comparative Sociology)36(1—2):第61—81页。

[②] 见 Engels(1942)。

组织性,她们容易受到无条件的剥削。① 韩国女性从父权制家庭中脱离出来,似乎导致了整个社会的性别分层,在这种分层下,她们的女性特征成为社会和经济歧视现象的理由。

正如博塞拉普(Boserup)所预测的那样,经济现代化扩大了韩国女性的社会关系网络,同时经济中出现了一个新的性别分层制度。② 在资本主义发展过程中,韩国男性和女性阶级地位的转变有很大的不同。更具体地说,韩国女性参与到资本主义经济中,大规模扩展并维护了她们在正规企业工业部门之外的部分社会关系。无产阶级在与顽固的发展主义政权及其商业盟友的对抗中(尤其是在 20 世纪 80 年代中期至 20 世纪 90 年代初)展现出的明显成效,并不意味着韩国女性的阶级地位有了根本性的提升。在这一时期,劳工有组织的行动主义主要由大规模重工业企业的男性工人支撑。相比之下,绝大多数韩国女性已经转变为半无产阶级,并继续维持在这一阶层。半无产阶级是一个局部性、暂时性的工人阶级,其社会利益和身份在结构上被复杂生活环境中的复杂地位所损害,复杂生活环境包括雇佣劳动、伪装成雇佣劳动的自由职业、家庭企业中的无偿工作、家庭生育劳动,甚至为家庭之外的亲戚提供个人护理劳动。③

① 见 Fuentes and Ehrenreich(1983)。

② 参考 Boserup(1970)。

③ 见 Moon(2005)对韩国妇女在边际工资工作和家庭生育之间的复杂束缚的有力描述,这些束缚是由专制的发展体制所刻意塑造的。

　　显然,韩国人对现代性的追求在资本主义工业化领域最为
成功。他们的工业资本主义,持续被证明是一场全球性的轰动,
不仅构成了自身的压缩现代性,而且也是被凝聚的社会经济发
展中其他维度的中心驱动力。然而,其工业现代化从根本上讲
是存在性别歧视的,这一观点也同样正确。在这种工业资本主
义中,主要的阶级参与者——即积极进取的工业企业家、富有韧
性且忠诚的管理者,以及技术精湛、组织有力的工业工人——几
乎完全将女性排除在外。20 世纪 70 年代末,年轻的女性工人被
男性经理和雇用的暴徒锁起来进行殴打,甚至脱光衣服,这一臭
名昭著的行业冲突场景并未改善这一可悲的状况。然后,女性
作为无产阶级的社会功能和政治功能开始显现,却没料到在 20
世纪 80 年代初期,随着"新军部"(singunbu)政府对劳工运动的
暴力镇压,以及工业结构迅速调整,转变为男性主导的重化工
业,女性的社会功能和政治功能被扼杀。

　　本章将论证,即使是 1960—1980 年的早期工业化时期,在
所谓的资本主义社会转型(即现代无产阶级以及资产阶级、专家
阶层和行政阶层的形成)中,也是以男性占主导地位为特征。这
一时期里,妇女越来越多地参与到工业工作中,为劳动密集型、
出口驱动型工业化提供了关键条件。如果没有女性艰苦的工业
劳动,这一时期所谓的"工业起飞"是不可能实现的,但是,女性
在这种发展方面的贡献并不足以帮助她们提升到一个有效的工
业资本主义社会阶层。这并不意味着妇女在其阶级地位和关系
上没有经历任何重大变化,而是意味着她们脱离农业部门的社

会转型被任意中断、偏袒或扭曲,好让她们从事自给自足的农业生产、部分工业工作、卑微的服务工作、家庭再生产(家务劳动),甚至为老年人和残疾人提供社会保障劳动等。在某种意义上,为了实现韩国以男性为主导的工业现代化,这种对女性阶级地位和社会活动的遏制和操纵就显得更为必要。

第二节　压缩资本主义工业化中的韩国女性

韩国一直被认为是世界上为数不多的成功经济发展特例之一。如果这种非凡的成功就能代表韩国的发展经验,人们可能会问韩国女性的社会经济状况是否得到了相应的改善。奇怪的是,经济和社会中的性别分层一直是韩国发展最显著的特点之一。国内外学者都已目睹了韩国女性在遭受男性主导的家庭关系、进入现代经济领域时遇到的结构性障碍,以及工作场所中制度化的隔离所带来的痛苦。①

特别是,人们通常认为儒家传统已经为经济发展提供了文化基础,相当于欧洲资本主义发展中的新教伦理。这对男性和女性有着不同的影响,因为这种传统思想想要设立一种明确的性别隔离的社会秩序。② 当韩国的发展决策者和私营企业家试

① 见 Cho,H.(1986);Chang,P.(1986);Greenhalgh(1985)。
② 见 Kahn(1979)。作为一个例子,男尊女卑(namjonyeobi)和男女有别(namnyeoyubyeol)这样源自儒家经典的规范,在当代各种社会关系和实践中并非完全不相关。

图在没有为资本主义劳动分工预先建立充分的社会基础的情况下,战略性地重新分配劳动力并实施压制性的劳动控制机制时,在文化上规定女性的从属地位成为他们完成任务的一种权宜之计。① 鼓励女性从父权制家庭转入劳动力市场,可以确保"顺从"的韩国女性及时提供分散的劳动力,这些劳动力可以无条件地受到剥削。换句话说,就像博塞拉普的观点,社会对女性劳动的习惯性剥削不仅是父权制的家庭权力关系或合法的传统文化所导致的,更本质的原因在于资本主义的内在逻辑。就这样,在经历了数十年的资本主义发展之后,古代等级制的儒家文化和社会关系仍然是韩国社会不可分割的一部分。

　　由于资本主义工业部门的迅速扩张,一般来说,韩国民众通常被描述为经历了同样快速的向无产阶级的社会转型。② 除此之外,韩国工人(相对于其他东亚工人)在与专制发展主义政权及其商业盟友的对抗中表现出相对明显的战斗精神,这加强了另一种观点,即无产阶级的转变最恰当地划分了韩国群众不断

---

① 在大多数其他第三世界国家,奴隶制、种族分裂和其他社会分裂的文化形式在资本积累的初始阶段起到了重要作用(Wallerstein, 1975),不同于此,韩国人被认为在两千多年的时间里保持了他们的生物社会同质性。此外,20世纪继承下来的一些封建经济和政治分化的残余在日据时期和朝鲜战争中被严重削弱,朝鲜战争使所有朝鲜人陷入贫困,大部分社会制度被摧毁。因此,当韩国在20世纪60年代初开始全面的工业化计划时,甚至不得不帮助创建主要的经济阶层(Lim, h. and W. Paek, 1987)。

② 见 Koo, H. (1990)。

变化的社会关系。① 然而,这种无产阶级化的论点往往掩盖了这样一个事实,即绝大多数韩国女性仍然忍受未曾改变的阶级地位(即不能离家)或只是部分转变的阶级地位,在这种情况下,为实现女性真正的社会解放而进行有效的工人阶级运动仍然希望甚微。

　　需要注意的是,韩国经济(在就业构成方面)全面结构调整的特点是,现代大规模工业和小规模城市非正式部门数量同时增长,以及农村小商品生产部门数量稳步减少。② 与此相关的是,大多数其他第三世界国家所记录的外围民众不均衡的社会转型,对于韩国人来说并不是完全不真实的。③ 事实上,一再被边缘化为临时雇佣劳动、变相雇佣劳动,以及小型生产和贸易中的家庭自主劳动,对于大多数无技能的韩国工人——尤其是女工——来说,都是非常正常的经历。

　　女性的经济边缘化与她们不断遭到破坏的工作生活历史在结构上相互交织。绝大多数女性产业工人受到农村生活习惯的鼓动,习惯在婚前或婚后辞职,让她们的产业工人身份成为一个年轻的职业。她们中的许多人会在孩子长大后和/或家庭补充收入变得不可或缺时重新进入劳动力市场,但她们只能从事临时工、兼职工作和自主劳动。具有讽刺意味的是,女性在劳动密

---

① 见 Deyo(1989)。

② 见 Suh,K.(1984)。

③ 见 Portes and Walton(1981);Wallerstein(1984);Slater(1978)。

集型出口行业的工作对韩国工业的腾飞至关重要，而工业腾飞导致了一个现代的、却仍是父权制的分工体系，其特点是女性经济参与的长期不稳定性和不连续性。

根据2001年的调查（见图5.1），最近几代女性在20岁出头到25岁左右的年龄段，就业的可能性大大增加，在随后的年龄段，就业率会急剧下降。换句话说，近几十年来出生的女性赶上了工业化迅速发展的潮流，工作率不断提高，但她们也受到了新的劳动制度和家庭文化的影响，这些制度和文化严重阻碍了年轻家庭主妇的社会就业。[①] 如果农村家庭妇女的就业情况不计在内（图5.2），那么新一代女性在其一生中的就业次数非常多（本书中有记录）。这反过来表明，农村妇女并不像生活在城市中的妇女那样，要经历这种不连续的工作模式。也就是说，女性在结婚前的经济撤退，与其说是一种古老的传统，不如说是一种伴随着工业化和城市化的现代化现象。

虽然这些数字表明，大部分中年妇女（在辛苦地生育、抚养和教育子女之后）重返劳动力市场，但这些返回者中很少有人能够在主要工业部门长期稳定就业的基础上获得正式的无产阶级地位。即使在她们早期的职业生涯中，潜在的婚姻（以及随之而来的家庭护理义务）也曾被视为剥夺妇女主流职业生涯的正当

---

① 这种家庭文化的基础是儒家家庭主义和情感家庭主义的共同影响。详情见第二章。

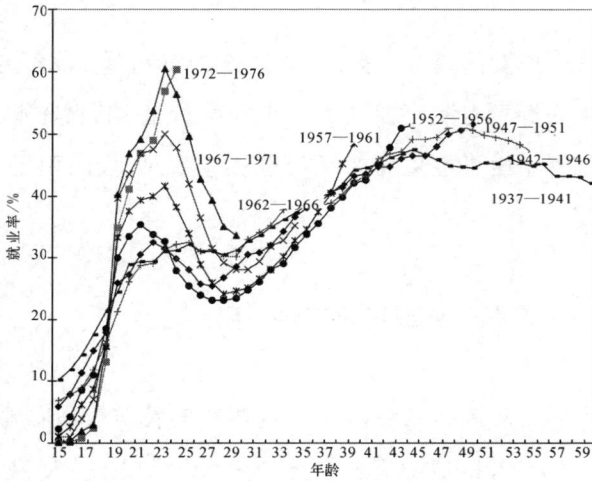

图 5.1　不同时期出生的韩国女性就业率的变化（总数 =3 960）

资料来源：Choi, S. and K. Chang (2004)，第 181 页。

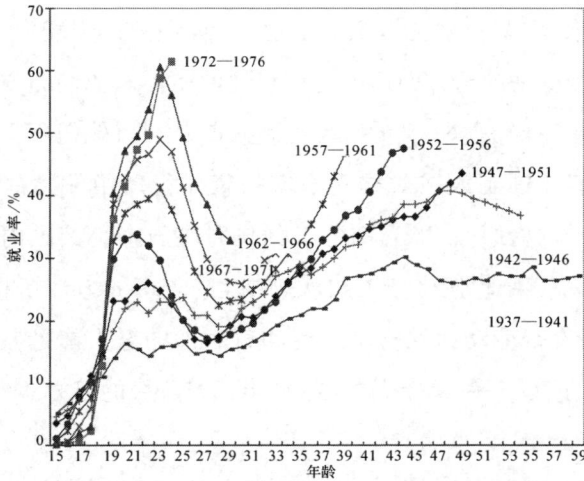

图 5.2　不同时期出生的韩国非务农女性就业率的变化（总数 =3 440）

资料来源：Choi, S. and K. Chang (2004)，第 181 页。

理由。鉴于妇女的家务职责,如做家务,生育子女,照顾老人、病
人和残疾人等具有不可或缺的巨大社会价值,工业资本主义在
建设且加强了由男性主导的现代经济体系时,只滥用了女性的
社会贡献。

第三节　无产阶级化或半无产阶级化

许多学者对边缘社会阶层结构调整的特殊背景很敏感,他
们使用"半无产阶级"的概念来描述各种边缘化工人所缺乏的鲜
明阶级特征,尤其是缺乏稳定性的就业状况。① 在经济上,这部
分劳动人口通过自己"维持低于劳动力维护成本和再生产成本
的工资水平"来补贴资本主义企业。② 他们的谈判能力不足,因
为他们很少在政治方面形成有组织性的团体。他们面临的一切
障碍都是源自资本主义的劳动剥削倾向,但是,他们不具备充分
无产阶级化的工人在对抗资本家的集体行动中发挥的组织手
段。基于这些原因,半无产阶级化被周边国家及其国内外的客
户实业家任意地强化。正如沃勒斯坦(Wallerstein)所指出的,
"所有旨在令劳动力保持流动性和暂时性的努力都是减缓无产
阶级化的努力"——或者说是维持半无产阶级的努力。③

---

① 见 Portes and Walton(1981);de Janvry(1981);Wallerstein(1984)。

② 见 Portes and Walton(1981),第 104 页。

③ 见 Wallerstein(1984),第 70 页。

　　除了为数不多的长期受雇于相对大型企业部门的韩国工人,半无产阶级化的困境似乎一直是所有韩国基层生动的现实写照。基层妇女的情况尤其如此,在基层,"男女角色的两极分化和等级化"已成为不可否认的历史现实。[①] 具有讽刺意味的是,女性长期处于半无产阶级状态似乎是因为男性的无产阶级化。也就是说,女性作为"第一受压迫阶级",大量输出劳动力是必然的,这样男性工人的就业才能在正规工业部门迅速扩大,同时又不损害由半无产阶级工人支持的外围资本主义的上述经济要求。韩国在资本主义工业化领域实现的压缩现代性,在很大程度上是基于不公平的性别差异。这种男女之间不平等劳动分工的形式,得益于女性劳动力在文化上被强化的性质,即流动性、短暂性和最终回归家庭的性质。无需提及的是,在这个东亚社会中仍然强大的父权制家庭传统,培养了忠于家庭和顺从社会的女性,对这一进程起到了至关重要的作用。[②]

　　正如在其他后期发展中国家一样,韩国女性似乎经历了与男性不同的阶级结构调整过程。在某种程度上:第一,两性之间在正规工业部门就业方面存在着竞争;第二,需要小规模的、往往是以家庭为基础的非正规经济活动来补贴资本主义企业,维持过剩的工业劳动力;第三,必须在男性劳动力不足的情况下维持自给自足的家庭农业,半无产阶级化——而不是无产阶级

---

① 见 Boserup(1970)。

② 见 Greenhalgh(1985)。

化——似乎是女性在工业资本主义下社会经济转型的关键进
程。女性在半无产阶级中所占比例较高已经是不可否认的现
实，由于这一现象已经成为韩国整体资本主义发展的一个组成
部分，女性社会关系的全面资本主义转型（即无产阶级化）不得
不放缓步伐。

　　20 世纪六七十年代韩国女性的经历清楚地证明了这一点。
在此期间，韩国女性作为主要的社会角色和经济投入进入了现
代工业舞台。然而，从 20 世纪 80 年代开始，韩国经济迅速转向
男性集中的重化工业，导致工业劳动力中女性的比例大幅下降。
因此，评价 1960 年到 1980 年妇女阶级结构调整是一项重要的历
史任务和学术任务。只有审视韩国工业资本主义在这一时期的
性别阶级差异，才能有意义地称赞其对现代化的贡献。

　　表 5.1 按实际人数和比例列出了 1960 年、1970 年和 1980
年的阶级构成。这里所采用的是七层阶级构成（即资本家、行政
管理人员、城市小资产阶级、农村小资产阶级、专业人员、无产阶
级和半无产阶级），反映了"市场地位的稳定"和"对自己劳动力
的控制"，以及原始的马克思主义标准，如"生产资料所有权"和
"雇佣/出售劳动力"（见本章附录）。韩国的劳动人口在 1960 年
是 750 万人，1970 年增加到 1 040 万人，1980 年增加到 1 360 万
人，这反映了在经济快速增长的情况下，总体人口在增加，就业
岗位也在增加。这种增长对女性来说更为显著，因为女性在整
个劳动力中的比例从 1960 年的 28.59% 增加到 1970 年的
34.93%，再到 1980 年的 36.58%。对男性而言，在 1960 年，农村

表5.1　1960年、1970年和1980年每个阶级的实际规模和比例

	1960			1970			1980		
	男性	女性	合计	男性	女性	合计	男性	女性	合计
资本家	40.5 (0.75)	1.4 (0.07)	41.9 (0.56)	115.2 (1.71)	3.6 (0.10)	118.7 (1.14)	286.5 (3.32)	4.1 (0.08)	290.6 (2.14)
行政管理人员	54.0 (1.00)	0.7 (0.03)	54.7 (0.72)	104.9 (1.55)	1.4 (0.04)	106.3 (1.02)	195.2 (2.26)	9.8 (0.20)	205.0 (1.51)
城市小资产阶级	289.6 (5.38)	117.0 (5.43)	406.7 (5.39)	474.1 (7.02)	186.9 (5.16)	661.0 (6.37)	783.3 (9.09)	342.1 (6.88)	1125.5 (8.28)
农村小资产阶级	2129.7 (39.53)	247.7 (11.49)	2377.4 (31.52)	2006.8 (29.72)	348.7 (9.62)	2355.5 (22.70)	1940.1 (22.50)	425.5 (8.56)	2365.6 (17.40)
专业人员	139.8 (2.60)	29.5 (1.37)	169.3 (2.24)	243.4 (3.60)	73.5 (2.03)	316.9 (3.05)	413.0 (4.79)	161.5 (3.25)	574.5 (4.23)
无产阶级	995.7 (18.48)	157.4 (7.30)	1153.1 (15.29)	2164.1 (32.05)	633.2 (17.47)	2797.3 (26.96)	3259.8 (37.81)	1303.0 (26.20)	4562.8 (33.56)
半无产阶级	1301.4 (24.16)	1468.3 (68.10)	2769.7 (36.72)	1469.6 (21.76)	2327.7 (64.21)	3797.3 (36.59)	1166.7 (13.52)	2391.9 (48.10)	3558.0 (26.17)
失业人员	381.3 (7.08)	133.9 (6.21)	515.1 (6.83)	174.6 (2.59)	50.0 (1.38)	224.6 (2.16)	577.9 (6.70)	335.3 (6.74)	913.1 (6.72)
总数	7543.1	5386.9	2156.2	6752.6	3624.9	10377.5	8621.9	4973.3	13595.1

资料来源:根据《人口和住房普查报告》(经济企划院)（经济企划院《人口和住房普查报告》,1962,1972,1982)、《企业实际劳动条件调查》(Survey on Actual Labor Conditions at Establishments)（劳动事务厅[Office of Labor Affairs],1962—1982)和《工资调查》(Wage Survey)(韩国工业发展研究所[Korea Institute for Industrial Development],1971)编制。

注:这里划分进不同阶级的群体是经济活动人口,不包括经济依赖人口(15岁以下或65岁以上的人)、学生和军人,以及不从事任何经济活动的人。

小资产阶级是最重要的阶级，但在 1970 年和 1980 年，无产阶级变得更加重要。1960 年，农村男性小资产阶级约为 210 万人，占全体男性劳动力的 40% 左右。即使在 1980 年，农村小资产阶级也有 190 万人，但他们只占男性劳动力的 22.5%。另一方面，无产阶级人数迅速增长，1960 年有 100 万人（18.5%），1970 年增加到 220 万（32.0%），1980 年增加到 330 万（37.8%）。对男性而言，农村人口外流和无产阶级化似乎是同时发生的。对女性而言，在这 20 年期间，半无产阶级仍然是最重要的阶级。虽然其相对重要性有所下降，特别是在 20 世纪 70 年代，但在 1980 年，在整体女性劳动力中，将近半数都是半无产阶级。妇女劳动力继续集中在半无产阶级中，与此同时，农村小资产阶级中，妇女的人数在缓慢减少。这就是说，按绝对人数计算，农村小资产阶级中，女性的人数比原来增加了 71.8%。

表 5.2 列出了 1960 年至 1980 年期间通过改进的偏离—份额技术计算出的每个阶级的性别内和性别间的结构调整效应。① 由于几乎每个社会中的男女都有不同的阶级构成，所以劳

---

① 偏离—份额技术是成分分析或标准化技术的改进版，用于将成分的纵向变化分解为由不同社会过程产生的不同部分。使用这种技术的主要目的是分析区分妇女劳动力大量涌入市场对阶级结构调整的影响（性别间结构调整效应）和性别内部固有的阶级结构调整效应（性别内结构调整效应）。简而言之，这种技术分别计算了某一时期（t1 和 t2 之间）不同群体的女性和男性的阶级构成变化（性别内结构调整），以及由于男性或女性的劳动力参与比例过高而引起的变化（性别间结构调整）。假设有三种情况：（1）男性和 （转下页）

动力中任何一方不成比例的增加不仅意味着每个阶级类别中另一方的相对人数在下降,而且意味着整个阶级结构发生了变化。与大多数其他边缘或半边缘国家一样,最近韩国女性劳动力不成比例地涌入市场,劳动力女性化的这一过程已经产生了重大的阶级结构调整影响,这种影响需要从每个性别群体内在的阶级结构调整过程加以分析区别。如果人们认为女性劳动力不成比例地流入市场是一种暂时的现象,那么我们应该主要以性别内部结构调整过程为基础,对阶级结构调整中表现出来的性别分层进行长期评估。当然,劳动力女性化对阶级结构调整的影响具有独立的历史重要性,尤其是在经济快速增长的初始阶段,这是本节讨论的主要主题。所有这些可能性都需要对性别内和性别间阶级结构调整的过程进行仔细研究。

　　在性别间阶层结构调整过程中,也就是说,考虑到女性涌入

(接上页)女性在劳动力中没有不成比例的增加;(2)男性或女性没有发生内在的阶级构成变化;(3)男性或女性在劳动力中没有不成比例的增加,男性或女性的阶级构成也没有发生内在的变化。情况(3)和实际情况在 t2 时各阶级类别规模的差异是各阶级的总结构调整效应;情况(3)和(1)的差异是性别内结构调整效应;情况(3)和(2)的差异是性别间结构调整效应;总结构调整效应与性别内和性别间效应之和的差异是互动效应(性别内和性别间的结构调整)。实际上,性别间的结构调整效应反映了在 t1 和 t2 之间不断变化的男性和女性的阶级构成差异。如果在性别间结构调整效应的基础上加上同时发生的结构调整效应,就可以调整后者,以适应男女阶级结构的持续变化。当前的分析结果报告了这种调整后的性别间结构调整效应。关于成分分析的详细解释,见 Althauser and Wigler(1972);关于使用偏离—份额技术进行阶级分析的早期例子,见 Wright and Singelmann(1982)。

表 5.2　1960 年至 1980 年间对各阶层的结构调整影响（人数和年相对变化率）

	总数			性别内			性别间		
	男性	女性	合计	男性	女性	合计	男性	女性	合计
资本家	213.4 (0.11)	1.6 (0.00)	215.0 (0.08)	249.6 (0.13)	0.7 (0.00)	250.2 (0.09)	-36.1 (-0.02)	0.9 (0.00)	-35.2 (-0.01)
行政管理人员	97.9 (0.05)	8.6 (0.01)	106.5 (0.04)	122.5 (0.06)	6.5 (0.01)	129.0 (0.05)	-24.6 (-0.01)	2.2 (0.00)	-22.5 (-0.01)
城市小资产阶级	261.3 (0.13)	131.2 (0.17)	392.5 (0.14)	360.1 (0.19)	56.4 (0.07)	416.5 (0.15)	-98.8 (-0.05)	74.8 (0.10)	-24.0 (-0.01)
农村小资产阶级	-1898.3 (-0.98)	-20.9 (-0.03)	-1919.3 (-0.71)	-1653.7 (-0.85)	-113.9 (-0.15)	-1767.6 (-0.65)	-244.6 (-0.13)	93.0 (0.12)	-151.6 (-0.06)
专业人员	161.0 (0.08)	108.3 (0.14)	269.3 (0.10)	213.1 (0.11)	73.0 (0.09)	286.1 (0.11)	-52.1 (-0.03)	35.3 (0.05)	-16.8 (-0.01)
无产阶级	1465.2 (0.75)	1019.3 (1.31)	2484.6 (0.91)	1876.3 (0.97)	734.5 (0.94)	2610.8 (0.96)	-411.0 (-0.21)	284.8 (0.37)	-126.2 (-0.05)
半无产阶级	-1179.5 (-0.61)	-254.4 (-0.33)	-1433.9 (-0.53)	-1032.4 (-0.53)	-777.3 (-1.00)	-1809.7 (-0.67)	-147.0 (-0.08)	522.9 (0.67)	375.8 (0.14)
失业人员	-109.3 (-0.06)	94.0 (0.12)	-15.3 (-0.01)	-36.4 (-0.02)	20.7 (0.03)	-15.8 (-0.01)	-72.9 (-0.04)	73.3 (0.09)	0.4 (0.00)

注：年相对变化率显示了男性、女性和所有劳动力在多大程度上通过增加或减少不同阶层的人来改变其规模。年相对变化率是一系列统计数据，将纵向变化率中包含的历史信息与不同阶层类别比例中传达的成分信息相结合。通过比较男性和女性的年相对变化率，我们可以系统地记录这两个小社会群体之间的阶级结构调整过程。

劳动力市场的比例不均衡,女性的半无产阶级化趋势尤其明显。虽然在性别内结构调整过程中,女性的半无产阶级人数下降得更快,但劳动力女性化的半无产阶级化影响对女性要大得多。然而,无产阶级化对女性的影响也是巨大的,能够让她们在总体结构调整过程中在无产阶级化方面远远超过男性。正如上文所指出,在性别间结构调整过程中,农村小资产阶级女性的增加也是一个重要趋势,这种趋势让男性在不完全破坏传统家庭农业经济稳定的情况下离开农村。

在性别内的阶级结构调整(即控制女性劳动力不成比例地涌入市场对阶级结构调整的影响)过程中,我们观察到了一些不同的阶级结构调整模式。最重要的是,男性无产阶级化的速度稍快一些,而半无产阶级中女性数量的减少速度则要快得多。1960 年至 1980 年间,男女劳动力内在的阶级结构调整趋势可以概括为:农村小资产阶级和半无产阶级男女劳动力数量迅速下降,男性和女性都经历了快速的无产阶级化。由此可见男性通过农村人口外流而实现的无产阶级化,得益于女性对家庭农业的持续依附,这表现了农村小资产阶级数量减少造成的显著性别差异。

以上结果总结如下。首先,随着农村小资产阶级和半无产阶级的迅速衰落,无产阶级很快成为男性最重要的阶级类别。相比之下,主要由于涌入劳动力市场的女性数量过多且不均衡,所以女性无产阶级化的实现并没有让半无产阶级和农村小资产阶级中的女性大量减少。也就是说,女性的半无产阶级地位继续占上风，她们还需要保持在家庭和整个经济中的社会从属地位。①

第四节　讨论

人们越来越多地从实际矛盾关系模式出发来理解阶级形成，而不是从结构上预先确定的社会关系分裂的角度出发，生产体系中的类似结构位置可能会根据社会矛盾的特定历史条件而形成不同的阶级模式。② 这意味着，通过目前的分析观察到的阶级结构调整的任何方面，都需要在韩国资本主义快速发展的具体历史背景下进行评估。这种必要性，对女性的半无产阶级化而言尤其重要。

在快速工业化的过程中，大多数韩国女性要么在农村地区同时从事家务劳动、自给农业和季节性雇佣劳动，要么在城市非正规和小型第三产业部门从事短期的和变相的雇佣劳动以及家务劳动。尽管韩国经济和社会群体多样化程度很高，但是半无产阶级女性有着四个主要的共同特征。

第一，她们对家人表现出持续的社会依附和经济依附。由于她们的半无产阶级工作在工资水平、工作稳定性和劳动的社

―――――――――

① 性别隔离的阶级结构调整，其另一个重要表现是，资本家和行政管理人员中男性的增加是迅速的，但女性的增加几乎不明显。

② 见 Thompson(1966)；Przeworski(1977)；Koo, H. (2001)。

会保障方面几乎不能够为高品质的生活提供坚实、独立的基础，因此她们被迫频繁向家人寻求物质上和社会上的支持。此外，韩国的整体经济结构调整是这样的，即家庭作为农业和城市非正规经济部门的中心经济组织持续发挥作用，从而保持其吸收劳动力的基本能力。① 半无产阶级女性对家庭的依赖往往源于家庭对她们的依赖，两者是相互矛盾的。大多数贫困家庭要想生存，则需要女性同时应付雇佣劳动和家务劳动。这种双重负担往往对女性充分融入工业经济构成结构性障碍，从而延长她们的半无产阶级状态。就女性的个人生活史而言，她们的半无产阶级地位与她们一生中经济参与的不连续性和不稳定性有着错综复杂的联系。

第二，女性半无产阶级本身的多样性往往会抑制任何具有广泛基础的集体行为的可能性，这种行为是由她们与统治阶级的阶级关系中连贯的社会身份所支撑。根据我们的分析，不稳定的市场地位是区分半无产阶级和其他阶级的理论标准之一。半无产阶级的就业情况以不确定性和临时合同为基础，几乎不能在共事人员之间建立团结关系。除此之外，如果在半无产阶级工人的家庭中，有成员跟他们自身的阶级利益不一致，那么，他们继续依附于家庭经济往往会使阶级行动的

---

① 见 Suh, K. (1984)。

社会基础复杂化。[1] 如果半无产阶级工人为促进阶级利益在每个工作场所采取有效集体行动的可能性仍然很小,那么在半无产阶级女工群体中形成全社会统一的阶级几乎是不可能的。

第三,与其说妇女的半无产阶级工作是一种非现代化、低效率的行为模式,不如说是韩国工业经济不可分割的一部分。正如其他后发展中国家的情况一样,韩国许多正规部门企业的雇员,往往拿着低于生存水平的工资,不得不依靠城市非正规部门提供的廉价商品和服务生活。[2] 这些低价商品和服务又是由那些半无产阶级工人生产的,他们中的许多人领取的也是低于生存水平的工资。在农村,如果大多数妇女没有获得季节性非农业工资以弥补家庭农业收入的不足,那么农产品低价政策可能就无法维持。[3] 工业工资水平低被认为是韩国出口导向型工业化取得成功的最基本条件之一,如果没有城市和农村女性半无产阶级化的存在,这种低工资水平大概是不可能维持的。

半无产阶级对国家工业化项目的另一个重要性在于,为频

---

[1] 一个广为流传的故事是关于那些来自农民家庭的女孩到城市富人或中产阶级家庭做女佣,把工资存起来留给弟弟——有时甚至是哥哥——交大学学费。当她们的弟弟/哥哥成功考上了最好的大学,或者后来通过国家公职考试时,她们的故事就会被大众媒体引用,作为一种最高品德,供其他人包括其他来自农民家庭的女佣效仿。关于对工业化初期农村年轻女工态度的社会和文化参数的全面深入分析见 Koo, H. (2001)。

[2] 见 Portes and Walton(1981)。

[3] 见 Chang, P. (1986)。

繁波动的工业就业形成了一个缓冲区。由于激烈的国际竞争和频繁的国际资本流动,纺织、服装、假发、制鞋等女性密集型行业对迅速变化的国际市场环境尤为敏感。[①] 这些行业的韩国实业家一方面需要一个安全阀,以便在经济衰退时自由解雇工人,另一方面需要一个稳定的剩余劳动力储备,以便在经济繁荣时期及时吸纳劳动力。在这方面,对许多韩国实业家来说,城市非正规部门中大量的半无产阶级妇女是不可或缺的,因为他们的成功很大程度上取决于他们对妇女劳动力不受限的、灵活的剥削。

半无产阶级妇女工作的第四个共同特征是,文化定义的性别角色和生产活动复杂地融合在一起。这不仅意味着半无产阶级妇女和无产阶级化的"工厂女工"一样受到压迫和剥削劳动关系的支配,而且更重要的是,这意味着文化定义的女性行为模式实际上被作为小规模第三产业和非正规部门商品的一部分出售。[②] 在各种小商店、餐馆、酒吧、茶馆和服务中心,商品化的儒家思想以次级服务的形式附着在女工提供的商品上。虽然一些农村女性也受到这种文化商品化进程的影响,但对于农村大多数半无产阶级女性来说,一个更普遍的问题是,除农活和季节性雇佣劳动之外,她们在父权制家庭中还必须履行家务劳动这一未衰退的传统义务。在任何一种情况下,半无产阶级妇女在经

---

① 见 Deyo(1989)。

② 见 Fuentes and Ehrenreich(1983)。

济中的不利地位都很难与传承的、经常被重新制定的女性行为
准则分开。

附录　区分阶级范畴的理论标准

正如表格 5A. 1 所示，这里所采用的七层阶级结构（即资本
家、行政管理人员、城市小资产阶级、农村小资产阶级、专业
人员、无产阶级和半无产阶级）反映了"市场地位的稳定"和
"对自身劳动力的控制"，以及原始的马克思主义标准，如
"生产资料所有权"和"雇佣／出售劳动力"。如前所述，边
缘群众阶级关系中最关键的问题不是对工人阶级的剥削，而是
滥用各种半无产阶级劳动者的部分转变的地位。由于半无产
阶级的劳动条件是非正式的、暂时的、不稳定的和无保护的，
因此韦伯式的"劳动力市场地位"概念可以用来区分半无产阶
级和无产阶级。[1] 最近关于阶级关系的著作强调，工人对自己
的劳动过程的控制是区分上层阶级工人的基本标准。[2] 在这方
面，职业工人和国家官僚同无产阶级和半无产阶级处于不同的

---

[1] 韦伯提及："市场中的这种机会是决定性的，为个人的命运提供了一个共同的
条件。在这个意义上，阶级状况最终的形式为'市场状况'。赤裸裸的占有
本身……只是真正'阶级'形成的一个先兆。"（Weber,1946,第 181 页）劳动
者的市场状况不仅由他们的劳动质量决定，更关键的是由他们在共同利益基
础上形成集体政治组织的潜力决定（参考 Dahrendorf,1959）。

[2] 见 Braverman(1974)；Wright and Singelmann(1982)。

阶级地位，他们往往对自己"复制资本主义阶级关系和文化"的劳动过程表现出相对自主的控制力。[1] 所有这些标准都适用于从国家人口普查和各种全国性的职业活动调查中汇编的数据，以便系统地计算出某一年每个阶级类别的规模（如表 5.1 中所示）。[2]

---

[1] 见 Ehrenreich and Ehrenreich(1979)，第 12 页。最初,埃伦瑞克(Ehrenreich)将这一特征称为专业和管理阶层。然而,考虑到边缘和半边缘国家在资本主义发展和社会转型中被广泛强调的作用(Rueschemeyer and Evans,1985;韩国的案例见 Lim and Paek,1987),可以认为国家官僚履行了类似的职能。另一方面,由于所有权和管理权在大多数韩国企业中并没有明确的区分,而且由于大多数资本家在不久前都是前企业家和经理人,所以我将管理阶层归类为与资本家阶层相同的类别。

[2] 和许多其他关于阶级结构调整的研究一样,阶级结构主要由普查职业数据构成,而一些全国性的调查数据则用于充分考虑在阶级分类中每个职业类别的市场地位和劳动力素质(例如,Wright and Singelmann 1982;Suh, K. ,1984)。因此,主要数据来自三次韩国人口普查,即《人口和住房普查报告》(经济企划院,1962、1972、1982)。以及一系列关于劳动条件的全国性调查,即《企业实际劳动条件调查报告》(劳动事务厅,1962—1982)和《工资调查》(韩国工业发展研究所,1971)。政府的人口普查报告包括广泛的职业数据:生产资料所有权、劳动力的雇佣/出售、组织工作职位、劳动力的性质、生产的产品或服务等。此外,关于劳动条件的调查提供了关于持续就业时间、工作经验水平以及每个职业类别的工资数额的详细信息。

表5A.1　区分阶级范畴的理论标准

	生产资料所有权	雇用/出售劳动力	市场地位的稳定	对自己劳动力的控制
资本家	有	雇佣		
行政管理人员	无	自我服务	长期存在	有
城市小资产阶级	一些人有	使用自己和家庭劳动力/少量雇佣		有
农村小资产阶级	一些人有	使用自己和家庭劳动力/季节性雇佣		有
专业人员	无	出售/使用自己的劳动力	在功能上得到保证	有
无产阶级	无	出售	集体协商	无
半无产阶级	无	出售/家庭雇佣	无	无
失业人员				

第六章 │ 农民家庭与城乡关系

第一节 压缩的资本主义工业化及其与农村的联系

韩国,从一个以农业为主的欠发达社会,用了不到半个世纪的时间,就转变为世界上工业化和城市化程度最高的资本主义经济体之一。[①] 这样的经济奇迹并不是凭空出现的。为了解释这一非凡的人类成就,各种社会科学思想流派给出了各种各样的解释,分别强调了自由市场、国际经济结构、国家干预、儒家文化、日本和美国殖民遗产等假定的重要性。这方面的一个知识缺陷是,解释韩国经济发展的因果方程式往往忽略了韩国人民本身。然而,韩国毕竟只具备了人力资源这一因素。相关文献承认,在最好的情况下,劳动力是丰富且廉价的,让刘易斯式的劳动密集型工业化道路变得可行。[②]

韩国农村居民如何能在如此短的时间内变成特别能干的工

---

① 本章根据 2008 年 7 月 7 日至 11 日在韩国高阳举行的国际农村社会学协会第十二届大会上发表的论文修订,论文题为"韩国发展的农村困境:农民对压缩资本主义工业化的家庭反应"(The Rural Predicament of South Korean Development: Familial Reactions of Peasants to Compressed Capitalist Industrialization)。

② 见 Lewis(1954)。

业无产阶级和资产阶级?① 在经济方面,这样不可思议的人力资本形成过程何以可能? 自由市场或者干涉主义国家也是韩国人民的社会基础转变和经济有效转变的原因吗? 大多数韩国人认为情况并非如此,因为他们对此仍记忆犹新。在韩国村民追求城市经济和社会机会的过程中,市场和国家并不比起其他地方更友好。我们应该仔细研究农村经济和社会机构——特别是农民家庭——的作用。一个有趣但并非偶然的现象是,韩国农民对时间压缩型资本主义工业化的贡献与他们自己最近经历的经济和社会危机直接相关。

许多后工业化社会的经验表明,经济健全和社会稳定的家庭农业制度是工业化项目的关键要求,这一点已经非常明显。健全的家庭农业制度对工业的贡献包括:适当释放农村剩余劳动力,形成本地工业资本,向城市居民提供负担得起的食品,以及向城市家庭成员提供紧急物资和社会救济。相比之下,那些由于殖民资本主义入侵其农村经济或出于其他原因而经历了大规模家庭农业解体的社会,无法实现持续的工业化,而是在之前乡村居民不受控制地涌入城市的同时,也遭受了长期的社会动荡和政治动荡。②

韩国相对稳定和高产的家庭农业制度不仅维持了几千年的

---

① 见 Sorensen(1988) ,其中深入叙述了韩国农民直到 20 世纪 80 年代初期对快速工业化的社会适应和经济适应。

② 见 Baran(1957) ;Geertz(1963) ;de Janvry(1981) 。

民族历史中繁荣的文化和社会政治传统,而且还为 20 世纪后半叶的快速资本主义工业化提供了社会条件。在解放后的韩国,内部的农村阶级冲突、美国的政治利益,甚至是朝鲜短暂占领韩国大多数村庄(实行土地重新分配政策),这些事件都不可避免地造成全社会性的土地改革。[①] 和其他地方一样,按照每个农户的大小(即家庭成员的数量)分配土地的土地改革措施预设了一个典型的家庭农业制度。虽然超出预料,但健全的家庭农业制度在全社会范围内的恢复,后来成为资本主义持续工业化不可或缺的社会性先决条件。如果没有家庭成员为前往城市的子女和兄弟姐妹提供各种形式的投资,韩国或许不可能出现高素质的城市劳动力。

然而,加速的资本主义工业化并没有帮助韩国农业塑造一个经济上可行的现代化生产体系,而只会导致家庭农业制度内部的社会解体。在最有吸引力的经济和社会机会几乎完全只存在于城市部门的情况下,农业已成为一个为人怜悯的社会对象,无论是城市居民还是农民本身,都不会对未来农业投入经济资源和精神力量。一个不可避免的后果是,城乡之间在经济和社会文化方面的差距日益扩大。这种城乡不平等反过来加剧了农村个人和家庭的城市外流,农村贫困人口逃往城市地区的情况有时在某种程度上也缩小了城乡差距。

由于大多数韩国村民认为离开村庄是对农村经济和社会衰

①　见 Cumings(1981);Shin,G.(1998)。

败的一种较为理想的反应形式,因此他们通常对发动反对国家或城市资本家的坚定的政治斗争感到迟疑。乌拉圭回合(Uruguay Round)造成的紧急状况显然是一个例外,几乎所有的农民及其居住在城市的家庭成员和亲属,这一占据全国人口绝大多数的群体,针对家庭农业及其社会环境在即将到来的全球农业和其他产品自由贸易体系下消亡的前景,爆发了集体性抗议。然而,这种集体愤怒未能发展成为农业生产和农村生活的可持续替代品。

本章通过关注近几十年来农村与城市关系的动态结构变化,来研究韩国压缩资本主义工业化背景下农村的社会状况和造成的影响。第一,我试图从与迅速形成合格的工业无产阶级有关的各种社会转型成本的角度来说明农民对资本主义工业化的贡献。第二,我分析了家庭农业阶层最近的社会再生产危机,这是伴随着成功的工业化而来的偏向城市的(urban-biased)社会变化和经济变化的结果。第三,根据农村和城市家庭收入水平的变化评估城乡总体经济差距,以便弄清是否像人们有时争论的那样,尽管农业生产和农村生活条件日益恶化,但农村人口在经济上赶上了城市人口的水平。第四,我描述了农民在社会方面和政治方面对生产和生活条件日益恶化以及城乡差距日益扩大的反应,特别注意了从农村到城市人口流动的代际差异(或相似之处)。本书没有得出确切结论,而是讨论了近期国际经济压力的社会影响,涉及财阀与农民阶级的冲突和国家提高国际经济竞争力的政策。

第二节　从农村到城市：农民家庭和工业化社会转型代价

发展理论与相关实践表明，即使社会缺乏自然资源、金融资源和技术资源，仍然可以通过积极调动农村地区的富余劳动力来发展经济。刘易斯(W. A. Lewis)明确指出，尤其是在欠发达社会，人口数目庞大曾被认为是经济发展的主要阻碍，而在持续性发展的工业化进程中，巨大的人口数量却能够成为一种关键的经济资源。[1] 这种以劳动力为中心的工业化体现出了一定的社会性：大量剩余劳动力主要从以家庭为基础的自给型农业向资本主义产业转移，这不仅涉及农民工职业的转换，也是农村社会和城市资本主义产业之间形成结构性关系的重要历史事件。农民家庭的成员离开农村，来到城市寻找就业机会，上述结构关系就由此类行为维系着。

最重要的是，农民家庭承担了工业化带来的各种社会转型成本，因为其子女、兄弟姐妹和其他亲属想要在城市里寻找经济机会和社会机会，而得不到任何有意义的公司援助或政府援助来帮他们为新的经济活动和社会关系做好准备。[2] 农民家庭支持家人到城市工作，虽是出于家长式的道德义务，但这种道德行为

---

[1] 见 Lewis(1954)。

[2] 见 Chang, K. (1993b)对于中国农村产业发展的解读，重点关注农民家庭对刘易斯式工业化的类似作用。

并非没有进行理性的考量。在工业化迅速发展、国家大部分物质资源投入城市产业的情况下,农民家庭决定送一部分家庭成员离开农村去往城市寻找经济机会和社会机会,是将此种行为作为一项家庭策略,以实现代际阶层流动,同时将农业作为一种集体性安全机制,来应对经济的不稳定性。农民家庭对于农民工的支持产生了宏观的经济结果,其中最有影响力的结果是有效地形成了一批合格且积极的产业工人。[1] 在韩国(以及其他地方),迅速而有效的无产阶级化——这或许也是早期劳动密集型工业化运动形成的最关键的前提——因此成为现实(见表 6.1)。

表 6.1 就业增长和职业构成

年份	总就业/千	农业占比/%	制造业占比[1]/%	服务业占比[2]/%
1963	7 563	63.0	7.9	28.3
1964	7 698	61.7	8.2	29.5
1965	8 112	58.5	9.4	31.2
1966	8 325	57.8	9.8	31.4
1967	8 624	55.1	11.6	32.2
1968	9 061	52.4	12.7	33.7
1969	9 285	51.1	13.1	34.6
1970	9 617	50.4	13.2	35.3
1971	9 946	48.2	13.4	37.6

---

[1] 另一方面,正如梅亚苏(Meillassoux,1981)所指出,这可能构成资本主义产业对农民阶级在劳动再生产成本方面的间接剥削。

续表

年份	总就业/千	农业占比/%	制造业占比[1]/%	服务业占比[2]/%
1972	10 379	50.5	13.6	35.4
1973	10 942	49.8	15.8	34.0
1974	11 421	48.0	17.3	34.3
1975	11 692	45.7	18.6	35.2
1976	12 421	44.4	21.3	33.8
1977	12 812	41.7	21.6	35.9
1978	13 412	38.4	22.3	38.5
1979	13 602	35.8	22.8	40.6
1980	13 683	34.0	21.6	43.5
1981	14 023	34.2	20.4	44.5
1982	14 379	32.1	21.1	46.1
1983	14 505	29.7	22.5	47.0
1984	14 429	27.1	23.2	48.7
1985	14 970	24.9	23.4	50.6
1986	15 505	23.6	24.7	50.5
1987	16 354	21.9	27.0	50.0
1988	16 869	20.6	27.7	50.9
1989	17 560	19.6	27.8	52.1
1990	18 085	17.9	27.2	54.5
1991	18 677	16.4	26.9	56.4
1992	19 033	15.8	25.5	58.4
1993	19 328	14.7	24.2	60.8

年份	总就业/千	农业占比/%	制造业占比[1]/%	服务业占比[2]/%
1994	19 905	13.7	23.7	62.4
1995	20 432	12.4	23.5	64.0
1996	20 817	11.7	22.5	65.7
1997	21 106	11.3	21.2	67.3
1998	19 994	12.4	19.5	68.0
1999	20 281	11.6	19.8	68.6
2000	21 061	10.9	20.1	68.9

资料来源：1963—1990 年数据来源于《从统计数据看韩国五十年经济和社会变化》(国家统计局，1998)，第 98—99 页；1991—2000 年数据来源于《2002 年韩国社会指标》(国家统计局，2000)，第 181 页。

注：1. 不包括采矿业。

　　2. 包括各类服务业。

（1）一般来说，在工业化早期，农村富余劳动力会被吸纳到城市产业中，即使工资仅与过去务农时能够自足的所得相同，农民工往往也会选择去工厂工作。尽管在城市打工不会提高他们自身的物质福利，但也能够帮助守居农村的家庭成员缓解长期土地短缺导致的困难。事实上，很多农民工甚至愿意接受低于最低生活水平的工资。在韩国(以及其他地方)，农民工这种迫切的反应让城市内的工厂主能够轻松实现利润增长和企业扩张，与此同时，国家工业资本快速积累、经济迅速增长。如果农民工的基本生活消费不能稳定地被工业工资所覆盖，他们就不得不依靠农村家庭成员提供定期物质资助。① 除日常生活消费外,年轻的农民工在生活中还面临着各种花费高昂的活动(比如婚礼),因此,他们希望从农村得到大量的家庭资助。通过各种临时家庭资助,农民家庭最终为城市工业提供了资助,不然农民工就需要更高的工资。

(2)农民对于资本主义工业的补贴甚至在农民工从事雇佣劳动之前就已出现。农民工的年龄构成状况表明,农村转移到城市的人口类型集中在劳动力最强的年龄群体中。从教育方面来看,农村转移到城市的人口类型集中在受教育程度最高的群体中。② 体力人才和智力人才的流失,证实了农民家庭倾向于在子女和兄弟姐妹的身体和智力方面进行投资,结果却把他们送到了城市工业中去工作。因此,农业生产只好由体力一般和智力一般的劳动力群体来维持。

(3)农民对于资本主义工业更加重要的贡献是他们在子女教育方面对城市学校的投入。到目前为止,农民家庭的大部分剩余收入都花费在子女教育方面。③ 几乎所有农村父母都希望其子女能接受高等教育,并且能在城市中的社会和经济方面获得成功。因此,他们鼓励子女能在离家或远或近的城市里上中学和大学。农村家庭要支付学费、交通费、食宿费甚至私人课程

---

① 基于作者对韩国咸阳郡农村家庭的实地观察。

② 见 Seol,D. (1992)。

③ 见 Kim,I. et al. (1993),Kim,H. (1992)。

的费用,虽然是出于自愿,但他们也感到非常无奈。如表 6.2 所示,农村家庭过去在子女教育方面的支出要远高于城市家庭,这可能是因为农村家庭规模较大和地理位置相距较远。就一般的农业剩余收入来说,这些教育支出是一笔惊人的数目,往往需要出售牲畜和土地。他们的子女因而获得了高等教育文凭,留在了城市,为持续工业化作出了重要贡献。对于韩国工业的腾飞和先进工业领域的进步来说,优秀人力资本的形成是必不可少的,农民家庭在其中给予了巨大的支持。

表 6.2　家庭教育支出

年份	城市家庭			农村家庭		
	平均规模	年均教育支出/千韩元	占年均全部支出比例/%	平均规模	年均教育支出/千韩元	占年均全部支出比例/%
1966	$(5.5)^1$	8	5.8	$(5.5)^1$	6	5.8
1970	$(5.2)^1$	22	7.2	$(5.2)^1$	14	6.8
1975	4.8	48	6.8	5.3	41	6.6
1980	4.4	126	5.8	4.7	200	9.4
1985	4.0	280	7.4	4.2	555	11.8
1990	3.7	665	8.1	3.7	862	10.5
1995	3.4	1 484	9.8	3.1	1 553	10.5
2000	3.2	2 139	10.9	2.9	1 834	10.2
2005	2.9	2 908	11.6	2.7	756	3.9

资料来源:根据《从统计数据看韩国五十年经济和社会变化》(国家统计局,1998)第 96、224 页,《2006 年韩国社会指标》(国家统计局,2006)第 185、305 页数据编制。

注:1. 全国平均数。

（4）此外，由于许多农村移民开始自己创业，农村家庭也为小型工业和商业企业提供了很大一部分启动资金。韩国工业资本严重短缺，且外国借贷资本只分配给少数经过政治决策后选择的实业家，数百万外来创业者手中的少量家庭资助就成了工业资本形成过程中的关键组成部分[①]。毋庸置疑的是，目前大多数大型企业的经营者起初都是小型外来创业者，是由家庭教育投资产生的经济效应提供资助的。

（5）近年来，国际经济环境动荡不安，产业结构快速调整，产业劳工（以及其他社会群体）缺乏社会保障，市场经济生活长期处于不稳定状态，这些因素都造成了结构性贫困以及城市人口增长所带来的异化感。特别是，突然或反复出现的失业，住房、教育和食品费用的无限制膨胀，以及工业事故和其他与工作有关的健康问题，迫使许多城市工人返回他们的家乡。一些人即使留在城市地区，也不得不依靠农村家庭提供应急经济资助和其他资助。[②] 在福利匮乏的社会中，这种返乡迁移和应急资助是城市劳动力重要的社会保障措施。这一现象在 20 世纪 90 年

[①] 这一方法的一个闻名全国的事件是，现代集团（Hyundai）已故创始人郑周永（Chung Ju-Young）曾承认偷了他父亲卖牛的收入，然后逃到首尔，最终在那里建立了韩国最大的企业集团。见其回忆录《有艰辛，但没有失败》（*There Are Hardships, but There Is No Failure*）（Chung, J., 1991）。

[②] 韩国仍然是世界上社会福利承诺水平最低的国家之一。从政府社会福利支出占国民生产总值的比例来看，韩国水平甚至低于经济发展远远落后于韩国的东南亚国家（Chang, K. 2007）。

代末所谓的"国际货币基金组织经济危机"期间最为明显。[1] 居住在城市的子女背负着沉重债务，或是突然破产，迫使许多农村父母不仅要补贴他们的生活费，还要向他们提供银行贷款抵押（以父母的土地和房子作担保）。[2]

　　工业化的各种社会转型成本都是由农村家庭来承担的，除此之外，"剪刀差效应"带来的经济负担也从结构上损害了农民的经济利益。也就是说，由于国家干预、市场扭曲以及最近与农业出口国的自由贸易，农业产品和工业产品之间的交换产生了不平等现象，这一现象是在为了城市工业的最大化发展而牺牲农民。此外，城市企业和个人利用剩余资本（在农民艰难贡献的基础上积累起来），在农村从事各种投机性和寄生性活动。城市企业和个人非法投机性投资农田、扭曲农产品流通渠道、破坏自然环境等行为屡见不鲜，甚至许多城市诈骗犯还盗用政府用于农业现代化和应急救助的资金。

　　农民家庭无法通过任何制度渠道要求城市工业或国家补偿其所有成本。事实上，无论是农民还是其他相关方（如城市实业家、政府和学者）都不会费心去系统计算工业化的各种社会转型成本。这并不一定是因为相关成本的性质过于复杂，而是因为农民对资本主义工业化所做的贡献被认为是理所当然的，所以

---

① 见 Chang, K.（1999b）。
② 基于作者对韩国咸阳郡农村家庭的实地观察。

相关成本在学术上的经济等式或管理上的会计项目中就被忽略了。① 尽管如此，最近的政府统计数据帮助我们粗略估算了农村家庭在工业化过程中所承担的社会转型成本。20 世纪 60 年代的工业化早期，资本从农业部门净流出到非农业部门，占农业总收入的 11.7%。② 甚至在 20 世纪 70 年代和 80 年代，工业化相对成熟的时期，资本再次从农业部门净流出到非农业部门，约占农业总收入的 2.0% 至 3.5%。如果考虑到农业部门和非农业部门之间增值率的巨大差异，特别是在韩国经济成功实现工业化转型的情况下，这样的资本净流出的确有些令人震惊。

　　韩国农民对城市工业化作出的所有这些社会贡献，并不一定是因为他们受到了来自国家或城市实业家的压力。正如国家开始将城市工业化作为国家经济发展的核心战略一样，大多数农民似乎已经决定将他们的家庭发展方向从农村转移到城市地区。只要住在城市的子女和兄弟姐妹通过体面的工作和企业积极参与城市工业发展，住在农村的父母和亲戚就会感到融入了国家发展的进程。如果不考虑农民对城市工业发展的这种间接性参与，就无法充分说明他们对专制发展体制的政治支持。

---

① 几乎每个社会中，家庭主妇的家务劳动也普遍遭遇类似的忽略。但坚定的女权社会运动已使越来越多的政府正式承认妇女家务劳动的经济价值，并采取必要的补偿措施。然而，就工业化社会转型成本而言，农民的贡献似乎在历史上受到特定工业化时期的约束，因此需要立即采取政治行动来补偿，以免遗忘。

② 见新经济长期计划农村政策工作组（Task Force in Rural Policy for the New Economy Long-Term Plans, 1995），第 10—11 页。

第三节　从城市到农村：偏向城市的社会变革与农村家庭的繁衍危机

　　由于农民家庭资助满足了资本主义工业化的关键性社会条件,韩国经济继续以"奇迹般的"速度增长。然而,以城市为中心的经济发展同时也引发了以城市为中心的社会变革,让家庭农业再生产分配的社会条件在结构上不再稳定。迈克尔·利普顿(Michael Lipton)明确指出,第三世界国家发展中的"城市偏见"现象在韩国社会尤为普遍。[①] 农村社会除了在经济上遭受种种不利因素,在各种社会和文化资源的地理分布和内容上也一贯遭受系统性偏见。韩国农民在很大程度上与经济发展的最终目标(即物质和文化福利)格格不入,而他们最终与城市居民共享的部分往往否定了农民生活的社会文化基础。这种趋势尤其破坏了农村家庭生育周期过程的条理性。

　　农村家庭生育周期通常包括青年生育、适应社会、继承家业以及赡养老人。要维持合理的家庭农业体系,农村家庭需要生育足够数量的子女,抚养子女并为他们提供教育,使其乐意成为农业生产者(及其配偶),确保他们能够继承家业,让他们对于在农村安享晚年保有乐观的态度。如果生育周期中的任何一个阶段受到了数量或者质量上的干扰,家庭农业体系的连续性就不

---

① 见 Lipton(1977)。

可避免地会受到威胁。这正是韩国一直所处的状态。

首先,如表6.3所示,由年轻人组成的农业家庭极度缺乏,同时继续从事农业工作及抚育下一代并将其培养为农民的家庭数量也不容乐观。[①] 相比之下,仅由年迈夫妇和单身群体组成的农村家庭的比例迅速增加。因此,即使农业家庭生育周期的每个阶段的发展都没有受到干扰,但农业生产者数量短缺的情况仍将继续恶化。按照国际标准,韩国实际农业劳动力所占比例非常低(见表6.1)。如果现在的大多数年老的农民在几十年内都过世,剩下的农村人口在全国人口中所占的比例将会更小。韩国农业劳动力严重不足的现象已经逐渐显现,农业在人力资源方面的前景也不容乐观。

表6.3 农村家庭的生命周期分布

1986	城市	农村[1]		全部
未婚	9.8	4.3		8.1
一代家庭形成	5.0	1.8		4.0
二代家庭扩张	56.4	36.9		50.3
三代家庭	10.8	19.3		13.5
二代家庭缩减	13.0	25.0		16.8
一代家庭缩减	2.4	7.5		4.0
已过世	2.6	5.1		3.4

[①] 见 Byun,H. (1993); Choi,Y. and N. Oh(1992)。

续表

1989			仅限农村地区[2]
一代家庭形成			0.5
二代家庭扩张			4.5
二代家庭最大值			41.2
二代家庭缩减			43.6
一代家庭缩减			4.8
已过世			5.3
1992	仅务农	加务农	非务农	全部
家庭形成	1.5	1.9	3.3	1.9
扩张中	2.5	5.3	4.2	4.2
扩张完成	36.4	48.3	41.1	41.1
缩减中	46.4	35.4	39.3	39.3
缩减完成	9.3	8.1	8.9	8.9
已过世	4.0	1.0	12.5	4.7
2000			农业和渔业[3]
家庭形成			0.43
扩张中			1.70
扩张完成			35.32
缩减中			37.73
缩减完成			13.33
已过世			11.49

资料来源:1986 年数据来源于 Kong ey al.（1987），第 52 页;1989 年数据为作者根据调查数据计算得出,调查数据来源于韩国人口与卫生研究所（Korea Institute for Population and Health）所做调查"韩国家庭功能研究";1992 年数据来源于 Byun（1993），第 131 页;2000 年数据为作者根据调查数据计算得出,调查数据来源于 Kim, S. et al.（2001），第 288 页。

注:1. 包括"邑"（农村小镇）和"面"（城镇）。

　　2. 只包括"面"。

　　3. 就业妇女的家庭。

　　其次,由于社会中的城市倾向和文化倾向,农村家庭生育周期的每个阶段在质量上都处于不稳定状态。农民认为农村的条件不利于抚养和教育子女,因此,他们不惜付出高昂的学费也要把子女送到城市上学,或者举家迁往城市。① 孩子们在城市学校完成学业后,几乎没有农民父母希望他们返回家乡。即使其子女在农村学校上学,学校里的教育内容也并不重视农村生活和农业生产的特定社会和文化背景。② 城市学者和管理人员颁布的统一教育标准并未经过严谨讨论,因此,从农村学校学到的知识、价值观和态度与从城市学校学到的没有什么不同。③ 农村学校教农民子女在情感上和能力上脱离农业和农村生活。大众传媒忽视了农村民众的文化自主性,取而代之的是将城市的生活方式理想化,从而加剧了这一趋势的发展。学校和大众传媒提出了“童年”这一现代概念,是值得特别关注的。童年是一个“需要情感保护并与成人世界分离的天真时期”,这与传统的农村习俗是相矛盾的,传统的农村习俗将儿童视为农业生产和生活中的一员。④ 关于“童年”的现代观念已经被学校和媒体深深地根

---

① 见 Kim,H.(1992)。

② 这是现代公共教育体系的隐患之一,该体系的设计初衷是让国民在文化和政治上获得投票权。从物质和非物质方面来看,这种权利总是建立在以城市为中心的现代性基础上。

③ 基于作者对韩国咸阳郡农村家庭的实地观察。

④ 参考 Sommerville(1982)。

植于农村儿童和一些年轻父母的脑海中,同时,让农村儿童能够适应社会的替代模式目前为止还没有出现。

家庭农业的继承出现了更大的问题。最重要的是,在农村年轻人的意愿、父母的期望,甚至是邻居的评价这些方面,家庭农场事业本身的继承方式一直都是不太理想的。也就是说,无论是农村青年本身还是其父母,他们都认为务农已成为农村青年最不希望从事的职业之一(见表6.4和表6.5)。这不仅是因为大部分重要的经济资源和机会都集中在城市地区,还因为公众话语和媒体描述在文化上加深了农民在经济生产和社会生活中的疏离程度。农村生活成了连环画中的笑柄,而在政策讨论中,农民也只是个受忽视的群体,这一现状令人唏嘘不已。同样,农民也认为自身是一种悲观且失败的形象,他们对工作的满意程度也处在社会最低水平。虽然从农村到城市的迁移反映了一种向社会上层流动的积极愿望,但许多农村年轻人离开农村去到城市只是为了逃避悲惨的农村生活。如果"条件允许",现在大部分年轻农民都打算离开他们的村庄。①

①见 Kim,I. et al. (1993)。

表 6.4　农村和城市青年职业偏好

单位:%

职业	农村			城市			总计
	男孩	女孩	两性	男孩	女孩	两性	
农业	3	0	2	0	0	0	1
商业	4	4	4	7	3	5	5
银行业	3	3	3	3	2	3	3
技术	27	4	17	10	3	7	12
教育	6	19	12	6	18	12	12
艺术	2	6	4	7	22	14	9
军队	3	2	3	1	0	0	2
传媒	3	7	5	8	10	9	7
政治	2	2	2	8	4	6	4
社会工作	7	5	6	5	3	4	5
宗教	1	2	1	2	1	1	1
体育	4	2	3	2	1	1	2
科学	4	1	3	12	3	7	5
公务	9	16	12	3	5	4	8
法律	3	2	3	6	2	4	3
医药	2	3	3	7	6	6	5
警察	4	3	3	1	1	1	2
娱乐	5	11	8	4	4	7	5
其他	9	9	9	11	11	11	10
总计	100	100	100	100	100	100	100
(数量)	(839)	(684)	(1 523)	(802)	(766)	(1 568)	(3 091)

资料来源:梨花女子大学农村问题研究中心(The Center for Rural Studies, Ewha Women's University,1994),《韩国农村青年问题的现状与措施》(The Current Situation and Measures Concerning the Rural Youth Problem in South Korea), 第 116— 119 页。

表 6.5　父母对于子女职业的偏好

单位:%

职业	农村			城市			总计
	男孩	女孩	两性	男孩	女孩	两性	
农业	2	1	1	0	0	0	1
商业	1	1	2	5	1	3	3
银行业	3	5	4	3	2	3	3
技术	22	2	13	8	2	5	9
教育	9	30	19	10	31	20	19
艺术	1	3	2	3	17	10	6
军队	2	0	1	1	0	0	1
传媒	1	2	2	4	6	5	4
政治	3	2	2	9	4	7	5
社会工作	6	3	5	2	1	2	3
宗教	1	1	1	2	1	1	1
体育	1	0	1	1	1	1	1
科学	2	1	2	9	2	5	4
公务	19	26	22	8	8	8	15
法律	7	3	5	13	4	8	7
医药	5	6	6	13	9	11	8
警察	3	1	2	1	0	1	1
娱乐	2	3	2	1	1	1	1
其他	8	8	8	9	10	9	9
总计	100	100	100	100	100	100	100
（数量）	(838)	(683)	(1 521)	(801)	(765)	(1 566)	(3 087)

资料来源:梨花女子大学农村问题研究中心(1994),《韩国农村青年问题的现状与措施》,第84—85页。

一旦年轻农民体会不到作为农业生产者的成就感,他们就会失去目标,也不太容易吸引年轻农村女性与之结婚。当然,即使是那些相对具有上进心的农民,在年轻农村女性眼中也可能不是理想的配偶,因为她们对在城市生活的渴望要强烈得多。如今,在农村地区,婚姻不再是每个人生命历程中都要经历的一个自然的生活事件。年轻农村女性认为,嫁给农民家庭就意味着接踵而来的农活,农活带来的收入主要来自女性劳动力(如种植蔬菜、水果等)、农村工厂按季发资的劳动,以及日复一日的家事和家务。① 特别是,僵化的农村文化环境对家庭关系产生不良影响,农村老人和儿童的社会福利服务严重匮乏,这让农村年轻女性无法期望传统的父权劳动分工得到任何有意义的纠正。相比之下,亲戚、媒体甚至国家所描绘的城市生活让人无法抗拒。大多数农村年轻女性离开农村后,农村单身男性又急切地想寻找配偶,他们想到了一个新颖的解决办法,即与外国新娘(特别是来自越南、中国等国的新娘)进行包办婚姻。

在韩国,如果人到晚年身边没有成年儿子和儿媳,那么农村生活就不算有价值。② 尽管在前工业化时期,农村老年人也不一定能得到成年子女稳定的物质和情感支持,但如今农村老年人与子女离居,不可抗拒的孤独感是极难忍受的。现在的老人在年轻的时候为年迈的父母鞠躬尽瘁,当他们自己到了晚年,孩子

---

① 见 Kim, J. (1994)。

② 见 Rhee, G. et al. (1989);Kim, E. et al. (1993)。

们却离他们而去，尽管这是出于他们自身的意愿。为独居老年人提供的各种社会项目和政府福利支持对农村老人没有太大帮助，因为这些政策在地理位置上往往只局限在城市地区，反映的是城市的生活方式，或以正规城市部门就业作为依托。[①]　农民晚年生活的黯淡前景进一步挫伤了农村年轻人将务农作为终生事业的积极性。

在农村家庭生育周期的每一个阶段，偏向城市的社会和文化趋势——由农民推动的工业化产生的讽刺性后果——都破坏了农民和谐稳定的生活。尽管这样的城市影响有时可能会给农村生活带来一定的积极影响，使其变得"现代化"，或通过提供有益的意识形态、理论、制度和资源，来促进其内部改革，却未能形成一个崭新的、有活力的农业生产者阶级，以取代被破坏的以家庭为基础的旧生产者阶级。也就是说，尽管存在着来自城市经济和社会的各种刺激因素和挑战，但克利福德·格尔茨（Clifford Geertz）所谓的"内部转换"现象也没有在韩国农业阶层发生。[②]

第四节　经济资产负债表：双重二元论下的城乡收入差距

广义上来讲，城乡关系的不对称性可以在以下社会维度被视作二元论的一部分：如农民对快速而有效的无产阶级化的贡

---

① 见 Cho，H.（1992）；Park，K.（2007b）。

② 见 Geertz（1973）。

献,以及在偏向城市的社会变革中家庭农业的组织不稳定性。尽管存在社会和经济二元论,但根据政府偶尔的统计数据,20 世纪 80 年代早期到中期,农民家庭的平均收入似乎赶上甚至领先于城市工人家庭(见图 6.1)。[1] 不出意料,政府和大众媒体都曾大力支持这一发展。如果这表明了农村经济的相对复苏或表现优异,那么二元论现代化主义者——无论是城市资本主义家、政府官员还是自由主义经济学家——应该能够轻松地平息农民的抱怨。[2] 然而,具有讽刺意味的是,这表明了农村经济和社会状况在不断恶化,在这种情况下,绝望的农村人口继续外流。正是在这些农村相对(数量上)繁荣的年代,劳动力去农业化是历史上最迅速的。[3]

　　刘易斯从理论上预测了资本主义工业化背景下城乡收入差距将逐渐缩小。根据他的理论,在劳动力不断在农业和城市工业之间重新分配的情况下,农业和城市工业的边际劳动生产率和平均劳动生产率会变得相似。[4] 在韩国,不应否认存在这种可能性。然而,贫困村民向城市的外逃,以及导致的农村贫困在城市的重演,严重抑制了城市的平均收入水平,以至于使其接近停

[1] 当然,如果将非工人城市家庭包括在收入比较中,农民家庭可能永远不会赶上城市家庭。

[2] 见 Chung, M. (1992)。

[3] 1980 年的严重经济萧条可能也促成了城乡收入不平等的逆转。但就连农业也在同一年遭受了重大挫折。此外,城市经济萧条也不能解释农民外流加剧。

[4] 见 Lewis(1954)。

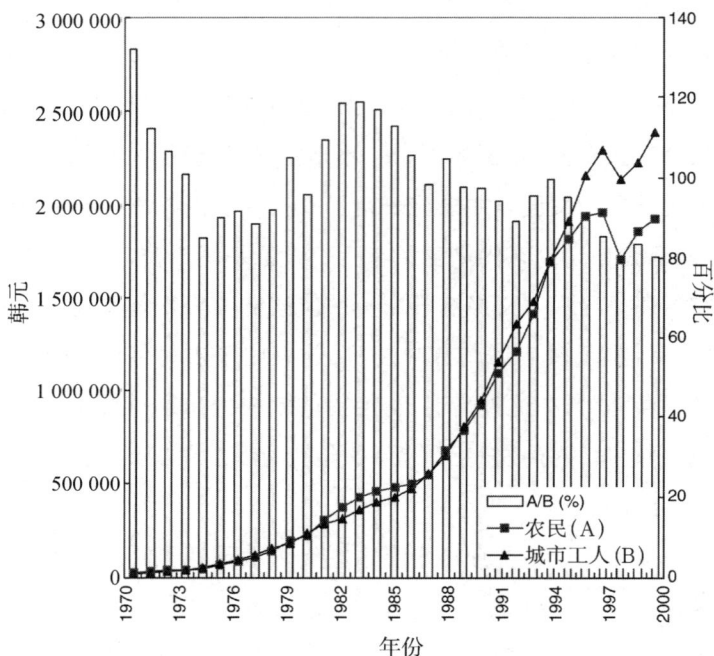

图 6.1　1970—2000 年农民家庭和城市工人家庭月收入对比（城市工
人家庭＝100）

资料来源：根据《2002 年韩国社会指标》（国家统计局，2002）第 156、164
页中的数据编制。

滞不前的农村收入水平。一种二元论在缩小城乡收入差距方面
起到了至关重要的作用。

　　根据双重二元论，我认为，通过贫农的迁移，在城市地区能
再现基层农民和城市经济精英之间的结构支配关系。由贫困驱
使的移民在工业化的成熟阶段来到城市，他们不太可能轻易地

融入以各种技能劳动力为主的正规城市经济。因此,他们不得
不在城市边缘定居,依靠极不稳定且具有剥削性质的日薪制工
作或季节性劳动谋生。城乡结构差距并不总是假定一个地理分
界,它也经常出现在城市地区。许多研究生动地展示了贫困移
民的工作和生活是如何受到城市资本利益的限制和破坏
的。[①] 在韩国(以及许多其他工业化发展较晚的社会)的资本主
义发展中,二元论在城乡之间以及城市内部都有所体现。

　　在这样的双重二元论之下,城乡收入差距的缩小不是因为
农民收入显著提高,而是因为农村贫困在城市中重现。因此,城
乡收入差距减少通常伴随着城市内部收入差距的增加,贫困农
民工和富裕城市居民之间的差距尤为明显。这正是韩国工业腾
飞以来出现的现象(见表 6.6)。[②] 在 20 世纪 80 年代末和 90 年
代初,疯狂的经济扩张造成了严重的劳动力短缺,短暂地使这些
贫困的农民工获得了更好的薪酬,但对于大多数农村移民来说,
长期的经济前景仍然黯淡。1997 至 1998 年,全国金融危机对城
市中最贫困的日薪制和季节性劳动工人造成的影响最为严重,
他们中的很多人想返回家乡务农,这并非巧合。[③]

①　例如,见 Cho,U. and O. Cho(1992)。
②　另见 Yoon,J. (1994)。
③　见 Chang,K. (1999b)。

表 6.6　农村（镇）和城市（市）家庭月收入分布情况

月收入/千韩元	1985 农村/%	1985 城市/%	1988 农村/%	1988 城市/%	1993 农村/%	1993 城市/%	1996 农村/%	1996 城市/%	2000[1] 农村/%	2000[1] 城市/%
低于 200	14.6	12.8	4.9	2.6	1.6	0.4	1.8	0.5	—	—
200—399	35.3	35.1	21.5	16.6	4.5	2.1	2.8	0.8	—	—
400—599	28.0	25.2	29.0	26.3	8.0	5.1	4.3	1.9	10.5[4]	5.1[4]
600—799	11.9	12.1	20.7	20.1	10.9	7.2	6.1	3.4	6.7	3.6
800—999	5.5	6.4	11.9	12.5	13.6	10.2	6.6	4.3	7.8	5.0
1 000—1 199	2.8	3.4	5.3	7.8	12.7	12.1	8.4	6.6	7.7	6.6
1 200—1 499	1.0	2.3	4.1	5.8	15.9	16.7	15.2	11.5	13.0	9.1
1 500—1 999	0.6	1.4	1.9	4.4	16.2	20.5	21.8	21.8	18.1	18.9
2 000—2 499	0.3[2]	1.3[2]	0.7[2]	3.9[2]	8.8	11.6	13.9	18.6	14.7	15.1
2 500—2 999	—	—	—	—	4.2	6.1	8.1	11.4	9.0	11.9
3 000—3 999	—	—	—	—	3.6[3]	8.1[3]	7.2	11.6	7.7	13.4
4 000 及以上	—	—	—	—	—	—	3.6	7.7	5.0	11.3

资料来源:1985—1996 年数据来源于《1998 年韩国社会指标》（国家统计局,1998），第 141 页；2000 年数据来源于《2002 年韩国社会指标》（国家统计局,2002），第 153 页。

注:1. 2000 年数据中，"农村"指"邑"（村镇）和"面"（村镇），"城市"指"洞"（区）。

2. 2 000 及以上。

3. 3 000 及以上。

4. 低于 600。

第五节　社会和政治反应：发声、退出和间接退出

在资本主义快速工业化的进程中，如果曾为此付出努力的韩国农民却在这一进程中受到剥削和排斥，那么他们有着充分的理由对城市实业家和国家领导人产生怨怼情绪，或者可以要求补偿措施来支持农民生活和农业生产。然而，在工业化阶段，多数情况下农民在政治上基本没有话语权，无法批判对其不利的发展进程，无法对不合理的政策提出诉求，也无法享有公平的城乡经济关系。为了维持或改革当前农村生产制度，即使农民对外界的批评和要求持保留态度，同时他们也需要认真采取集体行动来进行自我保护。然而这一点没有得到有效执行。韩国农民对自己的命运往往持有一种漠不关心的态度。

阿尔伯特·赫希曼（Albert Hirschman）对于人类对组织危机反应的理论分析有着深刻的见解，对于韩国农业危机的阐释也非常有具启发性。[1] 他指出，对于组织危机，应对措施可以分为两种，即"发声"和"退出"。某些成员的发声（对于当前组织做法的批评和抵制）和（从混乱的组织中）退出都能促使有关组织恢复其正常流程和功能。然而，如果"退出"过多，将会造成组织瓦解。如果"发声"越来越多，组织想要避免分崩离析的结局，就只有通过满足重要成员的要求，进行根本性改革。正是成员（对

① 见 Hirschman（1970）。

相关组织）的"忠诚"在区分两种组织危机应对措施时起到了关键作用。如果成员通常在道德上强烈拥护组织，那么他们在组织产生危机时更可能会提出建议而不是选择退出。如果组织领导对忠诚成员的个人需求反应不够积极，那么就有可能要承受集体的施压行动，被迫进行组织变革。否则，在自由市场，成员们将作出更快捷、更明确的选择——退出（并加入另一个组织）。很明显，面对农村的经济和社会危机，韩国农民群体选择了退出，而不是发表意见，因此，危机变得更加严重。

　　考虑到城乡之间在经济和社会机会方面的巨大差距，农民选择退出是完全可以理解的，但这是否意味着他们不再忠于几千年来的传统农业生活？也许那些留在农村的老年人是出于某种忠诚。但这种忠诚最多也就只能引起一些强烈的分歧。他们留在农村耕种，与其说是因为他们相信农村有可能会重整旗鼓，不如说是因为他们的子女和兄弟姐妹已经去往城市，代替他们去利用了城市的金钱和机会。不管农村生活有多么艰难，只要他们的家庭成员对城市地区更好的生活抱有一些希望，农村老年人就不会感到极度的疏离或受到剥削。如上所示，农村父母很少希望子女继承他们的家业（见表 6.6）。从这种意义上说，农村老年人通过家庭成员迁移到城市这种方式间接选择了退出。虽然他们身在农村，但从生活在城市的子女和兄弟姐妹的经济和社会成就中获得的满足感要更多。

　　当然，即使农民希望能够对偏向城市的发展战略和社会变革进行集体批判和抵制，但在经历了半个世纪的社会遣散与政治遣散后,农民群体还是像"一袋土豆"一样。① 日本在第二次世界大战中战败后,美国占领当局抵达韩国,其首要的政治任务是遏制和瓦解受到社会主义深刻影响的农村地区。② 受美国影响,韩国军队和警察在韩国各地对当地农民进行了一系列残酷的镇压,在此之后,不仅社会主义农业激进主义整体消失,就连农村社会和自治政策也完全不见了。在土地改革过程中,农民获得了经济回报,以此安慰自己在社会和政治上的被动。20世纪60年代以来,由军方领导的专制发展政权,通过各种政府组织和与非政府组织加强了对农民的政治控制。③ 尽管最近韩国已经逐渐走向民主化,但农村社会还没有从根本上成为政治实体。即使一些"忠诚"的农民想要批判并抵制农村的经济和社会危机,但整体政治环境非常不利,难以在短时间内实现。他们的先辈历史上有过艰苦的经历,对于这种情况是非常了解的。

农民在政治层面上无能为力,如果要寻求一个例外,有些人可能会提到"乌拉圭回合谈判的情况"。韩国政府接受乌拉圭回合谈判后,几乎所有农民及其在城市居住的家庭成员和亲属(占全国人口的绝大多数)联合起来,强烈谴责在即将到来的全球自由贸易体系下家庭农业将面临的毁灭性前景。然而,这种集体愤怒并没有为农业生产和农村生活找到可持续的替代方案。另

---

① 见韩国农村社会研究所和韩国天主教农民协会(Korea Rural Social Research Institute and Korea Association of Catholic Peasants,1990)。

② 见 Cumings(1981)。

③ 见韩国农村社会研究所和韩国天主教农民协会(1990)。

一方面,一些投机主义财阀集团试图利用这场农业危机,大肆宣扬发展具有国际竞争力的大规模资本主义农业的所谓必要性,当然,这些农业就要由像他们这样的大企业来负责。财阀对农业抱有的这种野心不仅在政治上令人难以接受,在经济上也是不具有可行性的。甚至相关的工业集团也会在几年之内因国家财政崩溃而受到损害。

第六节　结论

本章通过关注韩国空前快速的工业化过程中独特的城乡关系审视了韩国农村最近的社会和经济危机,其工业化的特点是:农村家庭负担工业化的各种社会转型成本,来帮助形成规模庞大、有能力的工业无产阶级;偏向城市的社会变革,及其对农村生产者阶级系统性生育造成的不利影响;在双重二元结构经济体制下,农村贫困人口迁移到城市地区,在城市地区又出现了新的农村贫困人口,导致城乡收入差距出现欺骗性的缩小趋势;年轻一代被迫退出农村生活,老年一代间接退出农村生活,削弱了其政治话语权。

韩国的资本主义发展压缩了其发展时间,在此期间,农业社会发挥着独特的作用,需要负担各种工业化社会转型成本,这对于快速形成规模庞大、有竞争力的工业无产阶级来说是必不可少的条件。传统工业主张"工业化需要丰富且熟练的工人",但这种观点忽视了一个显而易见的事实,即绝大部分工业劳动力不是从社会真空（social vacuum）而来，而是由农村家庭费心竭力提供的。下列为社会转型成本案例：农村家庭为在城镇的子女和兄弟姐妹们提供了搬迁费用、教育和职业培训费用、创业资金、租金和食品开销、直接食品供应以及各种应急救济金。在韩国工业化过程中，人力资本形成和劳动力繁衍的关键应归功于其农业社会。

这种通过流动劳动力形成的城乡联系，对城市工业的快速发展起到了极大的支持作用。但是这一举措对农村经济和社会趋势产生了不利影响，这一现状颇具讽刺意味。城市在经济上的成功以及偏向城市的社会变革很大程度上削弱了农业生产阶级的文化基础，因此导致了家庭农业制度的繁衍危机。在农业生产者下一代的生育、适应社会、教育以及年轻人通过继承和婚嫁立即进入农业社区和家庭的过程中，似乎存在着无法克服的障碍。对这些孩子、年轻人和他们的父母来说，务农这一职业就算谈不上不可悲，也可以称得上是可怜了。

官方统计数据显示，20世纪80年代初期至中期，城乡收入差距出现了短暂的缩小趋势，但这并不能证明农村经济有任何复苏迹象。农民因为逃避贫困而到城市务工，然后继续过着贫困的生活，正是这样的行为拉低了城市收入水平，使其与农村收入水平愈加接近。在农村发展相对繁荣期间，劳动力的非农业化反而比历史上任何时期都要严重。双重二元经济结构导致城乡收入差距出现欺骗性的缩小趋势。韩国资本主义工业化后期，农村贫困问题被强行转移到城市边缘，"韩国梦"的实现不再有任何希望。

在这种背景下,韩国以史无前例的速度进行了工业化转型,同时也伴随着甚至更快的城市化进程。由于农村地区的大多数学龄人口和劳动年龄人口选择"退出"农村去往城镇,所以剩下的农民现在只占全国人口的很小一部分。即使是那些留下来的农民——大多是年长者——对他们的务农事业也不再抱有多少希望或热情。农村的社会和经济危机带来的沮丧和恐惧也没有驱使这些上了年纪的村民在政治上表达对偏向城市的国家以及受到庇护的对象(城市实业家)的愤怒。相反,他们通过搬到城市的子女和兄弟姐妹,选择了一种间接退出农村生活的方式。他们投入了农村家庭所有的物质和社会资源,甚至是情感上的能量。绝大多数农民人口将家庭积累的发展路线从农村转移到城市,这无疑是造成农民对政策感到无力的原因,而这种政治无力感其实是他们强加给自己的。

国内趋势已经破坏了韩国农民阶级发展的可持续性,而世界贸易组织体系及其开放粮食市场的规定可能会进一步削弱农民生活的核心经济基础,因为农民是以粮食生产为中心来发展经济的。从某种意义上说,韩国工业上的成功还对农村社区造成了另一种形式上的损害,政府决定接受乌拉圭回合谈判,然后加入世界贸易组织体系,这主要是为了保障具有国际竞争力的城市产业的预期利益。然而,这一决定引发了农民和基层城市居民之间前所未有的政治联盟行动。各行各业的城市工人(其中大多数是之前的移民或在农村有亲戚)开始公开对政府进行批判,并参加抗议或请愿运动。另一方面,像三星(Samsung)、现代这样的大型财阀集团,在政府中的教条主义自由主义者,以及非政府组织、管理服务研究机构的暗中支持下,试图宣传大规模农业需要"具有国际竞争力"的必要性,不必说,这种状况下的农业只会由像他们这样的大型城市公司来管理。这一行动虽然是临时策略,却清楚地表明了以城市为基础的资本对农村民众持有的机会主义态度,而农村民众已经因为大企业独有的成功而被牺牲并疏远。

第七章 │ 财阀：家族资本主义的逻辑性

第一节　引言

　　"韩国折扣"（Korea discount）是一个术语，描述了隶属于财阀的韩国公司在国际市场上价值的下降，这是因为该公司为了总帅（chongsu，即企业集团负责人）及其家庭成员独有的利益，采取了武断且违法的管理手段。[①] 这一术语反映了国际金融市场对韩国家族资本主义经济的客观评价。如果有人认为，20 世纪 60 年代以来韩国奇迹般的经济成果几乎完全委托给了财阀集团，实际就表明国家经济上的成就在整体上都要大打折扣。

　　然而，财阀体系——韩国版本的家族资本主义——代表了韩国现代性最具创造性的组成部分之一。[②] 韩国资本主义发展的压缩性已充分融入财阀的历史特征和组织特征。20 世纪 60 年代，韩国工业资产阶级经济几乎停滞不前，因此朴正熙当局的"发展型国家"被迫启动阶级创造项目。[③] 虽然少数现有工业企业

[①] 在准备本章的过程中，非常感谢张德镇（Chang Duk-Jin）教授在理论和实证方面的见解。

[②] 关于财阀的英文文献比较丰富。见 Kang, M.（1996）；Chang, S.（2006）；Kim, E.（1997）。

[③] 见 Kim, E.（1997）。

家——多是朴正熙出于政治原因而不喜欢的——出于实际考虑
而被选中,但韩国的资产阶级总体上是被迫以一种压缩性的方
式被重塑的。① 然而,财阀崛起的政治背景不应只是一带而过,
这些企业集团主要是靠政治产生的租金发展起来的。不可否
认,韩国(政治)经济在持续性的发展主义政府领导下,诱发了财
阀和其他经济主体各种形式的寻租。② 但财阀集团的主要创新
之处在于控制着公司的内部结构,这些公司又相互联系着。在
该结构下,财阀领导人及其家族控制着数十个不同行业的公司,
却不能依法持有足够股份(四大财阀的案例见表 7.1)。

　　在一个饱受战争蹂躏的社会中,大多数企业集团的老板都
是当机立断自立门户,成为个体企业家。他们并没有获得大量
的资金,但他们已经逐步形成一个企业集团体系,资本不足并不
妨碍他们向韩国有竞争力的新产业扩张。由于工业企业对国家
主导的经济发展起到了重要作用,所以财阀制度(对没有明确所
有权的企业进行过度控制)似乎加速了韩国经济向压缩现代性
行进的步伐。然而,财阀附属公司付出的管理决策和行动,都是
为了财阀领导的独有利益而制定的,并未经过法律程序。财阀
制度似乎造成了经济秩序的扭曲和不公,这种秩序让其他经济
体的经济权利和潜力遭到了系统性的牺牲。

① 见 Kang,M.(1996)。
② 见 Chang,H.(1994);Amsden(1989)。

表 7.1　1998—2003 年四大财阀中统治家族的所有权参与和管理参与情况表
（所有权参与: O; 管理参与: M）

三星	三星要宝乐园 (Samsung Everland)	三星生命 (Samsung Life)	三星电子 (Samsung Electronics)	三星贸易 (Samsung Trade)	三星SDI	杰尔广告 (Cheil Ad)	三星重工 (Samsung Heavy Industry)	三星信用卡 (Samsung Card)
总裁	O/M	O	O/M	O/M	M	M		
儿子1	O		O/M					
妻子			O					
女儿1	O							
女儿2	O							
女儿3	O							

LG	LG化学 (LG Chemical)	LGCi	LG电子 (LG Electronics)	LGEI	LG	LG建筑 (LG Construction)	LG贸易 (LG Trade)	LG石油 (LG Oil)
总裁	O/M	O/M	O/M	O/M	O/M		O	M
兄弟1	O/M			M				
叔舅等1			O/M				M	
叔舅等2						O/M		
姻亲1	O/M				O/M	O/M		M
姻亲2	O/M		O/M	M	O/M	O/M		M

续表

LG	LG化学(LG Chemical)	LGCi	LG电子(LG Electronics)	LGEI	LG	LG建筑(LG Construction)	LG贸易(LG Trade)	LG石油(LG Oil)
姻亲 3						O/M		
姻亲 4						O		M
堂表亲 1							O	
姻亲 5						O		

SK	SK网络(SK Networks)	SK电讯(SK Telecom)	SK建设(SK Construction)	SK Enlon	SK燃气(SK Gas)
总裁	O/M	O/M	M		
兄弟 1	O	M			
堂表亲 1	O/M		M		
堂表亲 2	O				
堂表亲 3	O				
堂表亲 4				O	

现代汽车(Hyundai Motors)	现代汽车	起亚汽车(Kia Motors)	现代摩比斯(Hyundai Mobis)	INI钢铁(INI Steel)
总裁	O/M	M	O/M	O/M
儿子 1		M	M	
女婿 1			O	

资料来源：Kim, Dong-Woon et al. (2005)，第 53 页。

　　本章从一个全新的角度论述了财阀的历史特征和组织特征,重点关注家族对企业所有权和管理进行控制的社会制度。本章首先简要介绍了在后殖民国家发展的历史背景下财阀的诞生、成长和转型,在主要分析部分,确定了财阀附属公司的三个独特经营目标(除营利外)后,把国家提供的外部租金的内化过程作为分析财阀家族资本主义的关键。为了证明财阀在企业控制和财富积累方面的独创性,本章将特别关注不同于规模经济和范围经济的层级经济;由于家族资本主义在财阀的领导层继任过程体现最为鲜明,因此本章也将密切关注家族资本主义结构上的脆弱性和不稳定性;然后讨论财阀为弥补其结构性矛盾作出的政治努力和社会努力。最后,本章将根据财阀与各种自由民主制度的政治关系对其历史地位进行评价。

第二节　财阀的崛起：政治起源、发展转型以及非计划性资产阶级组织扩张

　　在韩国光复后不久,日本殖民资本主义突然退出,导致韩国经济缺少资本主义发展阶段,无法自给自足或进行自主创业。退出韩国的日本资本家留下的工业资产为新建立的韩国政权所占有,但当局不知道如何有效地利用这些资产来恢复国家的经济。尽管韩国在 1948 年实现了独立,但国家领导层几乎不具备自立能力,甚至在政治决策方面也是如此。李承晚当局决定将日本遗留的工业资产分配给私营企业家,其中许多人实际上与

政府和两议院的政治寡头有亲属关系或社会关系。① 这种政治
联系一方面在很大程度上预先决定了日本资产分配的优惠条
件,另一方面也决定了此后发展起来的国营企业关系的性
质——庇护主义。由此,集政治、经济、企业特点于一身的阶层
诞生,并逐渐演变成韩国的全球著名(或者说声名狼藉?)商业集
团,称为"财阀"(见表 7.2,20 世纪 50 年代在这种政治经济环境
下出现的十大财阀)。日本殖民资本主义——或者更准确地说,
是伴随其战败产生的后殖民背景——以一种极具讽刺意味但又
具有批判性的方式,促成了韩国资产阶级的形成,而这反过来又
塑造了该国资本主义政治经济的基本性质。

　　在东亚历史和韩国的相关研究中,韩国资本主义企业家的
起源实际上与日本殖民有关一直是一个争论激烈的话题。② 虽
然学术领域认为根据历史来推断,这一观点是不容置疑的,但殖
民时期存在的少数韩国企业,与工业化时期主要的新兴大型企
业集团,两者之间尚未建立具体实证联系和/或因果关系。正如
阿姆斯登(Amsden)所指出,在日本殖民时期,大多数韩国企业
家被迫在一个与独立后完全不同的政治经济环境下发展。③ 在
韩日本殖民政府开始对韩国本土企业家进行压榨(不同于对待
日本侨民企业家所谓的发展立场),因此韩国企业必须以独立的

---

① 见 Gong, J. (2000)。

② 见 Eckert(1996);McNamara(1990)等。

③ 见 Amsden(1989)。

表 7.2　1961 年十大财阀

名称	建立年份（年龄）	附属公司数量	主要产业	是否接受国家产业资产	是否接受美国援助资金	20 世纪 50 年代财阀增长的主要因素[1]
三星	1938(23)	13	进口,食品,纺织,银行	是	是	巨额援助资金,113 亿韩元贷款
三湖(Samho)	1950(11)	7	进口,纺织,银行	是	是	大型国有企业转让,225 亿韩元贷款和巨额援助资金
Gaepoong	1949(12)	9	进口,水泥,银行	否	是	通过巨额援助资金,79 亿韩元设立的国有企业转让
大韩(Daehan)	1946(15)	5	进口,食品	是	是	大型国有企业转让,贷款和援助资金
幸运(Lucky)	1947(14)	4	进口,化工	否	是	巨额贷款和援助基金
东洋(Dongyang)	1953(8)	4	水泥,食品	是	是	大型国有企业转让,巨额援助资金,大额贷款
极东(Keukdong)	1947(14)	4	进口,航运	是	是	巨额援助资金资助的航运
韩泰玻璃(Hankook Glass)	1954(7)	2	进口,玻璃	否	是	通过巨额援助资金,大额贷款设立的国有企业转让
东立(Dongrip)	1949(12)	2	食品	是	是	大型国有企业转让,军粮合同,174 亿韩元贷款
大昌(Taechang)	1916(45)	2	进口,纺织	是	是	大型国有企业转让,241 亿韩元贷款,国家美元贷款

资料来源:Kang, C. (1999),第 81 页;Gong,J. (2000),第 88—89 页。

注:1. 数据总结自 Gong,J. (2000),第 88—89 页。

方式运营。① 韩国政府在光复后，尤其是在其发展阶段，与私营企业家保持共谋，以行政上的庇护换取企业的合作和政治上的合作。当代财阀的结构特征和行为模式都无法追溯到殖民时代。相比之下，将日本工业资产实体转移给韩国政府，然后再转移给受到政府庇护的企业家（其中许多人正是因为这种产业资产的转移而成为新企业家），这是公认的韩国产业资本主义的起源，且这一观点无可争议。

　　李承晚政府尽管慷慨地供应日本产业资产，但从长远来看，其无法为受到政府庇护的企业界提供更为关键的东西。李氏政府由于缺乏建立和激活现代经济的技术统治能力和政治能力，只为受到政府庇护的企业家提供了优惠待遇——实际减息贷款、垄断生产和贸易的许可以及美国援助物资的独享，这些都让韩国企业的寻租性质愈加明显。② 20 世纪 50 年代，韩国经济继续处于不稳定和停滞状态，商业发展依赖于政治偏好的这种做法，腐败程度远远超过了任何有效益的方面。如果说李氏政权的独裁本质导致了 1960 年 4 月学生领导的政治起义事件，那么经济上的失败则导致了 1961 年 5 月的军事政变。政治起义是为了呼吁健全的自由民主制度，而军事政变则体现了国家重商的民族主义。

---

① 见 Evans(1995)对国家掠夺性和发展性方面的清晰解释。

② 见 Kang, M. (1996)。

作为初期政治举措,朴正熙的军事政权开始肃清非法敛财
(bujeongchukjae)的实业家和政客。然而,当局很快认识到实
业家在实现战略性经济发展方面起着不可或缺的作用。企业
家对政府工业化计划予以积极回应,作为回报,朴氏政权赦免
了被指控腐败的商人,并提出了各种扶持私营企业的政策和方
案。[1] 其中最值得注意的是,该政权提出的出口鼓励政策全面
展开,对私营企业的出口贡献给予高度肯定和丰厚奖励,产业
出口巨头因此在财阀中崛起。虽然以出口为导向的工业化使
国民经济以前所未有的速度增长,国民经济增长水平相当可
观,但与财阀的企业成长水平和部门扩张水平比起来就相形见
绌了。[2] 朴正熙赋予自己"民族复兴"的使命,无异于声明要促
进财阀的发展,因为朴正熙提出的发展政策实际上促进了财阀
的爆炸式增长和扩张,而以牺牲工人、农民和中小型企业家的利
益为代价。

财阀并不总是胜利的一方。在迅速变化的国内外经济环境
中,无论是政府决策者还是财阀管理者,都不是万能的。此外,
对工人、农民和普通市民的利益进行政治压制并不总是可行的。
在一些情况下,财阀的老板和/或经理犯了严重的政治错误,招
致行政处罚,这对他们的企业来说是致命打击。到目前为止,财

① 见 Amsden(1989)。
② 见 Kang,C.(1999)。

阀危机已经经历了"破产企业调整"、民主化以及国家金融崩溃三个转折性时刻。

破产企业调整在三个时期发生过，即 20 世纪 60 年代末至 70 年代初、1979 年至 1980 年和 1985 年至 1988 年。① 20 世纪 60 年代末至 70 年代初，政府决定不再容忍"贷款企业"（chagwangieop，指以外国贷款为导向的企业），这些企业一直对于政府批准的低息外国贷款（相对于利息高得多的国内贷款）和高通货膨胀坐视不管，最终落得了破产的境地。许多类似的企业被出售给其他企业或与其他企业合并。1979 年至 1980 年，许多过度投资的重化工业（部分原因是政府自 1973 年以来鼓励大力投资重化工业的政策）被迫通过相关企业之间的分立和合并进行强制性重组。1985 年至 1988 年，韩国进行了 6 轮国民经济结构调整。② 具有讽刺意味的是，每一次调整，财阀都是获益方，因为无论是企业竞争还是债务偿还，财阀都获得了极为优惠的条件。

1987 年以来，突然出现的政治民主化对劳动关系、福利权利等亲商的国家政策造成了严重的打击。随着政府越来越克制其在产业领域的强制性干预，联合起来的工人于是能够对专制企

---

① 见 Kang，C. (1999)，第 95—112 页。
② 作为《韩国经济日报》（*Korea Economic Daily*）的一名记者，我有机会密切关注了此次企业重组的早期阶段。

业发起挑战,并为提高工资、改善工作条件作出努力。① 针对这一状况,政府承诺以"福利国家"的名义(见第四章)正式启动或改善各种社会保障计划。然而,国家的这种和解立场从未改变其亲商的发展主义原则。② 20 世纪 90 年代初,韩国的社会让步政策回归了——或者说重新转向了——新自由主义政策,以"新经济"为口号,强制解除对产业和金融活动(主要是财阀)的管制,对劳动力市场进行整顿。

　　1997—1998 年的国家金融危机注定会在金泳三政府的不完全新自由主义和不完全发展政策下发生。财阀附属企业最大程度上利用金融管制解除和促进性产业政策,导致产业过度投资和企业过度借贷现象在各个领域泛滥。③ 由于许多高风险的企业借款实际上是由政府担保的,而且由于财阀在财政上看似岌岌可危,实际上却控制着国民经济,所以随着国际个体投资者和国际货币基金组织(或者更准确地说是美国政府)突然变更计划,韩国发展立刻接近停滞状态。国际货币基金组织支持的经济救助计划想要将其他有竞争力的韩国企业全部出售给外国投资者(见表 7.3),为破产企业提供了"公共资金"(gongjeokjageum)这一解决方案(即银行为企业续借贷款,因无力偿还企业贷款而几乎破产的银行会得到政府救助),以"雇佣

① 见 Yoon,S.(1997)。

② 见 Choi,J.(2002)。

③ 见 Lee,D.(2007);Kong,T.(2000)。

调整"（goyongjojeong）的名义进行大规模裁员。[1] 虽然韩国对经济进行了根本性的结构调整，经济从而恢复了增长，出口也得到了扩张，但由于韩国经济发展过于依财阀，在结构上就显得更加不稳定。

尽管外国投资者的股票份额突然增加，但大多数行业依旧由财阀（如三星、现代、LG 和 SK）占据着主导地位——这些行业有时在经济上依靠国家主义来抵御可能出现的外资收购现象。[2] 后危机时代的一个讽刺之处在于外国在韩金融资本的强势，他们拥有韩国大公司近一半的股份，迫使韩国继续依赖财阀独有的管理控制，这种控制基于相互投资或循环投资公司的虚构股份。简而言之，21 世纪，这些以家族为基础的企业家继续通过控制横向和纵向相互关联的庞大企业来统治国家经济，这些企业在国内生产总值、股票价值和韩国经济能力的许多其他主要指标中占据着惊人的比例（见表 7.4 和 7.5）。

---

① 见 Chang, K.（1999b）。

② 见 Lee, B.（2005）。围绕财阀的"伪民族主义"存在着激烈的辩论。例如，三星集团固执地要求政府放宽严格的产业和金融资本分离政策，同时暗示三星电子可能会被外资并购。针对这些观点，一个极具影响力、组织精良的进步非政府组织"参与连带"（People's Solidarity for Participatory Democracy, PSPD）发表了一份报告，题为"三星依赖伪民族主义：关于三星电子受到恶意并购威胁的夸大和不合逻辑的论点"（参与连带，2006 年 1 月 12 日）。

表 7.3　韩国主要公司的外资股份

公司名称	最大股东持有的股份（A）	对外国所有权的限制	外资股份（B）	外资股份与最大股东持有股份的差值（B-A）
1. 三星电子	15.94		47.24	31.4
2. 浦项制铁（POSCO）	4.74		59.34	54.6
3. 韩国国民银行（KB）	5.46		84.32	78.86
4. 大韩航空（KE）	53.89	40（大众）	30.20（75.48）	-23.69
5. 新韩金融（Shinhan Financial）	9.06		60.96	51.9
6. 友利金融（Woori Financial）	77.97		9.95	-68.02
7. SK 电讯	23.10	49（通讯业）	49.00（100.00）	25.90
8. 现代汽车	26.11		41.86	15.75
9. 海力士（Hynix）	9.16		20.19	11.03
10. 现代重工	23.27		22.32	-0.95
11. LG 飞利浦（LG Phillips）	70.78		22.32	无资料
12. 韩国电信公司（KT）	7.99	49（通讯业）	50.53	39.71
13. SK 集团	15.65		45.27	29.62
14. 韩亚金融集团（Hana Financial Holdings）	9.62		80.64	71.02
15. 新世界百货（Shinsegye）	29.61		42.85	13.24
16. 乐天百货（Lotte Shopping）	68.89		21.83	-47.05
17. 韩国外换银行（Korea Exchange Bank）	64.62		80.37	无资料

续表

公司名称	最大股东持有的股份（A）	对外国所有权的限制	外资股份（B）	外资股份与最大股东持有股份的差值（B-A）
18. LG 电子	34.82		35.53	0.71
19. 韩国烟草和人参公社(KT&G)	10.33		54.08	43.75
20. 三星火灾海上保险（Samsung Fire Insurance）	18.44		53.77	35.33
21. 韩国中小企业银行（Industrial Bank of Korea）	57.69		21.04	-36.65
22. LG 信用卡	22.93		1.39	-21.54
23. 韩国双龙石油（S-Oil）	35.23		48.66	无资料
24. SK 网络（SK Networks）	40.59	49（通讯业）	0.01（2.09）	-40.58
25. 现代摩比斯	33.49		45.35	11.86
26. 大宇造船（Daewoo Ship Building）	31.26		34.07	2.81
27. 大宇建筑（Daewoo Construction）	32.54		11.78	-20.76
28. NHN 游戏开发公司	10.47		56.82	46.35
29. 斗山重工（Doosan Heavy Machinery）	41.39		20.22	-21.17
30. LG 集团	49.61		30.14	-19.47

资料来源：《商业先驱报》（Herald Business），2007 年 4 月 23 日。

注：表中的外资股份数据截至 2007 年 3 月 30 日；表格括号中的数字表示外资持股的上限。

表 7.4　1987—2002 年财阀的经济实力（占全国经济的百分比）

单位：%

年份	前五大财阀			前 30 财阀		
	资产	销售额	增值税	资产	销售额	增值税
1987	24.2	28.5	9.0	43.4	45.8	16.2
1988	24.4	28.3	9.4	44.3	45.3	17.2
1989	25.4	28.6	12.0	45.6	46.1	20.7
1990	24.6	26.6	10.7	43.7	40.8	19.2
1991	23.8	26.9	10.5	42.8	41.3	18.9
1992	24.5	27.8	11.4	43.9	42.8	20.2
1993	24.4	28.1	11.8	43.3	42.1	20.7
1994	23.5	28.1	12.4	41.9	42.5	21.5
1995	25.3	30.4	14.6	44.7	45.7	23.9
1996	27.1	32.3	13.1	46.8	48.0	22.3
1997	29.4	32.4	13.3	46.4	46.0	20.8
1998	31.8	35.2	13.6	47.9	46.7	19.7
1999	24.9	30.1	12.2	39.8	42.8	20.4
2000	24.8	31.5	13.5	40.7	43.2	20.7
2001	21.4	28.2	13.3	35.9	39.5	18.6
2002	21.6	24.8	15.4	34.0	36.0	21.6

资料来源：Gang,S. et al.（2005），第 302 页。

表 7.5　五大财阀在上市股票价值中的份额

1998			2002		
财阀	附属公司数量	列出的总资产所占百分比/%	财阀	附属公司数量	列出的总资产所占百分比/%
三星集团	14	15.25	三星集团	14	26.80
LG 集团	14	6.66	SK 集团	11	9.30
SK 集团	8	5.62	LG 集团	12	7.00
现代集团	22	5.33	现代汽车集团	6	5.20
大宇集团	12	5.21	韩进集团（Hanjin）	7	0.70
前五大财阀	70	30.07	前五大财阀	50	49.00

资料来源：摘自 Song，W. and S. Lee（2005），第 77 页。

第三节　韩国财阀的操作规则或运营逻辑

　　财阀曾经是国家经济发展的战略伙伴或者说是经济发展的工具，这一事实表明财阀附属公司具有独特的社会、政治和经济地位。[①] 尽管它们受到集团企业负责人及其家族的严格组织控制，但其经济运营在结构上与以下问题交织在一起：发展主义政府的政治利益；财阀附属公司吸收或利用国家经济资源所产生

---

① 理论上，财阀附属公司包括附属的非营利基金会，因为这些所谓的公共实体的运作方式与财阀控制结构中普通财阀附属公司的运作方式基本相同（参与连带经济民主化委员会［PSPD Economic Democratization Committee］，1998）。

的公共经济利益;财阀附属公司员工的经济权利和政治权利,但员工福利经常为假定的发展目标所牺牲;财阀附属公司非核心股东的产权,其所有权在集团领导的管理层中起到的作用甚微;以及各财阀主导的经济部门中财阀附属公司潜在竞争对手的商业利益。复杂的社会、政治和经济利益使得财阀附属公司成为一个存在高度竞争的社会领域,在这个领域中,企业集团负责人的决策与其管理者的行为长期与相关人员的利益相违背,容易引发局势紧张的对抗。尽管频繁的媒体报道、丰富的学术研究和政府监管报告突出了这些矛盾,但关于企业集团负责人对财阀附属公司所有权和经营权的支配,其制度性质和社会性质仍有待一个全面的分析框架。只有对于集团负责人控制财阀附属公司进行令人满意的全面和系统分析时,才有可能完全确定其他利益相关者牺牲或放弃的利益。

一、 财阀公司的三大运营目标

隶属于财阀的个别公司表现出一种独特的公司行为模式,这些行为往往与非核心股东的利益相冲突,违反个人经济活动的法规和法律。在法律层面上,每家公司都应该对其直接股东负责,但财阀附属公司之间存在着无数相互/循环/金字塔式股权结构,这使得对每家公司的完整股权结构有任何清晰的认识都变得不可能。有一件事是肯定的:企业集团负责人的人工实体,通常具有"集团总裁"的临时头衔,具有对财阀附属公司(其附属地位是人为造成的)的统治力量,财阀附属公司作为其控制各相关公司的战略工具运作。由于拥有对此类财阀附属公司的控制权，因此集团负责人不必披露其个人持股是否足以对各相关公司进行独家公司控制。联合企业的负责人甚至有可能在不拥有一股股份的情况下控制一家附属公司。鉴于这种复杂的公司治理结构，我认为，财阀附属公司通常根据以下三个独特的经营目标（除赢利这一普遍目标外）：（1）公司规模的增长（通常是销售额）；（2）扩大企业集团负责人（或其家人）对相关财阀附属公司的所有权和管理控制权；（3）集团企业负责人（或其家人）个人财务利益的最大化，涉及与财阀附属公司相关的各种寻租行为。后两个目标往往背叛了普通股股东的合法利益。甚至第一个目标也常常是有问题的，因为每个财阀附属公司的公司利润（和股息）都被牺牲了，以利于相关财阀的成长和扩张，而这反过来又服务于该财阀头目的各种战略利益。

第一，与资本主义经济的任何其他公司一样，财阀附属公司也以追求利润为目标，但他们往往通过拓展看似亏损的业务来扩大公司规模。在国家主导出口的最初几年中，这些看似亏损的业务活动涉及各种出口行业，相关企业得到了国家政府的补贴，包括优惠贷款、税收优惠、独家进口许可、低价订购的原材料等。① 政府安排的各种补贴形式逐渐消失，但这并没有完全阻止财阀附属公司利用亏损经营扩大其企业规模。企业规模不仅在传统意义上（即垄断或寡头垄断影响的市场份额、生产和营销的

① 见 Amsden（1989）。

规模经济、品牌形象等）非常重要,而且在政治经济意义上也很重要。也就是说,每个财阀的总业务量与其在国民经济中的地位往往是决定其政治经济地位的关键因素,而政治经济地位又决定了政治领导权、与官僚机构的联系以及对媒体的影响。[1] 财阀起到的杠杆作用促使其获得了独家的公共合同和营业执照、优惠行政待遇和保护、政策变化和新政策的内幕信息等权利。许多企业集团的领导人甚至受到总统般的礼遇,尽管是非正式的会晤,但是只有总统才有权力将其召集到办公室。更重要的是,与财阀附属公司的第三个运营目标相关,集团负责人为了其(或其家人的)专属利益而恣意地、不合规地或非法地入侵管理层的机会随着每个财阀附属公司的业务量和范围成比例增加。此类入侵的常见实例包括个人滥用管理特权、挪用公司费用和非法转移公司资产。[2] 对于这种从字面上来说就是企业抢劫的情况,最大财阀集团的任何一个领导人都不是例外。全国经济人联合会（Jeongyeongryeon）中的国家商业领导层大部分是有"前科"的企业集团负责人,他们曾因各种经济犯罪而受到指控。

　　第二,虽然每个企业集团的负责人（及其家人）通常拥有财

---

[1] 美国最近的事态发展似乎相当类似。2008 年 9 月,美国政府决定向濒临破产的美国的投资银行注入规模空前的公共救援资金,这些投资银行的规模之大意味着,它们一旦真的破产,将破坏整个国家经济。公众对共和党政府和华尔街金融家之间勾结关系的认识似乎对 2008 年 11 月的总统选举产生了关键影响,民主党人贝拉克·侯赛因·奥巴马轻松赢得了总统大选。

[2] 见 Kang,C.（1999）。

阀附属公司股权中小得惊人的一部分,但这并不一定意味着他们作为公司统治者处于弱势地位,而是证明了在他们拥有一定数量资本的情况下,其公司控制权(在所有权和管理方面)可以得到最大限度的扩张。财阀附属公司投资组合最重要的特征之一是确保集团负责人目前对其自身和兄弟财阀附属公司的公司控制权,必要时,确保集团负责人扩张或其继承人继承现有和新业务的公司控制权。财阀附属公司的独特做法,如(早期)更偏向贷款——政策性贷款(如果可能的话)——而非基于股票的融资以及互惠/循环投资(股权)和债务承销,这是由于每个企业集团负责人都在不失去企业所有权和管理控制权的情况下尽量扩张业务而产生的。事实上,关于财阀附属公司投资组合的大多数关键决策似乎都是在企业集团会长室(hoejangsil,即总经理办公室)的秘密会议上制定的,该办公室的法律地位尚未明确确立。企业集团负责人的办公室经常被冠以“规划和协调办公室”和“结构调整总部”等名称,而有些办公室则使用更加直接的名称,如企业集团的“总裁秘书办公室”。无论名字是什么,财阀附属公司都要服从一种由“幽灵”操控的法律管理规则,这种“幽灵”就存在于这些领导办公室里。办公室内作出的许多决定都是为了集团负责人的利益,而牺牲了财阀附属公司其他股东的利益,由此引起了争议和冲突,尤其是在年终股东大会上。当然,韩国政府一直在发布解散这些法律外组织的命令,但没有官员会认为任何法律上的公司管理制度可以取代其事实上的管理制度,也就是由领导层自身制定的公司管理制度。

第三,最大限度地扩大企业集团负责人对财阀附属公司的控制权,控制权的扩大成为管理决策和实践的主要基础,而管理决策和实践又旨在扩大企业集团负责人(及其家人)的排他性特权和利益。一种寻租机制从外部管理着财阀附属公司,即由集团总部管理。财阀附属公司的管理者,有时甚至是联合企业的负责人本身,都反复被指责甚至被指控做出一些恶名昭彰的行为,例如:(1)积累秘密资金,专门用于战略管理行动,但资金经常被挪用,变成负责人的私人利益,有时还包括生活费、休闲费,甚至赌博上的花费。(2)通过不定期发行的可转换债券或通过直接优先出售公司拥有的股份,使总经理(或其家庭成员)的股票异常膨胀。(3)与负责人、其家庭成员或其名下其他公司进行不正当交易,这些交易涉及产品、零件、原材料和公司资产。(4)通过投资和债务承销对其他财阀附属公司(根据定义,这些财阀附属公司由同一负责人控制)提供不正当支持。从(1)到(4)不等的秘密行为所产生的不公正福利构成了一笔独特的内部租金,完全被企业集团负责人中饱私囊。这些内部租金之外,还要加上管理人员薪资、个人分配的办公费(pangongbi)和股东股息的一般性红利。与财阀滥用管理行为来实现的非凡物质利益相比,企业集团负责人的这些普通且合法的利益似乎微不足道。

二、 外部租金与内部租金

根据上述财阀附属公司的运营目标来看,企业集团负责人将尽最大努力利用其实际资本,最大限度地扩张公司控制权。

掌握的公司控制权越多,就可以从整个企业集团中获得越多的内部租金。① 企业集团负责人因管理不当和挪用公款而获罪的案例无穷无尽,这表明企业集团负责人对财阀附属公司的控制权不断增强,以此累积产生内部租金,与之相比,公司合法获得利润(即股息)的财务政策即刻相形见绌。即使他们的股份利润与公司利润的比例呈现下降趋势,他们也可以享受更多的租金。事实上,企业集团负责人的内部租金往往导致公司收益严重下降,因为相关公司是为了负责人的非法个人利益而进行资源和机会的分配。在这方面,司法部于 2006 年决定修订商法,将公司官员(实际上是集团负责人及其家人)"篡夺公司机会"的行为定为犯罪行为,这一决定立即遭到商界的强烈反对。作为回应,经济改革联盟(Economic Reform Alliance)——一个有针对性的非政府组织,对财阀不公正的社会和法律事实发起挑战,令人印象深刻——提供了关于被指控的集团负责人及其家族篡夺公司机会的具体数据。② 排在榜首的是现代汽车财阀集团,拥有总资产 1.1 万亿韩元。这项指控在法律上得到了证实,因此这家大型企业集团的"总裁"被判处有期徒刑和巨额罚款。在这方面,郑梦九并不是唯一案例。该国大多数顶级财阀最近都因类似指控被法庭通缉。就在几年前,SK 集团的负责人因贪污等罪

---

① 在这方面,每个企业集团负责人对财阀附属公司的表决权乘数(voting right multiplier)与其内部寻租的潜在程度完全对应。表决权乘数是用有表决权的股份除以实际拥有的股份。

② Pressian 新闻网,2006 年 11 月 24 日报道。

名被监禁。此外,三星集团的负责人实际上被判犯有非法将公司资产转移给其儿子的罪行,但起诉书是以"负责相关交易"的问题对管理人员提出控诉的。

　　经常有人认为,上述财阀附属公司的非常规管理行为不一定是为了迎合集团负责人的个人利益,而是为了服务公司利益,从而能够让公司在韩国复杂的商业环境中畅通无阻地发展。有趣的是,这种策略如果成功,在大多数情况下会带来由国家提供的外部租金。事实上,许多针对财阀附属公司不规范管理行为的法律案件已经将政府官员和政客以及财阀附属公司的集团负责人和经理牵连进来。如果获得任何外部租金,企业集团负责人就更倾向于独享租金权利,也许这些负责人认为他们应该为自己承担的风险、自身的智慧和领导能力得到补偿。也就是说,财阀附属公司的外部租金通常会转化为企业集团负责人拥有的内部租金。

　　财阀附属公司外部租金的经济性质和政治性质一直受到国际学术界的热烈讨论。[1] 韩国的经济发展一直被认为是发展型国家的典范,该国曾制定并出台产业政策,以促进国家对世界经济的积极参与。这一产业政策通过开发新的制造业违反了静态国际比较优势的新古典主义概念,而这些制造业的国际比较优势是作为国家和企业共同努力的结果被创造出来的。国家意志主要通过各种物质激励传达给企业,包括优惠政策贷款、减税

---

[1] 见 Amsden(1989) ;Evans(1995) ;Chang,H. (1994) ;Kang,C(1999)。

和免税、债务减免、独家进口许可、国内垄断、出口补贴、让渡土地、能源和原材料，甚至赦免逃税和其他各种法律和行政上的违规行为。这些按照政府产业政策开展业务的优惠条件形成了寻租政治经济，许多工业大亨在适时出口工业产品的基础上将租金巧妙与政策挂钩，从业界脱颖而出。根据姜哲圭（Kang Chul-Kyu）的估算，这些工业大亨的金融财富中，暴利租金所占比例比非企业利润本身所占比例要大得多。① 然而，正如张夏准（Chang Ha-Joon）所指出的，这些租金并非都被白白浪费了，因为韩国在国际出口中所占的份额一直在急剧上升。②

　　尽管韩国政府的产业政策并非为财阀附属公司的基于家族的所有权/管理专门进行服务，但每个财阀都以进一步强化家族统治的方式作出回应。随着战略性出口促进产业结构不断快速变化，各财阀都试图迅速实现其产业运营的多样化，以继续赚取租金。这并不意味着他们将放弃先前投资的行业，在这些行业中，他们在国内市场的垄断地位或寡头地位仍然确保其在保护性政策制度下获得稳定的利润。每个财阀最终都形成了一个可以进行统一调度的工业运营结构，在这个结构中，家族式的企业所有权和管理网络起着关键的组织杠杆作用，可以对抗企业控制权的潜在竞争者。

---

① 见 Kang, C. (1999)。姜哲圭的立场得到了卢武铉政府的政治支持，因此他被任命为公平贸易委员会（Fair Trade Commission）主席，这是一个部长级职位。
② 见 Chang, H. (1994)。

三、 规模经济、范围经济和层级经济

对于国内外对财阀船队式(seondansik)管理方式的批判,爱丽丝·阿姆斯登(Alice Amsden)发表了以下支持性意见,重点关注其功能：

> 因此,在短时间内,经营多种产品的韩国企业集团仍处于家族管理模式之中,在行业层面由带薪经理掌权,并有能力快速进入新的行业……韩国管理层似乎在可行性研究、组建工作队、购买外国技术援助、培训、设备采购、新工厂设计和建设以及运营启动等领域积累了相关经验。这一经验……让财阀成为韩国众多行业的先行者。[1]
>
> 范围经济以多样化能力的形式出现。以最低的成本和闪电般的速度进入新的行业,提高了公司在许多产品市场中的竞争能力。有了国家补贴和多元化结构,财阀的意愿开始发生转变并能够开始承担风险。[2]

阿姆斯登认为,韩国经济的持续增长离不开产业结构的快速调整和扩张,而财阀多元化且高效协调的业务结构有助于增强其国际竞争力。然而,一再强调这种潜在的范围经济并不能否认这样一个事实,即财阀的产业多元化是其寻租动机引起的。范

---

[1] 见 Amsden(1989),第 128 页。

[2] 见 Amsden(1989),第 151 页。

围经济在寻租和风险承担方面可能都具有相关性。

　　另一种类型的经济是根据财阀独特的组织结构产生的。财阀附属公司所有权(以及随后的管理)的分层控制结构是以层级经济为基础的,即以有限的资本控制尽可能多的大型公司。财阀附属公司和其最大股东(即企业集团负责人、其家族和其他盟友)之间的集团内层级结构,部分或全部涉及金字塔结构,这种金字塔结构在给定一定资本的情况下,其层级关系和层级数量可以成比例地转化为受控财阀附属公司在数量和规模上的扩大。这一层次结构中增加了财阀附属公司之间复杂的相互关系,这一相互关系又增长了相互/循环投资、债务承销等。

　　韩国社会学家张德进(Chang Duk-Jin,音译)对此的披露非常精辟:

　　　　像当权股东将自己定位在垂直层级的最高点这样的策略,在相关公司的区块关系之中得以实现,以及在(最高)区块的各个公司之间的垂直层级的最高点上得以实现——即占据"嵌套层次结构"最高点的策略——是一种使(公司)控制现金流最大化的策略。据透露,这种形式在1989年的49家最大的财阀中很常见……这里需要指出的是,能够控制整个公司集团执政股东地位需要的不是任何调动资金的个人能力,而是要能够在网络结构(公司所有权)中占据一定的地位。[①]

———————————

① 见 Chang,D. (2002),第158页。

自 1997—1998 年经济危机以来,这一趋势愈演愈烈,因为财阀试图"对现有嵌套层次结构进一步划分"并"最大限度地减少闲置产能",以实现对公司的控制。[1]

嵌套层次结构不同于简单的多级金字塔结构,因为在前一种情况下,即使是最大股东也不能完全控制任何公司。在最高层级,他/她对最高区块中的每家公司的控制是以控制同一区块中其他公司为先决条件的,这可能也只是假设的情况。从某种意义上说,企业集团负责人对财阀附属公司的控制是一种实现预期计划的产物(即通过循环逻辑进行控制)。公司控制中的层级经济在某种程度上是建立在层级假设基础上的。这是财阀组织结构中的"阿喀琉斯之踵",因为财阀附属公司所有权和管理的主要参与者之间需要完全的信任。因此,财阀集团中的核心人员仅包括家庭/亲属成员以及如家臣一般的首席执行官。[2]

所谓的"表决权乘数"是一个指标,表示对财阀附属公司所有权控制的夸张程度,计算方法是用有表决权的股份除以实际拥有的股份。公平贸易委员会在 2005 年进行的一项调查显示,财阀集团的表决权乘数为 6.78,在这些财阀当中,资产最低的为

---

① 见 Chang,D.(2002),第 159 页。
② 即使在家庭成员/亲戚和家臣之间,就像在任何其他人类社会群体中一样,信任注定会被削弱或破裂。特别是,当一些财阀创始人生病或突然去世时,他们的子女放弃了这种信任,以便先于其他兄弟姐妹抢占公司所有权的大部分。一些家臣为了建立、扩大或保护自己独立的公司所有权份额而自己参与了继承权斗争。请参阅下一节中的"王子之战"。

2万亿韩元,且处于监管之下,不允许与关联公司之间相互投资。[1]（该委员会指出,欧洲主要国家上市公司的表决权乘数值刚刚超过1,法国为1.07,德国1.18,意大利1.34,英国1.12,瑞典1.26等。）韩国财阀集团可以调整家族、受信任的管理者和其他财阀附属公司拥有的股份,这意味着他们的平均决策权比实际合法股权多出6.78倍。相关企业集团负责人及其家族的平均持股比例仅为4.94%（负责人为2.01%；家族为2.92%）。大财阀的负责人往往拥有更大的表决权乘数。令人难以置信的是,这些财阀附属公司中约有60%是由各自的负责人管理的,而他们甚至连一份股份都没有。表7.6显示,近年来,企业集团负责人对财阀附属公司所有权的过度控制并未减少,而是有所加强。

　　这种层级经济有效地扩大了企业集团负责人对财阀附属公司的控制,从而扩大了通过各种流程实现的财务利益,上一小节中对此已作出过解释。如果一个企业集团负责人的管理能力以及财阀附属公司之间的关系是高度积极的,那么就财阀附属公司得到改善的公司绩效而言,层级经济也是可以存在的。然而,并非每个财阀都必须满足这两个条件,层级制度的不经济性有时可能会破坏许多财阀附属公司,有时企业崩溃的巨大规模甚至会破坏国家经济的稳定性。这种情况在财阀的控制阶层由毫无准备的子女领导时尤其可能出现。

---

[1] 韩国联合通讯社,2005年7月12日报道。

表 7.6　受特殊投资法监管的公司中表决权乘数的变化

			(A) 所有权份额	(B) 决策股权	(C)=(B)/(A) 表决权乘数
在 2006 年或 2007 年受监管的所有公司	总投资监管	2007（11 家公司）	6.38	37.74	7.54
		2006（14 家公司）	6.36	37.65	7.47
		差额	0.02	0.09	0.07
	共同投资监管	2007（43 家公司）	9.52	40.80	6.68
		2006（41 家公司）	9.17	39.72	6.71
		差额	0.35	1.08	−0.03
在 2006—2007 年持续处于监管的公司	总投资监管（9 家公司）	2007	6.15	38.04	7.80
		2006	5.91	37.22	7.76
		差额	0.24	0.82	0.04
	共同投资监管（40 家公司）	2007	9.13	40.53	6.76
		2006	9.10	39.68	6.72
		差额	0.03	0.85	0.04

资料来源：今日货币（Money Today），2007 年 9 月 2 日。

　　尽管如此,企业集团负责人果断理性的领导可能会使财阀附属公司能够专注于公司特定的任务,如产品改进和营销,同时依靠负责人调动财政资源,确保政府合作,稳定(或捍卫)管理,甚至是约束劳工。后几种职能构成了事实层面的政府职能,而财阀附属公司则是其支持者(并且这几种职能不能被正确地概念化为阿姆斯登界定的"范围经济"的一部分)。然而,企业集团负责人不具有法律地位。其在"集团总裁"办公室的大多数决定和行动在法律上都是虚构的，实际上是通过财阀附属公司的经理而生效的。自然，企业集团的领导层并不总是温和、坦率且明智的。他们模棱两可的正式身份经常被滥用，以逃避对财阀附属公司的破坏性、欺诈性和/或非法行为的法律责任。这让检察官和法官陷入了尴尬的境地，不得不将虚构的老板绳之以法，没有多少正式证据，但有大量的间接证据和强有力的定罪——非常像针对地下犯罪组织的案件。① 层级制度不经济的一个关键组成部分在于财阀治理本身的虚构性质。作为幕后统治者的企业集团负责人，在没有正式责任的情况下行使实际权力，因此很容易沦落至经济学家所谓的"道德风险"当中。

第四节　家族资本主义的再生产：财富的继承和结构地位的继承

　　财阀领导层的继任流程与其说是一个代际转移已赚财富的

---

① 法院对财阀金融犯罪的裁决中有一个有趣的趋势，即要求企业集团负责人、家臣以及偶尔由该负责人的继承人集体承担法律责任，而没有正式构成此类集体责任的证据。如果家臣受到处罚，则认为他们承担部分或全部负责人的责任。如果该负责人受到处罚，则认为他/她承担其继承人的部分或全部责任，以此类推。在最近的一个案例中，郑梦九（Chung Mong-Gu）作为现代/起亚汽车集团的负责人，因挪用公司资金协助儿子继承汽车集团的遗产而被判入狱，而他的儿子郑义宣（Chung Eui-Sun）被判无罪，尽管有确凿的证据证明其不法行为（Ohmynews，2007 年 2 月 5 日）。

过程,实际更像是一个在纵横关联的财阀附属公司结构中,为企业集团负责人亲手挑选的继承人重建最高统治者地位的过程。仅遗产税就可以防止企业集团负责人自动将其子女任命为下一任"集团总裁"。此外,负责人的领导地位在法律上是虚构的,其前提是所有盟友股东(如其他家族成员、持股经理和受信任的首席执行官领导下的财阀附属公司)无条件接受其统治。即使指定继承人设法获得并调动足够的资本以匹配其前任,其他利益相关者出于多种原因也不一定会同意继承人的安置——兄弟姐妹之间的竞争、继承人与前任盟友经理的个人冲突,后者的竞争野心或背叛,财阀附属公司的管理者对继承人的新计划(涉及公司的成本和牺牲)的分歧等。因此,一些企业集团负责人试图为其继承人确保稳固的继承人地位,同时无限期维持其统治。每一个财阀领导层的继任都会涉及一个漫长、复杂、有争议且往往非法的过程。

因此,财阀成功地通过血统跨代继承领导权是一项非常瞩目的成就。图 7.1 显示了财阀第一阶段继承过程,主要是从创始人到他们儿子的继承过程。(一些财阀也完成了第二阶段的继任,但仍然有许多其他财阀没有完成第二阶段。)但这一成就是通过让财阀自身和国家付出沉重代价而达成的。最重要的是,由于假定的继承人实际上不可能切实获得与其前任相匹配的足够资本,因此他们使用了各种非法和/或不合理的方法来帮助积累资本和股份。例如,以"秘密资金"(据说是为了战略公司活动)为名的直接贪污行为太过频繁。在韩国高度政治化和政府主导的经济中,这些秘密资金曾被视为管理政治环境和行政环境的某种必要的弊端——甚至能在法庭上赢得法官的同情。然而,近年来,秘密资金往往被用作一种手段,以骗取企业财产进行代际转移。SK 和现代汽车等顶级财阀的负责人和继任者在跨代领导人继任过程中盗用了各自财阀附属公司的秘密资金,在法庭上被判有罪。[1]

由血亲继承	=由同一代人继承(例如由兄弟继承)(1)	
	=代际继承	
	=由孩子继承	=长子继承(14)
		=由次子或者其他的孩子继承(3)
		=公司分割由多个孩子共同继承(2)
		=由联合创始人的子女继承(1)
	=由女婿继承(1)	
由职业经理继承(1)		

图 7.1 财阀继承模式的分布(总数 =22)
资料来源：Cho，D.(1991)，第 408 页。

此外还有另一个更为狡猾的方法,即命令财阀附属公司以低于预计的低价秘密向指定继承人发行可转换为股份的债券。企业集团负责人依照法律(即在缴纳赠与税后)将其部分现金资产给予继承人,以便后者购买可转换为股份的债券,继承人最终在其债券转换为股份后,在相关财阀附属公司或整个企业集团

---

[1]《纽约时报》(*New York Times*),2008 年 4 月 24 日。

中确立支配地位。最大的财阀集团三星因为这种操作，导致一些值得信赖的首席执行官被正式定罪而后被监禁，其罪名为发行价格不合理、导致亏损的相关财阀附属公司的可转换为股份的债券。① 参与连带一直在追查三星的总帅，并认为其是法庭案件事实成立的罪魁祸首。

　　一种更经典且几乎通用的方法是强迫财阀附属公司与假定继承人设立的公司进行不公平的内部交易。这些新兴公司如果能够持续发展，将成为继承人控制整个企业集团的核心基础。市场上的不公平交易几乎都会涉及财阀之间的内部交易、损害其他对手企业的利益、逃避公共税收。此类交易会涉及假定继承人新创办的公司，在这样的情况下，由于低售价、高买价或者购买的商品和服务质量差，即使是相关财阀附属公司的利益也往往会受到严重损害。事实上，在推进领导层继任的过程中，没有一个财阀不存在这种经济违规行为。如果继承人新创办的公司设法掩盖其对财阀附属公司不法行为的依赖，那么前者的增长数据将被用作继承人管理能力的假定证据。然而在反面案例中，如三星和现代汽车财阀的潜在继任者，由他们领导的新兴公司，其业绩记录持续创造新低，非常令人沮丧。这同时也给作为商业伙伴的父辈财阀附属公司造成了巨大损失。这些行为构成了贪污行为事实，被非政府组织称为"篡夺公司机会"，同时被法庭依法起诉。此外，此类做法还威胁到一些依法经营的财阀附

---

① 见 Gwak, N. et al.（2001）。

属公司的稳定性,有时甚至威胁到依赖此类财阀附属公司的整个企业集团的稳定性。

　　通过各种方式,大多数企业集团负责人都成功地为他们偏好的继承人获取了足够的资本或股份,但在说服或强迫其他家族成员和财阀附属公司的高级首席执行官完全接受所挑选的继承人方面,他们的成功率要低得多。财阀可以被概念化为家族资本主义的一种形式,因为这些联盟股东和公司管理者在行使股东权利和管理权威时,愿意无条件地服从父权制企业集团的领导。这种从属关系(或合作)不一定取决于企业集团负责人基于资本所有权的制度化权力,但需要一定程度的家族团结力量(在集团负责人和家族成员之间)和长期的客户主义关系(在财阀附属公司的负责人和高级首席执行官之间)。① 这些形式的社会资本不能仅凭集团负责人的意愿或声明在代际进行转移。相反,假定继承人与首席执行官的其他子女之间的对立和嫉妒,以及选定继承人与首席执行官之间的冲突,往往是导致领导层继任出现严重危机的原因,有时也是导致企业集团自身生存危机的原因。领导层继任过程中的不确定性和不稳定性这两个因素有时是错综复杂的——特别是当企业集团负责人去世或在领

---

① 破产的韩宝集团(Hanbo Group)负责人郑泰守(Chung Tai-Soo)就员工经理的
　地位发表的评论就是这一现象的缩影。在国会关于向其公司非法贷款的听
　证会上,他对一个根据员工经理的供述提出的问题进行反驳:"一个长工(对
　重大事件)能知道什么?"长工(meoseum)是一个韩语词,表示男性佣人。
　(www. donga. com/fbin/news_plus? d = news82&f = np082bc040. html)

导层移交完成之前被停职的情况下。（本章附录"王子之战"描述了现代汽车财阀集团领导层的一个典型案例，在这方面具有很强的说明性。①）

　　由于在沿着集团负责人血统的任意领导层继任过程中出现了种种法律、社会和道德问题，因此从长远来看，拥有积极的管理能力可能有助于平息其他家族成员的抱怨和来自社会的批评。正是这种被寄予厚望的事后合法化的可能性，经常导致继承人操之过急，冒险使用高风险的企业运营方式和不切实际的新项目，从而对其企业集团和个别财阀附属公司造成无法弥补的损害。想要通过超越父辈的方式来重申其集团领导地位，这种强烈愿望往往成为个人和企业失败的致命原因。特别是在 20 世纪 90 年代的经济扩张运动和由此引发的国家金融危机期间，几位继承人轻率的行为导致其企业集团立刻陷入了财务破产——甚至包括真露（Jinro）财阀，该财阀过去实际上是韩国谷物酒的垄断企业，这是韩国几十年来盈利最高且最稳定的企业之一。②

　　韩国工业资本主义的家族性质在财阀的领导层继任过程中表现得相当明显。财阀结构的社会再生产常常将各种家族社会关系和冲突转化为主要工业部门其组织基础的关键条件、风险和问题。由于财阀在大多数行业中占据压倒性地位，因此一个

① 见 Sakuwa（2003）。
②《世界日报》（*Segyeilbo*），2007 年 11 月 14 日报道。

企业集团负责人的家族事务会立即上升为国家经济事务。然而,他们所谓的创业能力与按照商业原则形成、培训和管理家族的策略并不匹配。因此,韩国资本主义的公司治理承受着固有的且长期存在的结构性不稳定性。

第五节　政治经济的家族融合：财阀员工与婚姻网络

根据前文的分析不难推断出,财阀在结构上对政治治理和廉洁治理构成了威胁。财阀的基本组织性质要求其与行政、政治和司法精英之间存在连带关系。企业集团负责人干预独立财阀附属公司、对财阀附属公司间交易的管理和控制是不合法的,甚至其所有权状态也严格取决于财阀附属公司间相互/循环投资所创造的虚拟资本。集团负责人经常滥用权力专断集团事务、积累个人财富、牺牲联合公司的利润、造成公共损失(如未缴税款等),有时还直接挪用公司资金。负责人试图通过血缘关系转移集团领导权,这一操作通常会涉及对财阀附属公司资源的侵吞。这些行为作为财阀的生存之道,如果没有负责公平贸易、金融、产业政策、税收、起诉、法院等的公职部门的默许,都是无法维持下去的。或者,财阀可能需要与专制国家领导人或专制政权合作,这些领导人或政权可以推翻这些公职部门为伸张正义而对财阀作出的任何决定以及采取的任何行动。

虽然财阀尝试公然贿赂官僚和政客的行为并不罕见,但他们与精英阶层的密切联系已经确立并持续成为一种广泛的政治经济文化,在这种文化中,腐败和合作的界限在两党的判断中都非常模糊。正如许多有说服力的报道所解释的,韩国的发展型国家策略促进了财阀的形成,并将其作为受监管的工业化和出口导向型增长的战略工具。[1] 政府的工业发展计划有时以财阀的企业集团结构为前提,这将有助于实现规模经济和范围经济。这些举措往往伴随着各种形式的租金(即补贴、优惠利率、减税等),并期望财阀通过对经济发展作出企业贡献和向负责办公室、官员或政客——包括一些国家元首支付回扣来补偿这些租金,那些国家元首后来都因涉及此类款项而被判入狱。

在战略上对财阀依赖了几十年后,政府及其金融部门(即公共和半公共银行)意识到整个国民经济都将赌注押在了财阀身上,因此一直对财阀在企业管理、市场控制和金融运作方面的不合理做法视而不见。但检察官和法官对财阀无休止的违法行为也感到不安,考虑到财阀所谓的"对国民经济发展"和/或"国民经济的稳定作出的贡献",他们对财阀予以赦免。[2] 财阀有很多种方式诉诸法庭,并感谢官僚、银行家、检察官和法官的宽大处理——包括最终选择以支付薪资的条件聘用他们。这些由公职转为雇员的人将充当游说者,以确保其公职部门人员对此进行宽大处理,并充当制定违反法律策略的角色。表 7.7 中,三星财

---

[1] 见 Amsden(1989);Chang, H.(1994);Evans(1995);Kim, E.(1997);Weiss (1998)。

[2] 此类案件简直数不胜数。作者目前正在对财阀经济犯罪的检察调查和法院裁决中司法实践的政治经济性质进行单独研究。

阀的案例——据说在这方面最具侵略性——系统地显示了该集团在哪些领域需要政府官员的特别支持和宽容处理。

表 7.7 三星财阀的官僚转职员工在三星之前的政府隶属关系

部门/办公室	数量	比例/%
金融与经济	20	19.80
金融监管	18	17.82
税收管理	12	11.88
公平贸易	7	6.93
工业和资源	7	6.93
行政检查	5	4.95
总理办公室	4	3.96
总统秘书处	4	3.96
警察部门	3	2.97
军队	3	2.97
司法	2	1.98
健康和福利	2	1.98
教育	2	1.98
其他	12	11.88
总计	101	100

资料来源：参与连带（2005），第 17 页。

注：包括韩国行政层级中的五等及更高级别官员。

　　将行政和政治精英纳入财阀家族资本主义的一个更加根本的方法是与他们建立法律上的家庭关系（见图 7.2）。关于财阀婚姻网络的研究表明，韩国商界精英倾向于选择政府部长和其他高级官员的女儿作为儿子的配偶，选择其他商界精英成员的儿子作为女儿的配偶。由于大多数商界精英都会让儿子继承大

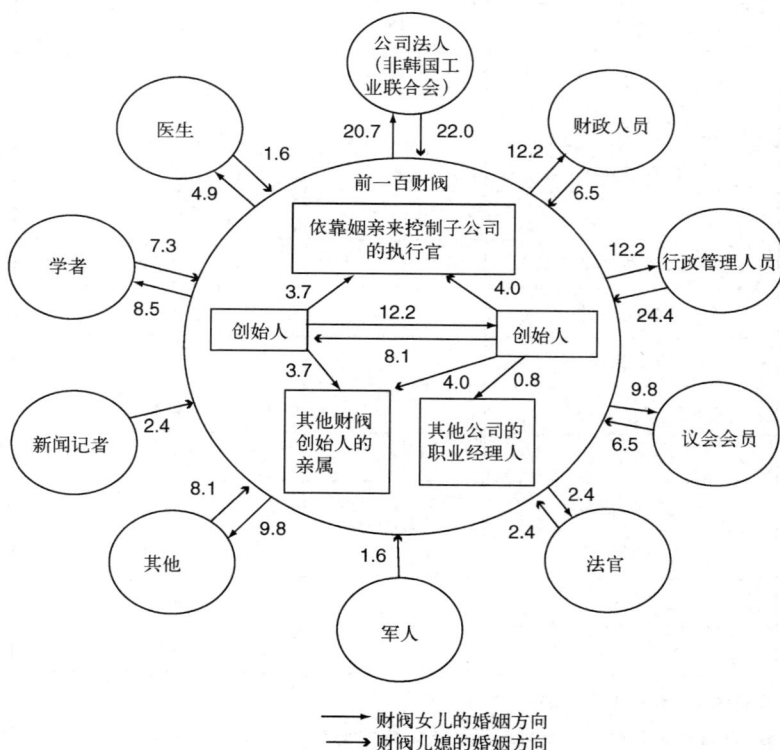

图 7.2　财阀创始人子女的婚姻模式（单位：%）

资料来源：《首尔经济日报》（*Seoul Economic Daily*,1991），第 6 页。

部分企业财富和管理权力,他们似乎试图通过儿子的婚姻同政治精英和官僚精英建立社交网络。相反,商界精英似乎希望自己的女儿嫁到那些愿意转让商业财产的家庭中去。韩国人即使在成年子女结婚后也倾向于同他们保持牢固的联系,所以这些婚姻网络将成为财阀商业活动的非常有用的环境资源。

第六节 没有资产阶级，就没有民主？ 民主政治下的财阀革命

20世纪80年代末民主制度的突然到来造成了一个讽刺性的长期性后果,就是使财阀在其与政府和公民社会的关系中得到权力。朴正熙及其军事继承人领导下的专制发展主义政府,过去常常通过控制媒体和司法机构来统治国家。[1] 这些所谓的告密者并没有被专制政权释放,原因很明显:他们的政治权力是通过政变非法夺取而来的,他们与财阀的所谓发展性联盟造成的腐败规模异常惊人。虽然韩国政府在1987年后经历了程度较深的民主化,但其以前的威权发展统治工具——即财阀、司法机构和主要报刊——坚决抵制进步性政治发展和经济改革。事实上,在挑战渐进式民主化的过程中,财阀已经能够与报业、法院、经济部和军方起源的保守政党等群体中占主导地位的保守

_____

[1] 见 Park, S. and K. Chang(2001)。

派一起组成新的联盟。① 虽然之前的民主捍卫者在连续三届总统在任期间成功地把握住了国家领导权，但保守党联盟有时会通过操纵公众舆论、主导议会和地方政府选举、诱导经济政策在行政上让步、用保守的法庭判决推翻进步主义等方法来压制进步派领导人。实质上，这一联盟以财阀的财务实力为核心，基本上是"分配性"的，而不是发展性的。②

　　在这种背景下，对财阀进行监管和改革已经成为一项政治项目，同时也是一项经济政策。国家领导层为财阀改革所做的任何努力都无法避免对经济官僚和司法官员造成内部破坏，也无法避免主要报刊和保守派政客作出的外部批评。当然，不管财阀问题如何，这些团体都会对进步政治体制的政治可行性持续发起挑战。财阀乐于利用保守派国家机构和报刊的对立立场，更不用说被罢黜的保守派政客与新上任总统对抗的局面——这些总统的进步政治背景预计会促进进步性的经济改革。金泳三总统无力控制这一反动联盟，在 20 世纪 90 年代中期引发了经济失控的局面，在日本和西方贷款突然撤出的情况

---

① 见 Eun Mee Kim(1997)关于稍早几年财阀逐渐积累并表现出与国家组织物质平等和政治平等的描述。

② 见 Olson(1971)，《集体行动的逻辑：公共商品和群体理论》(*The Logic of Collective Action*: *Public Goods and the Theory of Groups*)。在这一具有里程碑意义的集体行动理论分析中，奥尔森(Olson)将"生产性"和"分配性"联盟描述为现代社会中两种对立的集体行动或实体。广义上说，一个发展性联盟如果成功地带来了发展性变革，就可以被视为一种生产性联盟。

下,这一局面立即导致国家陷入金融破产。财阀过度扩张所触发的国家经济危机,让下一任总统金大中至少需要对财阀的所有权结构和管理实践进行小规模改革,虽然这实际上并非他所想要实行的政治意愿。

　　国家发展的倒退趋势不仅限于财阀改革方面。事实上,民主本身的可行性也已经岌岌可危。随着军方的政治野心被有效地削减,财阀毫不掩饰的收买国家权力的意图似乎成为韩国不成熟民主发展的下一个历史障碍。一开始,现代财阀的负责人郑周永试图通过 1992 年的总统竞选来接管国家领导权。虽然他并未成功,但结果证明他是非常有竞争实力的。十年后,他的第六个儿子成为最受欢迎的总统候选人之一,但在一项有争议的、基于调查的执政党统一总统候选人资格认定中以微弱劣势落败。(获得候选人资格的是卢武铉,他最终当选总统。)三星财阀在总统选举中采取了另一种更具欺诈性的做法,比如利用其实际控制的一家主要报刊歪曲现实、操纵舆论,并向保守派候选人提供价值数千万美元的非法政治资金。韩国驻美国大使洪锡炫(Hong Seok Hyun)(三星会长李健熙[Lee Geon Hui]的妹夫、三星旗下《中央日报》[JoongAng Daily]的前任和现任发行人)在被一段窃听录音揭露自愿为三星提供非法政治捐款后被迫下台,成为一桩国际丑闻。三星的此类政治不端行为似乎更加展露了三星的政治自信,而不是其战略上的野蛮行为,因为无论是洪锡炫还是三星会长李健熙都没有被判入狱。正如报道讽刺性地将韩国的现状描述为"三星民国"(与大韩民国相对)的缩影,三星率先采取了大胆的社会举措和政治举措,公开控制政治、行政和公众思想。①

正如前一节所指出,财阀的基本组织性质需要其与行政、政治和司法精英建立紧密联系。由于当今韩国独特的政治历史背景,许多与财阀勾结的行政、政治、司法和传媒精英人士做出如此行径都带着主观意识形态信念。正是这种具有讽刺意味的反民主态度,让本应属于民主机构的专业运营商被财阀利用以谋取其不正当利益,且助长了这种态度的滋生。韩国直到最近才成功恢复了政治竞争的民主程序,随着民主发展的深化,现在其发展主要取决于法院、检察机关、媒体等方面的民主改革。然而,这些机构与财阀间自以为是的勾结行径严重阻碍了这种政治需要,而且可能导致民主退化成为保守寡头政治。

进步派政权在与保守党联盟斗争中的表现令人失望,并且工会支持的政党(民主党)继续与低支持率作斗争,因此由公民活动人士和批判性知识分子领导的非政府组织成了最有效的反制力量。尤其正如前面所指出的,连带参与发起了如今国际知名的运动,反对一直以来财阀的有争议行为和腐败行为。该非政府组织成功地将主要财阀的财阀附属公司及其统治家族的许多可疑决策和交易告上法庭,此外还不断向政府施压,要求其履

---

① 见 Ju,C.(1997);Cho,I.(2005)。

行监督财阀的法律职责。①

　　非政府组织迫使财阀及其赞助者在经济和政治方面实现公正，取得了较为瞩目的成就，却并没有从根本上改变国家政治格局，财阀支持的保守派联盟一直在加强其主导地位的影响力。尽管如此，这个联盟是否能够形成稳定的霸权主义，以及在这种情况下财阀是否会真正地主导政府，仍有待观察。② 大多数保守派政党的政治根源不是资产阶级巨头统治，而是发展型国家主义，在这种国家主义中，工业发展曾经服从于政治权威。在财阀接管政治指挥权的情况下，他们是否比起重商主义民主更倾向于真正的自由民主，这一点仍然是有待商榷的，在重商主义民主中，公共服务和对私营企业的支持优先于基层社会公民权利。根据小巴林顿·摩尔（Barrington Moore，Jr）的观点，自由资产阶级是西方政治史上民主的首要社会必要条件，③那么韩国是否能

――――――――――

① 该非政府组织的知识领袖之一张夏成（Chang Hasung）教授甚至成立了韩国公司治理基金（Korea Corporate Governance Fund）。这是一个规模庞大的投资基金，将用于警告许多财阀在企业所有者、融资和/或管理控制方面的不择手段（《Edaily》，2006 年 8 月 24 日）。韩国公司治理基金现在吸引了大量全球投资者。

② 2007 年 12 月 19 日，韩国人选择保守党大国家党的李明博为下一任总统，使他获得广泛胜利。李明博作为现代建筑公司（曾是朴正熙发展主义统治时期最重要的公司分支之一）的前首席执行官，成功地宣传了他的创业生涯，将之作为他担任总统的主要理由（Chang, K.，2008）。国会议员郑梦准（Chung Mong-Jun）是现代财阀创始人郑周永的儿子，他毫不犹豫地终止了自己的政治独立，加入了李明博的政党。一个有趣的问题是，身为一家财阀附属公司前首席执行官但不是财阀负责人家族成员的李明博，在多大程度上代表了财阀。

③ 见 Moore（1966）。

够拥有真正的自由资产阶级？

附录　"王子之战"（现代集团财阀的继任斗争）

现代集团总裁郑周永的八个儿子中,二儿子郑梦九和五儿子郑梦宪（Chung Mong-Heon）在商业上尤其活跃且雄心勃勃。作为企业集团领导者,郑梦九的未来似乎充满希望,但郑周永最终在 2000 年决定让郑梦宪担任唯一的"现代管理咨询委员会主席"（即现代财阀的负责人）,并且要求郑梦九专攻汽车工业。但是,郑梦九反抗了父亲的决定,在没有明确授权的情况下,罢免郑梦宪在现代证券公司（现代的核心金融公司）的主要高级助手,并任命自己的合伙人经理为该公司的首席执行官。郑梦宪试图通过诉诸郑周永来废除郑梦九,郑周永也再次明确对于郑梦宪的支持态度。后来,郑梦九成功说服另一位兄弟郑梦准,起诉郑梦宪的两家公司及其首席执行官,原因是其给郑梦九的核心公司现代重型机械造成了财务损失。郑周永去世时,并没有稳固郑梦宪的企业集团领导地位。三年后,郑梦宪本人也去世了,他在 1997—1998 年国家金融崩溃引发的金融危机中为了拯救现代企业集团苦苦挣扎,但未能成功。他的妻子玄贞恩（Hyun Jeong-Eun）宣布自己是现代集团的合法继承人,但这一次,郑周永的弟弟郑世永（Chung Se-Yeong）通过收购现代集团主要财阀附属公司的股份对她的地位发起挑战。与此同时,现代汽车和现代重型机械从最初的现代财阀集团中分离出来,并发展成为分别由郑梦九和郑梦准控制的独立企业集团。当然，全部的这场家族内斗背后的动机或战略利益是在集团中占据领导的战略地位，由此可以全面控制几乎所有的财阀附属公司，包括公司管理和个人财富。在现代公司组织转型的这些波折中，只有郑周永的家族成员及其附属公司的首席执行官有发言权，而其他普通股东的意见则无人考虑。

　　这一系列的内斗丑闻自然引发了公众的强烈不满，似乎推动政府更加强烈地表达了对财阀改革的承诺。但真正令人惊讶的是一个企业集团负责人的绝对权威在企业内部崩塌，而这个负责人自朴正熙时代以来就一直是韩国财阀界的代表人士。韩国媒体试图武断地代表公众的愿望，即希望韩国知名财阀立即恢复强有力的领导。① 对于韩国人来说，兄弟姐妹——大多指儿子——围绕企业集团领导层展开恶斗的现象并不奇怪，在决出胜负后，这场内斗很快就会为人们所遗忘。但这种兄弟间的争斗如若毫无节制地进行，往往会对兄弟间的情感和财阀企业稳定性产生长期影响。事实上，企业集团领导层的继任程序完成之后，过一段时间，一些兄弟之间（或一般家庭）还会反复上演诸如此类的争斗。例如，在斗山财阀恶名昭著的"兄弟之战"中，两个兄弟已然上了一定年纪，却在各自担任集团领导期间公开指控对方的欺诈和犯罪行为，最终在法庭上被判入狱。

---

① 《今日传媒》(*Media Today*)，2000 年 3 月 30 日报道。

第八章 | 去家庭化政治

第一节 进入 21 世纪后的人口冲击

21 世纪初,韩国学者和政策制定者发现人口统计数据不同寻常,他们对此感到非常困惑。① 官方的年度人口统计表显示,韩国的总生育率已降至几乎世界最低水平。② 除中国香港外,只有东欧一些所谓的转型国家表现出相对较低的生育水平。香港是一个特别行政区,由于同中国内地的一体化,其正在经历制度上的变迁。许多东欧国家在从国家社会主义向市场资本主义的制度转型期间所面临的极端政治不稳定性和经济萧条局面,与生育率的下降不无关系。在富裕国家中,日本以及意大利、西班牙等南欧国家的生育率相对较低,但这些国家与韩国的差距并不小。韩国专家对这一数字感到非常震惊,在公布数据之前甚

---

① 本章根据张庆燮 2004 年的早期文章(《韩国的去家庭化:压缩现代性的人口维度》[Defamiliation in South Korea: The Demographic Dimension of Compressed Modernity],《韩国研究国际评论》(*International Review of Korean Studies*) 1(1): 117—138),使用客观统计数据和文件进行了改写、重组和更新。

② 例如,2002 年为 1.17(《2002 年活产和死亡统计年度报告:基于生命登记》 [*2002 Annual Report on Live Births and Death Statistics: Based on Vital Registration*][国家统计局,2002])。

至对其进行了反复检查。

许多学者试图以 1997—1998 年国家经济危机所造成的社
会和经济压力来理解生育率的急剧下降。但生育率的快速下降
只发生在国民经济反弹的年份中。虽然缺乏足够的理论来解释
生育率下降异常的情况,但这并未阻止韩国政府宣布对其生育
政策进行历史性改革。2003 年 4 月 4 日,保健福祉部部长金花
中(Kim Hwa-Jung)向总统报告,她的办公室将发起一项产前政
策倡议,为有新生儿的家庭提供生育和育儿津贴以及税收减免
和教育津贴。① 尽管过去较为激进的计划生育制度很大程度上
仍然存在,但从鼓励更小的家庭到鼓励更大的家庭这一政策转
变,成为韩国打破变革速度世界纪录的另一个政策领域。

第二节　韩国家庭的"正常危机"

生育率急剧下降,以及许多其他可能被称为去家庭化
(defamiliation)的迹象——避免、推迟、减少、逃避的社会倾向和
行为,和家庭关系破裂(其各种征兆见本章第四节)——如果考
虑到韩国人在社会、经济甚至政治生活中对家庭的执着,这尤其
令人费解。尽管近几十年来经济、社会和政治发生了爆炸性的
快速变化,但以家庭为中心被认为是韩国文化的一个持久特征。
在殖民、战争、军事统治和工业化的动荡过程中,他们无法向国

---

①《世界日报》,2003 年 4 月 5 日报道。

家或地方社区寻求物质保护、身体保护或心理保护。相反，他们
只能通过家庭支持和保护来应对各种危机，探索新的机会，维持
社会身份。如本书前几章所示，韩国人的家庭主义（gajokjuui，指
以家庭为中心）是应付 20 世纪中期以来迅速的社会、政治和经
济变化的关键机制。那么，为什么他们现在如此不愿意在身体
上保护家庭呢？

　　简而言之，韩国人以家庭为中心的观念导致了国际上前所
未有的生育率下降。的确，韩国存在许多导致生育率下降的"常
见"原因。例如，极快的工业化将农村人口吸引到城市工厂、办
公室、商店和学校，从而将他们转变为现代无产阶级或半无产阶
级，根据约翰·考德威尔（John Caldwell）的说法，现代无产阶级
和半无产阶级的家庭状况使大家庭成为一种非理性的选
择。① 城市化（以及随之而来的无产阶级化）的速度是韩国超过
所有其他国家的又一个领域（见表 8.1）。韩国人的教育水平和
生活水平的提高也同样迅猛。特别是，女性的教育进步不可避
免地使怀孕，有时甚至使结婚成为一种严重的个人牺牲。然而，
仅靠这些常见因素，既不能解释生育率的暴跌，也不能解释与家
庭有关的生活其他方面发生的同样迅速而深刻的变化。离婚、
分居、遗弃家庭、晚婚和单身生活都在以惊人的速度增加。与出
生率下降一样，这些都是家庭关系和家庭责任的负担过重的
征兆。

---

① 见 Caldwell(1982)。

表 8.1　城乡人口再分配与总生育率变化

	1960	1970	1980	1985	1990	1995	2000	2005
城市（洞）	28.00%	41.20%	57.30%	65.40%	74.40%	78.50%	79.70%	81.50%
农村（邑，面）	72.00%	58.80%	42.70%	34.60%	25.60%	21.50%	20.30%	18.50%
总生育率	6.00	4.53	2.83	1.67	1.59	1.65	1.47	1.08

资料来源：《统计数据中的韩国形象》（The Image of Korea Seen through Statistics）（国家统计局，2000b），第 41,45 页；每年的《年度人口变化（总体、生育率、死亡率）统计数据》（Annual Statistics on Population Changes ［General, Fertility, Mortality］）（国家统计局）。

注：总生育率是指假定在给定时间内所有生育年龄（15—49 岁）的妇女的平均生育人数。

　　韩国人以家庭为中心的生活并不以统一的家庭意识形态为前提。相反,由于爆发式的社会和经济转型以及压倒性的西方影响,韩国人在家庭生活和家庭关系方面的价值观和规范变得比大多数其他国家更加多样化和复杂。正如第二章所讨论的,韩国人同时受到儒家家庭主义、工具家庭主义、情感家庭主义和个人主义家庭主义的影响。不同的人根据他们的世代、地区、性别和教育背景,在不同程度上接受了这些家庭意识形态。因此,每个家庭现在都面临着不同家庭意识形态之间的矛盾所造成的心理紧张和冲突,以及由这些多重意识形态规定的不同家庭角色和责任所产生的功能负担。

第三节　国家的功能与功能障碍

　　韩国政府试图解决家庭意识形态冲突带来的心理困难和功能困难,但是给予家庭的帮助远远不够。相反,政府经常因其前后矛盾、随意的社会政策而被批判,这些政策无端加剧了问题的严重性。如前所述,大多数政府表面上都在尝试推广儒家家庭意识形态,认为这是社会和政治上的权宜之计,但这一国家政策实际上反映并因此永久化了四种家庭意识形态的共存状态。

　　下面列举一些案例。国家采取了以家庭支持的儒家规范为基础的(非)福利政策;教育政策和经济政策以个人家庭为工具来调动财政和人力资源,以形成国家的大部分人力资本;该国的劳工政策融入了西方现代亲情家庭观念,在这类家庭中,养家糊口的男人和其妻子分别占据着"不同的领域";一种新的关爱儿童的价值观曾作为计划生育政策的一部分被提出;最近的消费和媒体政策推崇年轻人(更不用说女性)作为独立的物质和文化消费者;目前正试图通过协助女权运动并与其合作推行"国家女权主义",倡导张扬女性个性。有趣的是,所有这些与家庭直接或间接相关的政策的制定和实施都没有一个总体政策框架或协调组织机构。

如前所述(见第四章),韩国的家庭政策具有的一致性,仅仅体现在国家一直鼓励,有时甚至强迫私人家庭承担抚养、保护、教育、惩戒、安慰、支持和护理这些所有繁重的任务。如表8.2所示,五花八门的家庭负担实际上是对已婚妇女的一种奴役,根据2006年的一项全国性调查,她们平均每个工作日为家庭护理劳动花费11小时3分钟(丈夫为45分钟),每个周六或周日花费12小时44分钟(丈夫为2小时20分钟)。单独来看,在表8.3中,即使是有工作的母亲,也必须在每个工作日提供7小时14分钟的家庭护理劳动,以及在每个周六或周日提供11小时33分钟的家庭护理劳动。保守的国家和父权社会合谋让韩国的母亲肩负起一个缺乏有意义社会责任的资本主义制度。

正是通过这种方式,韩国政府能够节约社会政策支出,同时在经济和军事项目上加大支出。在所谓的"发展自由主义"模式下,国家试图最大限度地减少社会服务和安全方面的支出,从而最大限度地增加用于追求发展项目和支持私营行业的资金。[①] 1997 年，当国家金融危机爆发时，该国甚至不具备最低限度的社会安全网。新自由主义的经济危机管理战略进一步加剧了这种情况的严重性，国家甚至要求失业的韩国人向本就已经贫困的家庭寻求帮助。

表 8.2　妻子和丈夫的每日家庭护理劳动时间

	工作日		周末	
	妻子 (数量 =391)	丈夫 (数量 =391)	妻子 (数量 =391)	丈夫 (数量 =391)
保洁	48 分钟	4 分钟	48 分钟	8 分钟
做饭	3 小时 19 分钟	4 分钟	3 小时 54 分钟	14 分钟
家务劳动	1 小时 50 分钟	2 分钟	1 小时 48 分钟	9 分钟
情感关心	2 小时 8 分钟	25 分钟	2 小时 41 分钟	1 小时 13 分钟
睡觉	55 分钟	3 分钟	1 小时	6 分钟
厕所	18 分钟	1 分钟	21 分钟	2 分钟
外出	1 小时 10 分钟	5 分钟	1 小时 41 分钟	24 分钟
医疗护理	11 分钟	1 分钟	10 分钟	1 分钟
教育	24 分钟	1 分钟	20 分钟	3 分钟
总计	11 小时 3 分钟	45 分钟	12 小时 44 分钟	2 小时 20 分钟

资料来源：Chang, H. et al.（2006），第 104 页。

---

① 见 Chang, K.（2006）。

表 8.3　工作和不工作的妻子的每日家庭护理劳动时间

	工作日		周末	
	工作的妻子 （数量=148）	不工作的妻子 （数量=253）	工作的妻子 （数量=148）	不工作的妻子 （数量=253）
保洁	39 分钟	54 分钟	48 分钟	48 分钟
做饭	2 小时 12 分钟	3 小时 58 分钟	3 小时 30 分钟	4 小时 8 分钟
家务劳动	1 小时 5 分钟	2 小时 17 分钟	1 小时 34 分钟	1 小时 55 分钟
情感关心	1 小时 16 分钟	2 小时 39 分钟	2 小时 31 分钟	2 小时 46 分钟
睡觉	32 分钟	1 小时 8 分钟	48 分钟	1 小时 8 分钟
厕所	10 分钟	23 分钟	15 分钟	25 分钟
外出	58 分钟	1 小时 17 分钟	1 小时 39 分钟	1 小时 43 分钟
医疗护理	7 分钟	13 分钟	7 分钟	12 分钟
教育	16 分钟	28 分钟	20 分钟	19 分钟
总计	7 小时 14 分钟	13 小时 17 分钟	11 小时 33 分钟	13 小时 25 分钟

资料来源：Chang, H. et al.（2006），第 105 页。

　　总之，国家政策加重了私人家庭的负担，从而加速了生育率下降和其他去家庭化趋势。这增加了计划生育在国内的直接影响。现在，由于人们已经清醒地认识到修订人口政策的必要性，因此必须重新考虑国家对私人家庭的多方面和长期的功能依赖性，以便制定新的有效生育政策。即使是保守的发展主义国家也不能忽视未来劳动年龄人口在数量和比例上明显的下降趋势。同样，如果国家要寻求家庭配合，以加强国民经济的人口可持续性,就不能忽视一个事实,即最近生育率下降是一种极端的现象——过度开发人口引起的家庭罢工(family strike)。

第四节　去家庭化趋势：减少、退出、推迟、抗议

在全面实现现代经济、社会和政治转型方面,韩国对私人家庭依赖性非常之高,而这种依赖通过相互矛盾的多样性家庭意识形态而被合法化。压力和疲劳在韩国人的家庭生活中普遍存在,这是无可避免的。正是在这种背景下,人们做出了各种尝试来避免或减轻家庭负担,造成了明显的去家庭化倾向。世界最低的生育率并不是韩国去家庭化中唯一一个较为严重的征兆。许多其他征兆,如离婚、分居、离家出走、晚婚和单身现象,也在以惊人的速度蔓延。

20世纪60年代中期至80年代初,韩国的生育率出现了人类历史上最剧烈的下降,此后,韩国的生育率在20世纪80年代中期后趋于稳定,甚至在90年代初略有恢复。也许后几年有利的经济条件让韩国人有了更多的孩子。然而,此后生育率又开始稳步下降(见表8.4)。由于当时韩国的工业化和伴随而来的城市化基本上已经完成,所以无产阶级化理论没有对此提供充分的解释。这一趋势在20多岁的女性中最为明显。无论是犹豫结婚、推迟生育,还是计划无子女婚姻,年轻女性(和年轻男性)越来越害怕组建和支持一个有子女家庭的负担。

表 8.4　按年龄划分的生育率（各年龄组每 1000 名女性）

	1992	1993	1994	1995	1996	1997	1998	1999	2000	2001	2002	2003	2004	2005
15—19	4.7	4.4	4.0	3.6	3.3	3.1	2.9	2.6	2.5	2.2	2.7	2.5	2.3	2.1
20—24	82.8	72.7	66.0	62.9	58.8	54.5	48.0	43.5	39.0	31.6	26.6	23.7	20.4	17.9
25—29	188.9	178.8	179.6	177.1	167.6	161.5	153.4	148.1	150.6	130.1	111.3	112.3	104.6	92.3
30—34	65.1	64.2	68.0	69.6	71.1	73.2	73.2	72.9	84.2	78.3	75.0	79.9	84.2	82.4
35—39	12.6	13.8	14.7	15.2	15.5	16.0	15.8	15.4	17.4	17.2	16.7	17.3	18.6	19.0
40—44	1.8	2.0	2.2	2.3	2.4	2.5	2.5	2.4	2.6	2.5	2.4	2.5	2.5	2.5
45—49	0.2	0.2	0.2	0.2	0.2	0.2	0.2	0.2	0.2	0.2	0.2	0.2	0.2	0.2
一般生育率	59.6	56.6	56.3	55.0	52.2	50.3	47.3	45.1	46.4	40.4	35.7	35.9	34.7	32.1
总生育率	1.78	1.67	1.67	1.65	1.58	1.54	1.47	1.42	1.47	1.30	1.17	1.19	1.16	1.08

资料来源：《活产和死亡统计年度报告（基于生命登记）》（国家统计局，2002—2006）的生育相关数据。

注：一般生育率表示每 1000 名 15—49 岁女性的生育人数。

生育率的急剧下降伴随着人口性别分布的严重不平衡。在适应现代工业和城市中无产阶级的生活条件时，韩国人毫不犹豫地放弃了对大家庭的传统偏好，但并没有放弃对儿子的偏好。他们精明地监控（甚至勾结）父权资本主义经济和威权政治，并尽最大努力确保至少生一个儿子。随着自我施加的生育限制，至少生一个儿子的可能性严重降低，性别检测和女性胎儿堕胎现象变得猖獗。毫不奇怪，这种残酷的实用主义大多是在女儿作为第一个孩子出生后才开始实行的。医学界在这一社会趋势中发现了一个有利可图的商机，而国家不愿意因为这些非法、更不用说不道德的行为惩罚医生或他们的客户。因此，韩国的人口发展成了世界上性别分布最不均衡的人口之一。如表 8.5 所示，韩国人在 20 世纪 90 年代仍然表现出这种"战略性"生育行为。

同时，政府也在"向上"努力缩小家庭规模。对于大多数年轻的已婚夫妇来说，同居的成年子女将照顾年迈父母（以及对方父母）的传统期望要么不切实际，要么无法接受。事实上，显然大多数中年甚至老年父母已经不再希望在晚年与已婚子女生活在一起。① 绝大多数韩国人，包括年轻人，认为赡养年迈的父母是一种孝道。但他们自己是否真正履行了这一职责则完全是另一回事。如今，韩国父母倾向于对子女繁重的家庭生活保持同

---

① 见 Choi, S. (1992)。

情,避免过多地责怪子女没有像过去那样提供孝顺的照顾。① 在这种背景下,年轻夫妇与年迈父母同居,特别是为了获得向上的照顾和保护,已成为越来越罕见的社会现象。

　　虽然政府在努力减轻公民生育、抚养孩子和赡养年迈父母的负担,但是当代越来越多的韩国人仍然对婚姻感到不安。除了分居和家庭遗弃,离婚率在各个年龄组中也都在增加。特别是越来越多的年轻夫妇似乎不介意在极短的时间内终止婚姻,而越来越多的老年人也在考虑"黄昏离婚"(hwanghonihon)。大多数这些相对较新的离婚类型,往往都是由"个性因素"和"违背承诺"引起的。自20世纪90年代中期以来,这些趋势明显变得更为强劲,最终使韩国在这一领域的排名仅次于美国。如果将离婚案件的迅速增加和结婚数量的减少放在一起(见表8.6),那么韩国人从作为核心社会制度的家庭中脱离的这一现象显得更加严重。儒家强加给"离婚"的罪名似乎还不足以迫使当代韩国人坚守婚姻。

　　与婚姻破裂的增加成正比的是结婚延期的增加(尤其是在女性中[见图8.1]),以及随之而来的未婚单身人口的增加(见表8.7)。关于家庭负担、冲突和解体的令人沮丧的故事似乎让越来越多的女性对婚姻犹豫不决。对于那些主要由于最近服务业的扩张而获得绰绰有余的经济能力来养活自己的女性来说,

---

① 日本流行的术语"单身寄生族"被用来描述依赖父母的成年子女,可能也适用于韩国的情况。但在韩国,成年后的依赖是如此自然地被接受,以至于其"寄生"特征没有被自发察觉。

表 8.5　按出生顺序分列的性别比例（每 100 名女性对应的男性人数）

	1992	1993	1994	1995	1996	1997	1998	1999	2000	2001	2002	2003	2004	2005
总体	113.6	115.3	115.2	113.2	111.6	108.2	110.1	109.6	110.2	109.0	110.0	108.7	108.2	107.7
一胎	106.2	106.4	106.0	105.8	105.3	105.1	105.9	105.6	106.2	105.4	106.5	104.9	105.2	104.8
二胎	112.4	114.7	114.1	111.7	109.8	106.3	108.0	107.6	107.4	106.4	107.3	107.0	106.2	106.4
三胎及以后	194.5	206.6	205.1	180.2	166.2	135.5	145.6	143.1	143.9	141.4	141.2	136.6	132.7	128.2

资料来源：《活产和死亡统计年度报告（基于生命登记）》（国家统计局,2002—2006）的生育相关数据。

表 8.6　粗计结婚率与粗计离婚率的变化（每千人）

	1970	1975	1980	1985	1990	1995	1998	1999	2000	2001	2002	2003	2004	2005
粗计结婚率	9.2	8.0	10.6	9.2	9.2	8.7	8.0	7.7	7.0	6.7	6.4	6.3	6.4	6.5
粗计离婚率	0.4	0.5	0.6	1.0	1.1	1.5	2.5	2.5	2.5	2.8	3.0	3.5	2.9	2.6

资料来源：每年的《年度人口变化（总体、生育率、死亡率）统计数据》（国家统计局）。

情况尤其如此。她们的高教育水平使她们能够从事任何新创造的
工作,只要克服性别歧视的专断障碍。人们创造了一个新术语"非
婚女性"(bihonyeoseong)来描述单身女性,她们的婚姻只是个人选
择的问题。① 对于她们来说,"未婚女性"(mihonyeoseong)一词
是一个侮辱个人且在社会上不准确的标签。她们中的大多数人
并不讨厌结婚或抚养孩子,但她们相信,如果真的要结婚,婚姻
首先必须让本人满意。

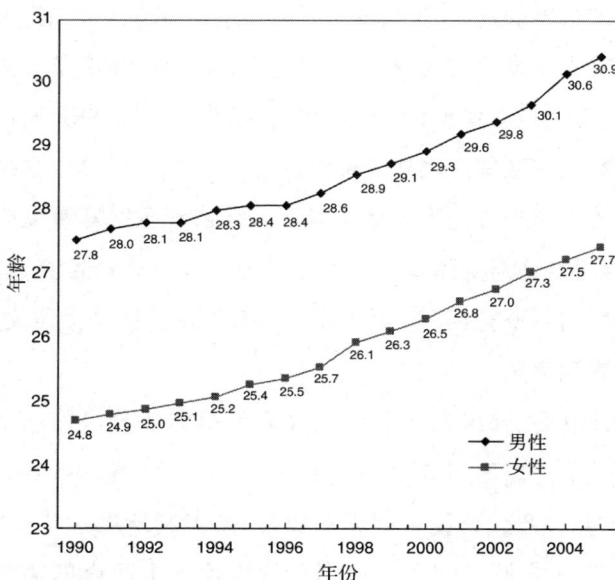

图 8.1 初婚年龄的上升

资料来源:根据《2006 年韩国社会指标》(国家统计局,2006)第
191 页中的数据制作。

---

① 见 Wu, E. (2001)。

表 8.7　30 多岁女性的未婚比例

单位:%

	30	31	32	33	34	35
1975	4.2	2.5	2.0	1.5	1.2	1.0
1995	9.7	7.9	6.4	5.4	4.6	3.9
2005	28.2	22.6	18.3	15.1	12.6	10.5

资料来源:《人口和住房普查报告》(经济企划院,1975、1995、2005)。

应该指出的是,在采取各种措施进行去家庭化之前,大多数韩国人首先认真地努力解释他们的痛苦和困难,并表达他们的抱怨,尽管只是对他们的亲属。他们很少把自己的麻烦带到或透露给家人和亲戚圈之外。不幸的是,在这个圈子里,很少有足够自由的气氛进行民主讨论和理解。结果许多家庭遭受心理困扰、情感虐待甚至身体暴力。家庭暴力已成为公众监督、维持治安和惩罚的主要目标。[1] 更不用说,家庭暴力很容易导致分居、婚姻遗弃和离婚。

与此同时,韩国人不习惯把家庭负担和痛苦作为一个社会问题。他们对家庭事务的关注往往使他们无法判断抚养、保护、教育、支持和照顾公民是国家的责任,或者判断出这些是"公民权利"。[2] 保守派官僚和政客也无法设计一个严肃的福利国家计划来减轻家庭的功能和情感负担。由于对不负责任的政治局

[1] 见韩国刑事政策研究院(Korea Criminal Policy Institute,1992)。
[2] 见 Marshall(1964)。

势和令人不安的社会氛围感到愤慨，许多青年和中年韩国人选择将他们的家人转移到加拿大和新西兰等似乎更友好的社会（见第三章）。许多移民仍然过着以家庭为中心的生活，并在各自的目的地经历着类似的功能负担。但是，通过永久离开韩国，他们希望向这个让他们的家庭生活不堪重负、不体谅他人的国家和社会发出一个明确的抗议信息。

第五节　结论与展望：去家庭化还是个体化？

韩国人无意中触发了许多不同的家庭意识形态，这些意识形态规定了复杂且矛盾的角色和责任，对国民的日常生活造成了困扰。这些家庭意识形态给韩国家庭生活和关系带来负担和痛苦，而它们之间的差异和矛盾则会造成各种心理压力。国家大幅宣扬家庭主义，其言论却前后矛盾，加剧了家庭成员的心理问题和功能性困难。尽管历届政府都将家庭作为各种社会政策的核心工具，但没有一届政府认真尝试分担其沉重的物质负担，更不用说心理负担。几乎所有韩国人都在家庭生活中不可避免地承受着压力和疲劳。人们会作出各种努力来避免或至少减轻家庭负担，从而产生明显的去家庭化倾向。生育率的下降并不是去家庭化唯一一个严重征兆，许多其他征兆也正以惊人的速度蔓延。

鉴于这种全方位的去家庭化倾向，人们可能会疑惑韩国社会是否正在发生质的转变。韩国是否正在变成像西方一样的统一个人主义社会？换句话说，韩国人的去家庭化是否等同于个体化？回答这个问题可能需要正确理解西欧和北美的个体化发展。

　　贝克（Beck）和贝克-格恩斯海姆（Beck-Gernsheim）最近提供的一项分析特别具有启发性。他们的研究仔细考虑了宏观社会条件同家庭关切和个人关切之间的历史关系，以便系统地解释个体化的含义。（笔者在这里也尝试用同样的方法破译韩国压缩现代性。）他们的观点如下：

　　　　个体化是一种社会条件，不是由个人自由决定的……改写自让-保罗·萨特（Jean-Paul Sartre）的观点：人们注定要实现个体化。个体化是一种冲动，尽管有些自相矛盾，个体化不仅要创造、管理一个人的生平，还要在不断变化的偏好和人生的连续阶段中管理周围的纽带和网络，同时不断适应劳动力市场、教育体系、福利国家等等的情况……我们在这里看到的……是塔尔科特·帕森斯所说的"制度化个人主义"……通俗地说，这意味着在现代生活中，个人在多个层面面临以下挑战：你可能而且必须在家庭、部落、宗教、出身和阶级所建立的旧纽带之外，过自己的独立生活；你必须在国家、就业市场、官僚机构等制定的新指导方针和规则下做到这一点。①

————————————

① 引自 Beck and Beck-Gernsheim（2002），第4—12页。贝克和贝克-格恩斯海姆关于制度化个人主义的观点主要集中在（后现代）个人定制生活的社会生态和政治经济条件，而塔尔科特·帕森斯的观点则强调了与现代社会制度安排相关的社会行为和关系的自愿性质。关于后一种观点，见 Kim, K.（2003）。

工业资本主义、福利国家、政治和社会关系的民主化,甚至全球化都会促使或迫使现代人去计划并过上"自己的生活",这涉及个性化的努力和风险。① 因此,个体化更像是一种制度化的社会变革,而不是一种文化或道德改造。

　　个体化作为个人生活的一种制度重建过程,并不简单意味着家庭的规范、规则、关切和影响会减少或消亡。相反,正如贝克和贝克-格恩斯海姆所解释的,家庭在本质上发生了变化:

　　　　在前工业化社会当中,家庭是一个因为义务而团结维系在一起的社群,而在当代世界,个体规划生活的逻辑日渐明晰。家庭正变得越来越像是一种选择性关系,更像由个人组成的关系集合体,每个人有自己的利益、经验和规划,每个人都承担不同的控制、风险和约束。②

但在这种质的变化下,大多数人仍然坚持家庭观念(尽管形式极为多样化),贝克和贝克-格恩斯海姆进一步指出:

　　　　因为个体化也显示了对与亲密、安全和亲近相反世界的渴望……大多数人将继续——至少在可预见的未来当中——生活在伙伴关系或家庭关系中……在许多不同的奋斗、渴望、努力和错误中,在成功的实验或经常失败的实验

---

① 见 Beck and Beck-Gernsheim(2002),第 22—29 页。
② 引自 Beck and Beck-Gernsheim(2002),第 97 页。

　　中,一种更为广泛的个人主义正在成型。[1]

生育率似乎是一个关键的国家问题。在西方国家中,生育率最低的是南欧的(相对)家庭主义社会,而不是西欧和北美的(相对)个人主义社会。[2] 在典型的个人主义社会中,生育率尽管仍处于"低于更替"水平,但这种状况是由非婚生子女数量空前增加造成的。这样的生育率可能不符合传统的生育标准,但仍然反映了夫妻(或女性)过"自己的生活"的愿望和作出的努力。

　　这一趋势与韩国的国情相去甚远。虽然西方个性化的一些历史条件(如工业资本主义、政治和社会关系的民主化以及全球化)确实存在于韩国社会当中,并可能导致了个人主义家庭主义(见第二章),但正如本书各章所示,许多额外的历史因素(如最低限度的公共福利、家庭性别等级制度以及基于家庭的社会和经济竞争)也同时作用于所谓的制度化家庭主义(institutionalized familism)。由于越来越不利的物质和文化条件,许多当代韩国人在各个方面都因家庭主义而受到谴责,他们必须孤注一掷地进行抵抗行动,这导致社会和人口出现去家庭化倾向。在这方面,个体化甚至可能成为解决韩国人口和经济微观社会可持续性危机恶化的潜在方法。这种可能性是非常微弱的,但下一章也有一些细微的线索表明,韩国以家庭为中心的压缩现代性产生的危机趋势可能会引导社会朝着这样的方向发展。

―――――――――――――

[1] 引自 Beck and Beck-Gernsheim(2002),第 98 页。

[2] 见 Kohler et al. (2004);Billari and Kohler(2004)。

第九章 | 家庭现代性的持续性危机

　　前几章已明确论述,韩国的家庭主义同现代性的活力和复杂性密切相关,且现代性是 20 世纪中期以来形成的。在韩国人及其国家所追求的大多数现代社会项目中,家庭产生的影响力是非常普遍的,以至于可以称韩国为家庭现代性国家。由于这种影响很少在社会层面得到公开的意识形态保护,韩国人发现自己依旧处于尴尬的境地——他们对通过压缩的方式实现的各种发展目标感到骄傲,也为他们实现这些目标的方式而感到不安。更严重的是,这种现代性的家庭基础直接加剧了各种社会、经济和政治领域的危机。韩国人的家庭主义促成了这种短暂却非常全面的转变,但与之相对的是,家庭主义也会让韩国社会产生根本性的问题,付出严重的代价。并非巧合的是,迄今为止所研究的压缩现代性中每一个依赖家庭的层面都是如此——即意识形态整合、教育、社会福利、无产阶级化、农村发展和产业组织——在长期可持续性方面似乎都显得脆弱。“危机”是一个通常用来描述这些社会问题状态的术语。

　　韩国刻意依靠家庭带来的价值和利益,将自身贬低为“家族利己主义者”(gajokigijuuija)。巴雷特(Barrett)和麦金托什(McIntosh)认为,现代社会作为以家庭为中心的个体总和(或

"反社会"家庭的总和），容易产生公共危机是难免的。① 韩国媒体和知识分子经常谴责"社会危机"，他们的观点基本上是一致的。家庭之间通常通过住房、教育、婚姻等方面的市场竞争来打交道，而在大多数城市社区，这种社区互动很少。弱势社会群体如单亲妈妈、残疾人、孤儿和孤寡老人等，只要被家庭关系归类为"无关紧要"，就会被默认为降低个体家庭舒适度的群体，因此他们会被想方设法地回避。邻里之间的频繁集会往往是反社群主义，而支持非社群主义的——例如，抗议附近建造他们所谓的"厌恶设施"（hyeomo siseol），其中包括为残疾人、孤儿、患病老人等设立的福利设施。然而，韩国人的反社会和以家庭为中心的倾向，并不能保证他们家庭生活和谐。家庭规范和家庭期望因性别和世代而异，家庭生活本身几乎是社会每个成员互相疏远的一个重要缘由。特别是，迅速增加的老年人口和青年人口实际上被剥夺了获得家庭团结和保护的权利，这导致老人患抑郁症自杀的比率极高，青年人的犯罪率极高。一个内在的或正常的危机意外地困扰着多元化家庭及其社会（第二章）。

　　教育危机迫使众多韩国家庭开始向加拿大、澳大利亚、新西兰和美国进行所谓的"教育移民"。其中很多家庭经常对韩国压力巨大的教育竞争和不人道的学校文化表示愤怒和沮丧，但仅仅是离开并不能使他们摆脱对教育的习惯性过度担忧。值得注意的是，许多家庭进行教育移民只是担心孩子有可能在韩国的

① 见 Barrett and McIntosh（1991）。

高考中失败,因此他们在其他地区寻找让孩子成为大学生的更容易的方法。韩国教育移民在他们的目的地却又复制了极端的教育竞争文化,他们通过合法或非法的方式将孩子竞相送入当地最具竞争力的学校、送到课后补习班,甚至贿赂老师以求对孩子多加照拂。教育移民是贫困家庭负担不起的昂贵选择。这些贫困家庭因教育竞争的市场化结构(即私人机构学习对教育水平的严重影响)而受挫,这种结构让他们因经济贫困而不可避免地让其子女在教育上处于劣势。他们还对"教室崩溃"现象(教师完全无法控制学生的学习态度)感到沮丧,这种现象在经济状况较差的地区和城市更为普遍。相反,中产阶级和上层阶级家庭越来越关心他们子女的教育环境是否受到穷人子女的"腐蚀"。自 1997 至 1998 年韩国遭受经济危机以来,经济不平等现象迅速扩大,非常令人不安,这也意味着迅速增多的贫困家庭被剥夺了参与教育竞争体系的权利,而该体系是光复后阶级迁移制度的重要标志(第三章)。

福利危机(或福利缺乏)通常被认为与家族危机有关。种种迹象表明,韩国人正在极力回避家庭关系和由此带来的负担。统计数据显示,低生育率、离婚率、分居率、自杀率、家庭遗弃率、结婚延期率等方面的发展趋势的确令人震惊。特别是,韩国是世界上生育率最低的国家之一,这让保守派官僚、企业家和知识分子突然意识到,分担家庭抚养子女的负担是公共责任。最终,由于可持续经济发展所需的最低人口基础受到严重威胁,核心家庭——就生育而言,最好有两个或两个以上子女——已从造成许多不良社会道德倾向的罪魁祸首变成了提供各种支持措施的政策目标。"家庭福利"是将抚养子女、赡养老人和帮助残疾人的所有负担转嫁给家庭的一种陈旧保守政策的委婉说法，现在被重新定义为保护贫困家庭的一种崇高事业。① 然而，很少有专家乐观地认为这样的政策转变将在可预见的未来对多方面的家庭危机有实质性的缓解作用，更不用说将其扭转。如果家庭支持政策不能在稳定家庭结构和恢复生育率方面产生理想的结果——或者更严格地说，如果家庭支持政策的经济手段变得令人怀疑——那么保守派精英不会介意废除这些政策，因为支持家庭的任务本身并不是他们的主要目标（第四章）。

伴随家庭危机而来的状况是越来越多已婚和未婚妇女进入劳动力市场。越来越多的女性认真地考虑将有偿工作作为家庭生活之外的另一种选择。就业市场的新自由主义重组，使临时就业成为一种普遍性准则，这样一来对女性的损害似乎比男性就要小上很多，因为只有极少数女性享有固定雇员的安全地位。然而，平民经济（seomin gyeongje）出现结构性停滞，临

---

① 与此相关，韩国政府（在卢武铉的领导下）于2007年决定将女性部（Ministry of Gender Equality）改为女性家族部（Ministry of Gender Equality and Family），增加了各种家庭支持职能。然而，这一决定在2008年被李明博政府推翻，与家庭有关的职能被重新分配给保健福祉家族部（Ministry of Health, Welfare and Family Affairs）。然而，这两个部之间的职能重组在2009年底被取消，基本上恢复了卢武铉政府时期的职能分工。

时求职者持续供大于求，甚至使临时就业市场也受到了不利影响。矛盾的是，韩国重工业和高新技术产业在世界范围内是非常具有竞争力的，其吸收劳动力的能力却呈下降趋势，这反而成为促进其竞争力的主要原因。因此，无论从短期还是长期来看，恢复经济的高速增长都远远不足以改善大多数韩国人的生活条件。尽管越来越多的女性将雇佣劳动作为一种替代性的生活方式，但这并不能持续为她们提供一个在家庭之外过上人道主义生活的机会。这些女性无法回到被遗弃或已经解散的家庭，因此出现了一种进退两难的局面。随着家庭人口结构危机的出现，家庭在社会和经济方面的缓冲功能正在迅速减弱（第五章）。

　　影响农民家庭的大规模生育危机是农村危机的核心。他们的生育危机是两面性的。农村家庭在家庭生育的不同生命周期阶段的分布情况表明，他们中的大多数已经失去了扩大人口基数的潜力，等待他们的只有消亡。即使是那些具有生育能力的年轻家庭，在生育孩子、培育孩子成为农民或说服孩子和农民结婚的时候也非常犹豫。显而易见，以家庭为中心生活的农民人口正在逐渐成为历史，而替代农村生产和生育的模式却尚在构想中。在这种家庭危机以及相应的社会危机之下，人们担心即将到来的大米市场全面开放无异于为以农业为主的韩国敲响丧钟。这种发展方式只能加速农村人口的外流。但是，以牺牲农村经济和社会为代价发展起来的城市经济还没有准备好应对更多的农村劳动力供给。事实上，"减少劳动力"是其提高竞争力的最新方案(第六章)。

20世纪90年代末,随着国家经济危机的爆发,"家族资本主义"在国内外受到了激烈的批判。毫无疑问,家族企业的扩张、世袭的企业管理、兄弟姐妹之间的企业所有权纷争,都是造成众多财阀企业集团财务崩溃的原因,并最终导致了整个国家经济的崩溃。工业企业的家族式所有权和管理权在发展型国家引起的以租金为基础的利润积累结构上发挥了重要作用,但从违反职业道德、有风险的和存在法律问题的商业行为来看,其长期成本过于高昂。由于这种错误的商业行为,整个国家的经济被迫濒临破产,金大中政府的救助制度不得不放弃许多财阀集团。破产保护——即由国家控制的银行优先救助财务上无力偿还的公司——曾经是提供给发展型国家企业合作伙伴的主要利益之一,但这一策略不切实际,意味着无数野心勃勃和/或效率低下的企业会不可避免地同时消亡。大多数财阀集团都在没有削减所有权和管理的家族结构的情况下熬过了"国际货币基金组织经济危机"时代。尽管最近有一种观点认为,家族控股可以成为企业敏捷性和竞争力的源泉,但这正是被全球投机基金瞄准并可能被吞噬的薄弱点(第七章)。①

虽然以家庭为中心的教育、福利、劳动、农村生产和企业控制制度通常在组织和/或社会可持续性方面显现出一种内在的危机趋势,但韩国现代性的这种以家庭为中心的特点反过来破

---

① 见 Lee and Lim(2001)。

坏了家庭的组织基础,而不是强化这一基础。事实上,韩国人的家庭关系和家庭生活一直承受着压力和折磨,这些压力和折磨与家庭受到的宏观政治、社会和经济的秩序和变化的支配成正比。特别是,"功能性超载"在大多数家庭中已经非常普遍,且是长期存在的,使得整个社会表现出许多逃避家庭束缚的倾向。"去家庭化"的各种征兆——如最低的生育率、无子化、家庭遗弃、离婚、推迟或厌恶结婚——都以前所未有的速度出现,其程度令人不安。20世纪90年代末,突如其来的经济危机和随后援助行动中产业结构的完全重组强化了韩国的家庭中心主义,并开始加速去家庭化趋势。去家庭化不属于个体化等新兴社会趋势,而是韩国人在危机中生活的反映。家庭现代性,虽然已经成为以压缩方式实现社会、文化和经济目标的系统基础,但似乎已经在韩国家庭的组织可持续性和生育方面引发了根本性危机(第八章)。

韩国现代性中的这些危机倾向引发了这样一个问题:为什么压缩现代性中几乎每个依赖家庭的维度都涉及可持续性危机? 或者换一种问法:家庭对他们帮助建立的现代性施加了哪些结构性限制? 答案可能涉及一系列家庭组织、文化和历史属性的内容,但以下内容非常关键。

第一,家庭很容易变得过度劳累,因为要承担形形色色的职能,而这些职能同生物限制和伦理约束引起的组织僵化有关。西方社会学家观察到,现代(互相关爱的)家庭处于"情感负担过重"的境况。同样,韩国家庭的功能负担过重,家庭功能疲劳在韩国普遍存在。在韩国,由于家庭福利主义,许多家庭逐渐衰弱,使得无人照料的老人、儿童和病人的数量迅速增加。对私人家庭资助和公共教育监督的直接依赖,已经让许多家长无法再继续承受压力,由此教育移民(或教育叛逃?)成为一种普遍的社会趋势。农民家庭被迫面对全球自由贸易带来的所有结构性经济威胁,且仍要面对以城市为中心的社会政策给农村造成的各种困难,因此农村人口的外流是永无止境的。家庭功能过劳的症状是无穷无尽的。

第二,现代家庭在组织或人口结构上不稳定。在这方面,韩国家庭是一个极端的案例。他们的生育率已降至世界最低水平,而老年人口数量正以前所未有的速度增长。他们的离婚率超过了除美国以外的所有经合组织国家。大多数适婚年龄的农村女性已经进入城市,大大减少了与农村男子组建家庭的机会。所有趋势都严重威胁到一些长期目标,如老年人和儿童应受到的家庭保护、稳定的劳动力供应和以家庭为基础的农村生产生计。

第三,家庭提供社会所需人才的能力极其有限。如果社会稀缺资源和基本公共机构由排外的家族群体所控制,可以预见,家族成员拥有或发展的任何才能都不会与有关资源和机构的社会重要性相匹配。精英家庭并不总会出现杰出的人才,即使他们拼尽全力进行教育投资也无法改变这一事实。这是现代组织和机构采用精英统治而不是世袭统治的基本原理。"第二代和第三代管理"(即由创始人的子孙后代继承和控制)导致了许多财阀附属公司甚至财阀集团本身的突然消亡,这不足为奇。特别是在 20 世纪 90 年代末,家族资本主义的管理混乱成为国家财政崩溃的一个关键原因。

第四,大多数现代家庭未能摆脱父权制结构,现代经济、政治和社会性质甚至增加了父权制度对家庭的控制。儒家思想仍然主导着家庭思想,这使得韩国家庭在各个方面都保持着父权制。工具家庭主义和情感家庭主义并没有从根本上改变陈旧的父权制,却让其结构更加复杂化。教育、福利、劳动力市场、企业管理、公共行政、政治等领域的极端性别偏见,与这些领域普遍存在的家庭影响不无关系。这些领域的许多结构性问题都与性别歧视的规则和做法紧密相关。具有讽刺意味的是,经济合作与发展组织等外部观察者不断指出,发挥迄今尚未开发的妇女潜力将为韩国的持续国家发展提供重要的额外基础。

第五,家庭与官僚组织形成了对比。马克思·韦伯认为,现代工业资本主义的有效运作和发展依靠政府官僚组织。家庭参与企业经营、政治和教育时,被迫将家庭实践和关系带入相关领域。实际上,在企业管理方面,由此形成的家族属性通常被称为韩国产业资本(即财阀)的核心特征。有血缘或婚姻关系的高层管理人员之间非正式的手足关系,是进行秘密的甚至非法的管理决策和行动的基础。这种手足间管理联盟的战略价值,往往被重大投资和商业交易中不受控制的代价高昂的错误,以及经济秩序在法律上的扭曲所抵消。

第六,在人类历史中,家庭在社会上一直是分裂状态,因此,废除家庭单位仍然是一项说服力极强的政治和哲学议程。从柏拉图到马克思，再到一些现代女权主义者，许多人认为家庭必须经历"消亡"，才能为真正的社群主义社会秩序让路。许多韩国人坦率地认为自己是"家族利己主义者"，他们的观点基本上是一致的。韩国家庭作为战略性的企业单位，一直在进行着激烈的教育、创业甚至投机竞争。这样，许多家庭就能够实现所谓的"代际向上社会流动"，更不用说日常生计。然而，同样地，家庭间的物质和文化差异已经被放大，成为现今和后代之间不断扩大的不平等。个人教育课程和城市住房的费用过高，威胁着大多数城市家庭的基本生活水平，这在很大程度上是由他们的邻居和同胞造成的。通过动员相互竞争的家庭努力来提供公共产品——无论是教育、福利还是住房——是一种内在矛盾的政策。

最后，与此相关的是，现代经济、政治和社会总体上没有在意识形态方面证明家庭价值观、关系和利益的社会影响是合理的，无论它们是否有助于以及以何种方式有助于成功实现发展目标。西方对韩国家庭经济、政治和社会秩序的批评有时会被怀疑为"东方主义"的偏见或阴谋，这种怀疑并没有形成一个合理的理论或意识形态来系统性地合法化基于家庭的压缩现代性。如果还考虑到与家庭影响有关的各种危机趋势，那么将家庭现代性与广泛的社会批评和学术批评隔离开来似乎有些不切实际。当然，在所有的历史背景下，都没有否认家庭现代性的先验依据。然而，由于家庭现代性主要是从日常实践中构建的，因此缺乏通过强烈的哲学思考整合起来的首要意识形态结构，韩国人将继续以对于家庭影响的意识形态矛盾心理困扰自己和外部观察者。他们的儒家祖先可能对这种意识形态困境或哲学困境有一些看法，但出于明显的历史原因，当代韩国人不会把更实际的经济、社会和政治任务托付给他们。

参考文献

Abelmann, Nancy. 2003. *The Melodrama of Mobility: Women, Talk, and Class in Contemporary South Korea*(《关于流动性的戏剧性事件:当代韩国的女性、谈话及阶级》). Honolulu: University of Hawaii Press.

Althauser, Robert P. and Michael Wigler. 1972. "Standardization and Component Analysis"(《标准化与因素分析》). *Sociological Methods and Research*(《社会学方法与研究》) 1(1): 97－135.

Amsden, Alice. 1989. *Asia's Next Giant: South Korea and Late Industrialization*(《亚洲的下一个巨头:韩国与晚期工业化》). New York: Oxford University Press.

Aries, Philippe. 1962. *Centuries of Childhood: A Social History of Family Life*(《儿童百年:家庭生活社会史》). New York: Alfred A. Knopf.

Armstrong, Charles K. 2007. *The Koreas*(《韩国与朝鲜》). New York: Routledge.

Ashcroft, Bill, Gareth Griffiths, and Helen Tiffin. 2002. *The Empire Writes Back: Theory and Practice in Post-Colonial Literatures*(《帝国回信:后殖民文学的理论与实践》), 2nd ed. New York: Routledge.

Bae Jun-Ho. 1998. "Life Changes of Low Income Strata under Employment Uncertainty" (in Korean)(《就业不确定性下低收入阶层的生活变化》[韩文]). Paper presented at the National Statistical Office

Seminar on "The Changes and Trends in the Living Conditions of South Korean Households"（韩国家庭生活状况的变化与趋势），1 September 1998.

Bank of Korea. 1998. "The Analysis of Corporate Management in the First Half of 1998"（in Korean）(《1998年上半年企业经营分析》[韩文]). Unpublished survey report.

Baran, Paul. 1957. *The Political Economy of Growth*(《政治经济增长》). New York: Monthly Review Press.

Barrett, Michele and Mary McIntosh. 1991. *The Anti-Social Family* (《反社会家庭》), 2nd ed. London: Verso.

Beck, Ulrich and Elisabeth Beck-Gernsheim. 2002. *Individualization: Institutionalized Individualism and Its Social and Political Consequences*(《个人主义:制度化的个人主义及其社会与政治影响》). London: Sage.

Billari, Francesco and Hans-Peter Kohler. 2004. "Patterns of Low and Lowest-Low Fertility in Europe"(《欧洲低生育率模式和最低的低生育率模式》), *Population Studies*(《人口研究》) 58(2): 161-176.

Boserup, Ester. 1970. *Women's Role in Economic Development*(《女性在经济发展中的角色》). New York: St. Martin's.

Braverman, Harry. 1974. *Labor and Monopoly Capital: The Degradation of Work in the Twentieth Century*(《劳动力与垄断资本:二十世纪工作的退化》). New York: Monthly Review Press.

Burr, Wesley R. and Geoffrey K. Leigh. 1983. "Famology: A New Discipline"(《家族学:一门新学科》). *Journal of Marriage and the Family* (《婚姻与家庭杂志》)45(3): 467-480.

Byun, Hwa-Sun. 1993. "Changes in the Structure and Functions of South Korean Rural Families" (in Korean) (《韩国农村家庭结构与功能的变化》[韩文]). *Journal of Rural Society* (《农村社会杂志》) 3: 127 - 156.

Caldwell, John C. 1982. *The Theory of Fertility Decline* (《生育率下降理论》). London: Academic Press.

Chang, Duk-Jin. 2002. "The Ruling Structure of the Corporate Group" (in Korean) (《企业集团的统治结构》[韩文]), Gyu-Han Bae, Joon Han, Woo-Sik Kim et al., eds, *Changing Social Environments, Corporate Responses* (《变化的社会环境与企业反应》), pp. 125 - 164. Seoul: Jisikmadang.

Chang, Ha-Joon. 1994. *The Political Economy of Industrial Policy* (《产业政策下的政治经济学》). London: Palgrave Macmillan.

Chang, Hye Kyung and Yeong-Ran Kim. 1999. *A Study of the Changes in Family Life and the Role of Women under Unemployment* (in Korean) (《失业下的家庭生活变化与女性角色研究》[韩文]). Seoul: Korea Women's Development Institute.

Chang, Kyung-Sup. 1990. "Socialist Institutions and Family Wealth Flows Reversal: An Assessment of Post-Revolutionary Chinese Rural Fertility" (《社会主义制度与家庭财富流动反转：革命后中国农村生育评估》). *Journal of Family History* (《家庭史杂志》) 15(2): 179 - 200.

Chang, Kyung-Sup. 1993a. "The Confucian Family Instead of the Welfare State? Reform and Peasant Welfare in Post-Mao China" (《儒家家庭取代福利国家？ 改革与后毛泽东时代的中国农民福利》). *Asian*

Perspective(《亚洲视界》) 17(1): 169 – 200.

Chang, Kyung-Sup. 1993b. "The Peasant Family in the Transition from Maoist to Lewisian Rural Industrialisation"(《从毛泽东主义向刘易斯式农村工业化转型中的农民家庭》). *Journal of Development Studies*(《发展研究杂志》)29(2): 220 – 244.

Chang, Kyung-Sup. 1993c. "Family, State, and Class Politics: Macro Social Change Implications of Family Studies"(in Korean)(《家庭、国家与阶级政治: 家庭研究的宏观社会变迁意涵》[韩文]). Korean Social History Association, ed., *A Reillumination of the Early Modern and Modern Families in South Korea*(《韩国现代早期家庭与现代家庭的再阐释》), pp. 214 – 239. Seoul: Munhakgwajiseongsa.

Chang, Kyung-Sup. 1995. "Gender and Abortive Capitalist Social Transformation: Semi-Proletarianization of South Korean Women"(《性别和失败的资本主义社会转型: 韩国妇女的半无产阶级化》). *International Journal of Comparative Sociology* (《国际比较社会学杂志》)36(1 – 2): 61 – 81.

Chang, Kyung-Sup. 1997a. "Modernity through the Family: Familial Foundations of Korean Society"(《通过家庭实现的现代性: 韩国社会的家庭基础》). *International Review of Sociology* (《社会学国际评论》)7(1): 51 – 63.

Chang, Kyung-Sup. 1997b. "The Neo-Confucian Right and Family Politics in South Korea: The Nuclear Family as an Ideological Construct" (《韩国的新儒家权利与家庭政治: 作为意识形态建构的核心家庭》). *Economy and Society*(《经济与社会》) 26(1): 22 – 42.

Chang, Kyung-Sup. 1998. "Women, Market, and the State as Public Family" (in Korean) (《公众家庭中的女性、市场和国家》[韩文]). *Sahoebipyeong*(《社会批评》) 18: 298 – 327.

Chang, Kyung-Sup. 1999a. "Compressed Modernity and Its Discontent: South Korean Society in Transition"(《压缩现代性及其缺陷：转型中的韩国社会》). *Economy and Society* (《经济与社会》) 28(1): 30 – 55.

Chang, Kyung-Sup. 1999b. "Social Ramifications of South Korea's Economic Fall: Neo-Liberal Antidote to Compressed Capitalist Industrialization?"(《韩国经济衰退的社会后果：压缩资本主义工业化的新自由主义解药?》) *Development and Society*(《发展与社会》) 28(1): 49 – 91.

Chang, Kyung-Sup. 2001. "Compressed Modernity and Reassessment of the Elderly Issue: Elderly People as New Generation" (in Korean)(《压缩现代性与老龄问题再评价：作为新一代的老年人》[韩文]). *Gajokgwa Munhwa*(《家族与文化》) 13(1): 1 – 29.

Chang, Kyung-Sup. 2004. "The Anti-Communitarian Family? Everyday Conditions of Authoritarian Politics in South Korea"(《反共产主义家族？韩国威权政治的日常状况》). Chua Beng Huat, ed., *Communitarian Politics in Asia* (《亚洲共产主义政治》), pp. 57 – 77. London: Routledge.

Chang, Kyung-Sup. 2006. "From Developmental Liberalism to Neo-Liberalism: Globalization, Dependent Reflexivity and Social Policy in South Korea"(《从发展自由主义到新自由主义：全球化、依赖反身性与韩国的

社会政策》). Goran Therborn and Habibul Haque Khondker, eds, *Asia and Europe in Globalization: Continents, Regions and Nations*(《全球化中的亚洲和欧洲:大陆、地区和国家》), pp. 183 – 206. Leiden: Brill.

Chang, Kyung-Sup. 2007. "The End of Developmental Citizenship? Restructuring and Social Displacement in Post-Crisis South Korea"(《发展性公民身份的终结? 后危机中韩国的结构调整与社会迁徙》). *Economic and Political Weekly*(《经济与政治周刊》) 42(50): 67 – 72.

Chang, Kyung-Sup. 2008. "The Predicament of Developmental Citizenship: Economic Development, Democracy, and Citizenship Politics in South Korea"(《发展型公民的困境:韩国的经济发展、民主与公民政治》). Revised from the paper presented at the Conference on "Citizen in East Asia: Between State Ally and Critical Observer"(东亚公民:在国家盟友与批判性观察者之间), Centre for Development Studies, University of Groningen, 14 December 2007.

Chang, Kyung-Sup. 2009. "Compressed Modernity in Perspective: South Korean Instances and Beyond"(《透视压缩现代性:韩国实例及其外》). Presented at the International Workshop on "Varieties of Second Modernity: Extra-European and European Experiences and Perspectives"(第二现代性的多样性:欧洲及其外的经验和观点), Center of Advanced Study, University of Munich, 16 – 18 April 2009.

Chang, Pil-wha. 1986. "Women and Work: A Case Study of a Small Town in Korea"(《女性与就业:韩国小城镇个案研究》), Sei-wha Chung, ed. , *Challenges for Women: Women's Studies in Korea*(《女性的挑战:韩国女性研究》), pp. 255 – 281. Seoul: Ewha Women's University Press.

Chang, Sea-Jin. 2006. *Financial Crisis and Transformation of Korean Business Groups* (《金融危机与韩国商业集团的转型》). Cambridge: Cambridge University Press.

China Financial and Economic Publishing House (CFEPH). 1988. *New China's Population*(《新中国人口》). New York: Macmillan.

Cho, Dong-Sung. 1991. *A Study of Korean Chaebol* (in Korean) (《韩国财阀研究》[韩文]). Seoul: Maeil Economic Daily.

Cho, Heung-Sik. 1992. "The Welfare Issue of South Korean Rural Society: With a Focus on Social Security Programs" (in Korean)(《韩国农村社会福利问题:社会保障项目聚焦》[韩文]). *Journal of Rural Society* (《农村社会杂志》) 2: 259 – 280.

Cho, Hyoung. 1986. "Labor Force Participation of Women in Korea" (《韩国女性的劳动力参与》). Sei-wha Chung, ed. , *Challenges for Women: Women's Studies in Korea*(《对女性的挑战:韩国女性研究》), pp. 150 – 172. Seoul: Ewha Women's University Press.

Cho, Il-Hoon. 2005. *There Is No Samsung Republic* (in Korean)(《不存在三星民国》[韩文]). Seoul: Korea Economic Daily.

Cho, Sung-Nam and Dong-Won Lee. 1993. "Towards Relevant Scholarship: Family Sociology in South Korea"(《走向相关学术:韩国家庭社会学》). *Current Sociology* (《现代社会学》)41(1): 25 – 39.

Cho, Uhn and Oak-Ra Cho. 1992. *The Life and Space of Urban Poor* (in Korean)(《城市贫民的生活与空间》[韩文]). Seoul: Seoul National University Press.

Choe, Hong-Kee. 1991. "Confucianism and Family" (in Korean)

(《儒家思想和家庭》[韩文]). *Gajokhakyeongu*(《家族学研究》) 3:207 - 228.

Choi, Jae-Suk. 1982. *A Study of the Modern Family* (in Korean)(《现代家庭研究》[韩文]). Seoul: Ilchisa.

Choi, Jae-Suk. 1983. *A Study of the History of Korean Familial Institutions* (in Korean)(《韩国家族制度史研究》[韩文]). Seoul: Ilchisa.

Choi, Jang-Jip. 2002. *Democracy after Democratization: Crisis and Conservative Origin of Korea's Democracy* (in Korean)(《民主化后的民主:韩国民主的危机与保守主义的起源》). Seoul: Humanitas.

Choi, Sun-Young and Kyung-Sup Chang. 2004. "A Modern Reconstruction of Gender Division of Labor: With a Focus on the Changes in the Trend of South Korean Women's Occupational Withdrawal during the Family Formation Period" (in Korean)(《性别分工的现代化重构:聚焦家庭形成时期韩国女性职业退出趋势变化》[韩文]). *Sahoeyeongu*(《社会研究》) 2(2): 173 - 203.

Choi, Sung-Jae. 1992. "A Study of the Prospect and Countermeasures of Citizens Concerning Old Age: On National Pension Participants" (in Korean)(《国民养老前景与对策研究:以国民养老保险参加人为研究对象》[韩文]). Unpublished research report.

Choi, Yang-Bu and Nae-Won Oh. 1992. "The Dissolution and Extinction of Rural Families" (in Korean)(《农村家庭的解体与消亡》[韩文]). *Gajokhakyeongu*(《家族学研究》) 4: 175 - 194.

Chung, Duk-Cho. 1991. "Korean Family Welfare Policy" (in Korean)

（《韩国家庭福利政策》[韩文]）. *Korean Family Welfare Policy and Elderly Problem* (seminar proceedings)（《韩国的家庭福利政策与老年人问题》[研讨会记录]）, pp. 5 – 42. Seoul: Korea Family Welfare Policy Research Institute.

Chung, Ju-Young. 1991. *There Are Hardships, but There is No Failure* (in Korean)（《有艰辛,但没有失败》[韩文]）. Seoul: Jesamgihoek.

Chung, Myung-Chae. 1992. "Social and Economic Characteristics of Rural Poverty" (in Korean)（《农村贫困的社会经济特征》[韩文]）. *Journal of Rural Society*（《农村社会杂志》）2: 193 – 234.

Cumings, Bruce. 1981. *The Origins of the Korean War: Liberation and Emergence of Separate Regimes, 1945 – 1947*（《朝鲜战争的起源:独立政权的解放和兴起,1945—1947》）. Princeton: Princeton University Press.

de Janvry, Alain. 1981. *The Agrarian Question and Reformism in Latin America*（《拉丁美洲的土地问题与改良主义》）. Baltimore: The Johns Hopkins University Press.

Deyo, Frederic C. 1989. *Beneath the Miracle: Labor in the New Asian Industrialism*（《奇迹之下:新亚洲工业主义劳动力》）. Berkeley: University of California Press.

Digital Chosun（《数字朝鲜》）(www. chosun. com).

Dirlik, Arif. 1999. "Culture Against History? The Politics of East Asian Identity"（《文化对抗历史? 东亚认同的政治》）. *Development and Society*（《发展与社会》）28(2): 167 – 191.

Dizard, Jan E. and Howard Gadlin. 1990. *The Minimal Family*（《最小规模家庭》）. Amherst: University of Massachusetts Press.

Dong-A Ilbo(《东亚日报》)（www. donga. com）.

Durham, Martin. 1993. "The New Right, Moral Crusades and the Politics of the Family"(《新型右翼、道德十字军和家庭政治》). *Economy and Society*(《经济与社会》)22(2)：253 - 256.

Eckert, Carter J. 1996. *Offspring of Empire：The Koch'ang Kims and the Colonial Origins of Korean Capitalism, 1876 - 1945*(《帝国的后代：高昌金氏和韩国资本主义的殖民起源, 1876—1945》). Seattle：University of Washington Press.

Economic Planning Board, Republic of Korea (EPB). 1962, 1972, 1982, 1985, 1990. *Population and Housing Census Report* (in Korean)(《人口和住房普查报告》[韩文]). Seoul：EPB.

Edaily (www. edaily. co. kr).

Ehrenreich, Barbara and John Ehrenreich. 1979. "The Professional and Managerial Class"(《职业与管理阶层》). Pat Walker, ed., *Between Labor and Capital*(《劳资之间》), pp. 5 - 45. Boston：South End Press.

Eisenstadt, S. N. (ed.). 2002. *Multiple Modernities*(《多元现代性》). Edison：Transaction Publishers.

Engels, Frederick. [1884] 1942. *The Origin of Family, Private Property, and the State*(《家庭、私有财产与国家的起源》). New York：International Publishers.

Eom, Hyun Sup, Hyun Ji Lee, and Soon Shik Shin. 2002. "A Study of the Relations between the Profession and the State：Focusing on the Korean Oriental Medicine Doctors' Organization"(《职业与国家关系研究：聚焦韩国韩医协会》). *Korean Journal of Oriental Medical Physiology and*

Pathology(《韩国医学生理学和病理学杂志》) 16(1)：58 - 61.

Evans, Peter. 1995. *Embedded Autonomy：States and Industrial Transformation*(《嵌入式自治：状态与产业转型》). Princeton：Princeton University Press.

Fitzgerald, F. Scott. [1921] 1989. "The Curious Case of Benjamin Button"(《本杰明·巴顿奇事》), *The Short Stories of F. Scott Fitzgerald* (《斯科特·菲茨杰拉德短篇小说集》), edited by Matthew Bruccoli, pp. 159 - 181. New York：Charles Scribner's Sons.

Fuentes, Annette and Barbara Ehrenreich. 1983. *Women in the Global Factory*(《全球工厂中的女性》). New York：South End Press.

Gang, Shin-Joon et al. 2005. *The Labor Relations of Korean Chaebols and Other Social Issues* (in Korean)(《韩国财阀的劳动关系及其他社会问题》[韩文]). Seoul：Nanam.

Geertz, Clifford. 1963. *Agricultural Involution：The Process of Ecological Change in Indonesia*(《农业革命：印尼生态变化的过程》). Berkeley：University of California Press.

Geertz, Clifford. 1973. *The Interpretation of Cultures* (《文化阐释》). New York：Basic Books.

Giddens, Anthony. 1998. *The Third Way：The Renewal of Social Democracy*(《第三条道路：社会民主主义的复兴》). Cambridge：Policy Press.

Gong, Je-Wook. 2000. "The Korean War and the Formation of Chaebol"(in Korean)(《朝鲜战争与财阀的形成》[韩文]). The Institute for Social Science, Kyungsang University, ed. , *The Korean War and Korean*

Capitalism(《朝鲜战争与韩国资本主义》), pp. 59 – 99. Seoul：Hanul Academy.

Greenhalgh, Susan. 1985. "Sexual Stratification：The Other Side of 'Growth with Equity' in East Asia"(《性别分类：东亚"公平增长"的另一面》). *Population and Development Review*(《人口与发展评论》) 11：265 – 314.

Gwak, No-Hyun, Jong-Hoon Yoon, and Byung-Han Lee. 2001. *Samsung's Third Generation Lee Jae-Yong：Why His Starting Line Differs from Ours* (in Korean)(《三星第三代李在镕：为何他的起跑线与我们不同》[韩文]). Seoul：Ohmynews.

Gyosu sinmun(《教学新闻》)(www. kyosu. net).

Han, Hye-Jin. 1994. "Unwelcome Daughters：Son Preference and Abortion in South Korea"(《不受欢迎的女儿：韩国重男轻女现象与堕胎现象》). Judith Mirsky and Marty Radlett, eds, *Private Decisions, Public Debate：Women, Reproduction and Population*(《私人决定，公开争论：女性、生殖与人口》), pp. 33 – 42. London：Panos.

Hankiss, Elemer. 1988. "The 'Second Society'：Is There an Alternative Social Model Emerging in Contemporary Hungary?"(《"第二社会"：当代匈牙利是否出现了另一种社会模式?》) *Social Research*(《社会研究》) 55(1 – 2)：13 – 45.

Hantrais, L. 1994. "Comparing Family Policy in Britain, France and Germany"(《英国、法国和德国的家庭政策比较》). *Journal of Social Policy*(《社会政策杂志》) 23(2)：135 – 160.

Harvey, David. 1980. *The Condition of Postmodernity*(《后现代性形成

条件》). Oxford: Blackwell.

Hirschman, Albert O. 1970. *Exit, Voice, and Loyalty*(《退出、发声与忠诚》). Cambridge: Harvard University Press.

Hochschild, Arlie. 1990. *The Second Shift: Working Parents and the Revolution at Home*(《第二次转变：在职父母与家庭革命》). New York: Avon Books.

Im, Jong-Gwon et al. 1985. *The Living Conditions of Korean Elderly* (in Korean)(《韩国老年人的生活状况》[韩文]). Seoul: Korea Institute for Population and Health.

Institute of Contemporary Society. 1992, 1993. *Report of National Public Opinion Survey* (in Korean)(《全国民意调查报告》[韩文]). Seoul: Institute of Contemporary Society.

Internet Hangyoreh(《网络韩民族日报》) (www. hani. co. kr).

Jeong, Gyu Seog, Jeong Ja Jo, and Sun Hwa Yu. 2003. "Testing a Multisystemic Model of Youth Prostitution" (in Korean)(《检验青少年卖淫嫖娼的多系统模型》[韩文]). *Cheongsonyeonhakyeongu*(《青少年学研究》) 10(3): 239 – 259.

Ju, Chi-Ho. 1997. *Samsung Republic* (in Korean)(《三星民国》[韩文]). Seoul: Hangaram.

Ju, Eun-Wu. 1994. "The New Generation and Consumption Culture of South Korea in the 1990s" (in Korean)(《20世纪90年代韩国新生代与消费文化》[韩文]). *Gyeongjewa Sahoe*(《经济与社会》) 21: 70 – 91.

Kang, Chul-Kyu. 1999. *Economics of Chaebol Reform: Form Fleet Management to Independent Management* (in Korean)(《财阀改革中的经济

学:从船队经营到独立经营》[韩文]). Seoul: Dasanchulpansa.

Kang, Myung Hun. 1996. *The Korean Business Conglomerate: Chaebol Then and Now* (《韩国企业集团:财阀的过去和现在》). Berkeley: Institute of Asian Studies, University of California.

Kang, Myung Koo. 1999. "Postmodern Consumer Culture without Postmodernity: Copying the Crisis of Signification"(《失去后现代性特征的后现代消费文化:意义危机的可复制性》). *Cultural Studies*(《文化研究》) 13(1): 18 – 33.

Kendall, Laurel. 2002. *Under Construction: The Gendering of Modernity, Class, and Consumption in the Republic of Korea*(《建构之下:韩国现代性、阶级与消费的性别分化》). Honolulu: University of Hawai'i Press.

Khan, Herman. 1979. *World Economic Development: 1979 and Beyond* (《世界经济发展:1979 年及以后》). Boulder: Westview.

Kim, Dong-Woon et al. 2005. *The Management Structure and Personal Network of Korean Chaebols* (in Korean)(《韩国财阀的经营结构和人脉》[韩文]). Seoul: Nanam.

Kim, Eun Mee. 1997. *Big Business, Strong State: Collusion and Conflict in South Korean Development, 1960 – 1990*(《大型企业,强势国家:韩国发展中的共谋与冲突,1960—1990》). Albany: SUNY Press.

Kim, Eung-Seok et al. 1993. *Structural Characteristics of Rural Households and Family Support System* (in Korean)(《农村家庭结构特征与家庭支持体系》[韩文]). Seoul: Korea Institute for Health and Social Affairs.

Kim, Heung-Ju. 1992. "The Actual Condition of Agricultural Labor and the Family Problem of Peasants at the Current Stage" (in Korean) (《现阶段农业劳动的实际状况与农民家庭问题》[韩文]). *Journal of Rural Society*(《农村社会杂志》) 2:85 – 143.

Kim, Hye Young. 2005. "The Generational Difference of Family Consciousness"(《家庭意识的代际差异》). *Gajokgwa Munhwa*(《家族与文化》) 17(1)：115 – 146.

Kim, Il-Chul et al. 1993. *Anxiety and Hope of South Korean Peasants: The 1992 Survey of the Awareness of South Korean Peasants* (in Korean) (《韩国农民的焦虑与希望：1992 年韩国农民意识调查》[韩文]). Seoul: Seoul National University Press.

Kim, Ju-Suk. 1994. *Woman and Family in the South Korean Countryside* (in Korean) (《韩国农村的女性与家庭》[韩文]). Seoul: Hanul Academy.

Kim, Kwang-Ki. 2003. *Order and Agency in Modernity: Talcott Parsons, Erving Goffman, and Harold Garfinkel*(《现代性中的秩序与能动性：塔尔科特·帕森斯，欧文·戈夫曼，以及哈罗德·加芬克尔》). Albany: SUNY Press.

Kim, Kyong-Dong. 1998. *A Sociological Diagnosis and Prescription for South Korean Education* (in Korean)(《韩国教育界社会诊断与社会处方》[韩文]). Seoul: Mineumsa.

Kim, Sang-Jun. 2001. "Yangbanization of the Entire Country: The Confucian Equalization Mechanism in Late Yi Dynasty" (in Korean)(《全国两班化：李朝末期的儒家均衡机制》[韩文]). Paper presented at the

Summer Biannual Meeting of the Korean Sociological Association(韩国社会学学会夏季双年度会议), Jeonnam University, June 2001.

Kim, Seung-Kuk. 2000. "Changing Lifestyles and Consumption Patterns of the South Korean Middle Class and New Generations"(《韩国中产阶级和新一代的生活方式和消费方式的变化》). Chua Beng-Huat, ed. , *Consumption in Asia*: *Lifestyles and Identities*(《亚洲消费:生活方式与身份》), pp. 61 – 81. London: Routledge.

Kim, Seung-Kwon, Sang-Heon Lee, and Hye-Gyeong Yang. 1998. *Living Conditions and Welfare Needs of Unemployed Women and their Families* (in Korean)(《失业女性及其家庭的生活条件与福利需求》[韩文]). Seoul: Korea Institute for Health and Social Affairs.

Kim, T. , M. Hong, and Y. Chang. 1993. *The Size and Structure of the Korean Population* (in Korean)(《韩国人口的规模和结构》[韩文]). Seoul: National Statistical Office.

Kim, Young-Mo. 1990. *A Study of Korean Family Policy* (in Korean)(《韩国家庭政策研究》[韩文]). Seoul: Korea Welfare Policy Institute.

Kohler, Hans-Peter, Francesco Billari, and Jose Antonio Ortega. 2004. "The Emergence of Lowest-Low Fertility in Europe during the 1990s"(《20世纪90年代欧洲出现最低的低生育率》). *Population and Development Review* (《人口与发展评论》)28(4): 641 – 680.

Kong, Se-Kwon, Ae-Jeo Cho, and Jin-Suk Kim. 1990. *The Changing Family Functions and Role Relations in Korea* (in Korean)(《韩国家庭功能与角色关系的变化》[韩文]). Seoul: Korea Institute for Health and Social Affairs.

Kong, Se-Kwon, Ae-Jeo Cho, and Seung-Kwon Kim. 1992. *Family Formation and Fertility Behavior in Korea* (in Korean)(《韩国的家庭形成与生育行为》[韩文]). Seoul: Korea Institute for Health and Social Affairs.

Kong, Tat Yan. 2000. *The Politics of Economic Reform in South Korea: A Fragile Miracle*(《韩国经济改革的政治：一个脆弱的奇迹》). London: Routledge.

Koo, Hagen. 1990. "From Farm to Factory: Proletarianization in Korea"(《从农场到工厂：韩国的无产阶级化》). *American Sociological Review* (《美国社会学评论》)55: 669 – 681.

Koo, Hagen. 2001. *Korean Workers: The Culture and Politics of Class Formation*(《韩国工人：阶级形成的文化与政治》). Ithaca: Cornell University Press.

Korea Broadcasting System and Yonsei University. 1996. "A White Book on the Survey of Public Consciousness in South Korea, China, and Japan" (in Korean)(《韩国、中国、日本公共意识调查白皮书》[韩文]). Unpublished survey report.

Korea Criminal Policy Institute, ed., 1992. *A Study of the Reality and Countermeasures of Domestic Violence: On the Current Situation of Husbands' Violence to Wives in the City of Seoul* (in Korean)(《家庭暴力的现状及对策研究：以首尔市丈夫对妻子施暴的现状为例》[韩文]). Seoul: Korea Criminal Policy Institute.

Korea Institute for Industrial Development. 1971. *Report on Wage Survey* (in Korean)(《工资调查报告》[韩文]). Seoul: Korea Institute for

Industrial Development.

Korea Rural Society Research Institute, and Korea Association of Catholic Peasants. 1990. *The Ruling Structure of Local Society and Peasants* (《地方社会与农民的统治结构》). Seoul: Yeongusa.

Korea Statistical Information System (韩国统计信息系统) (www. kosis. kr).

Kuah, Khun-Eng. 1990. "Confucian Ideology and Social Engineering in Singapore" (《新加坡的儒家思想与社会工程》). *Journal of Contemporary Asia*(《当代亚洲研究》)20(3): 371 - 383.

Kwon, Tae-Hwan. 1991. "Population Transition and Change in Korean Rural Society" (in Korean)(《韩国农村社会的人口转型与变迁》[韩文]). *Proceedings of the* 1991 *Fall Seminar of the Korean Rural Sociological Association*(《韩国农村社会学协会 1991 年秋季研讨会论文集》), pp. 105 - 129. Seoul: Korean Rural Sociological Association.

Kwon, Tae-Hwan. 1992. "Social Change and Family System in Korea" (in Korean)(《韩国的社会变迁与家庭制度》[韩文]). *Impact of Fertility Decline on Population Policies and Programme Strategies*(《生育率下降对人口政策和方案战略的影响》)(Proceedings of the ESCAP [UN]-KIHASA International Seminar), pp. 167 - 184. Seoul: Korea Institute for Health and Social Affairs.

Kwon, Tae-Hwan., and Young-Jin Park. 1993. *The Types of Households and Families in Korea* (in Korean)(《韩国的家庭类型和家庭》). Seoul: National Statistical Office.

Kyunghyang Daily(《京乡日报》) (www. khan. co. kr).

Lasch, Christopher. 1977. *Haven in a Heartless World: The Family Besieged*(《无情世界的避风港：被围困的家庭》). New York: Basic Books.

Laslett, Peter. 1965. *The World We Have Lost: England Before the Industrial Age*(《我们已经失去的世界：工业时代前的英国》). New York: Charles Scribner's Sons.

Lee, Byung-Yoon. 2005. "The Impact of the Expanded Entry of Foreign Capital and the Coping Measure: Focusing on the Impact on Dividend and Investment and the M&A Threat"(in Korean)(《外资扩大进入的影响及应对措施：聚焦对股利和投资的影响及并购威胁》[韩文]). *Finance Investigation Report 2005 – 12*(《2005—2012 年金融调查报告》). Seoul: Korea Institute of Finance.

Lee, Doo-Won. 2007. "The Outbreak of the 1997 Financial Crisis and Its Recovery"(《1997 年金融危机的爆发及其复苏》). Presented at the Conference on "A Decade After: Recovery and Adjustment since the East Asian Crisis"(十年后：东亚危机后的复苏与调整), organized by International Development Economics Associates (IDEAs), Global Sustainability and Environmental Institute (GSEI), Action Aid, and Focus on the Global South, 12 – 14 July 2007, Bangkok, Thailand.

Lee, Keun and Chaisung Lim. 2001. "Technological Regimes, Catching-Up and Leapfrogging: Findings from the Korean Industries"(《技术体制、追赶与跨越：来自韩国产业的发现》). *Research Policy*(《研究策略》)30(3): 459 – 483.

Lee, Sun-Hyeong and Jeong-Sun Ryu. 1999. "The Spending of Private

Educational Expenses of Urban Households in South Korea" (in Korean)
(《韩国城市家庭的私人教育费用支出》) [韩文]). The Center for
Korean Studies, Konkuk University, ed. , *Education and the Quality of Life*
(《教育与生活质量》), pp. 151 – 206. Seoul: Konkuk University Press.

Leira, Arnlaug. 1993. " Mothers, Markets and the State: A
Scandinavian ' Model '?" (《母亲、市场和国家:斯堪的纳维亚的"模
式"?》) *Journal of Social Policy*(《社会政策杂志》) 22(3): 329 – 347.

Lewis, W. Arthur. 1954. " Economic Development with Unlimited
Supply of Labor"(《劳动力无限供给的经济发展》). *Manchester School
Economics and Social Studies*(《曼彻斯特经济与社会研究学院》)22(1):
139 – 191.

Lim, Hyun-Chin and Woon-Seon Paek. 1987. " State Autonomy in
Modern Korea: Instrumental Possibilities and Structural Limits"(《现代韩国
的国家自治:工具可能性与结构限制》). *Korea Journal* (《韩国杂志》)
27: 19 – 32.

Lipton, Michael. 1977. *Why Poor People Stay Poor: Urban Bias in
World Development* (《为什么穷人一直贫穷:世界发展中的城市偏
向》). Cambridge: Harvard University Press.

McCormick, Kevin. 2002. " Post-War Japan as a Model for British
Reform"(《战后日本作为英国改革的典范》). Gordon Daniels and
Chushichi Tsuzuki, eds, *The History of Anglo-Japanese Relations, 1600 –
2000: Social and Cultural Perspectives, Volume 5*(《英日关系史,1600—
2000》第五卷《社会和文化视角》), pp. 352 – 377. London: Palgrave
Macmillan.

McNamara, Dennis. 1990. *The Colonial Origins of Korean Enterprise*, *1910 - 1945*（《韩国企业的殖民起源，1910—1945》）. Cambridge：Cambridge University Press.

Marshall, T. H. 1964. *Class*, *Citizenship*, *and Social Development*（《阶级、公民身份与社会发展》）. Garden City：Doubleday.

Martin-Jones, David. 2007. "Decompressing Modernity：South Korean Time Travel Narratives and the IMF Crisis"（《解压的现代性：韩国的时空穿梭与国际货币基金组织危机》）. *Cinema Journal*（《电影杂志》）46 (4)：45 - 67.

Media Today（《今日传媒》）（www. mediatoday. co. kr）.

Meillassoux, C. 1981. *Maidens*, *Meal and Money*：*Capitalism and the Domestic Community*（《少女、食物与金钱：资本主义与家庭社区》）. New York：Cambridge University Press.

Ministry of Health and Social Affairs, Republic of Korea. 1989 - 1992. *Statistical Yearbook of Health and Social Affairs* (in Korean)（《保健社会统计年鉴》[韩文]）.

Moon, Seungsook. 2005. *Militarized Modernity and Gendered Citizenship in South Korea*（《韩国的军事化现代性与性别公民权》）. Durham：Duke University Press.

Moore, Barrington, Jr. 1966. *Social Origins of Dictatorship and Democracy*：*Lord and Peasant in the Making of the Modern World*（《专政与民主的社会起源：现代世界形成中的领主与农民》）. Boston：Beacon Press.

Munhwa Ilbo（《文化日报》）（www. munhwa. com）.

Nam, Se-Jin and Heung-Sik Cho. 1995. *Social Welfare in Korea* (in Korean) (《韩国的社会福利》[韩文]). Seoul: Nanam.

National Statistical Office (NSO), Republic of Korea. 1967 - 2005. *Population and Housing Census Report*(《人口和住房普查报告》).

National Statistical Office (NSO), Republic of Korea. 1990 - 2005. *Annual Statistics on Population Changes (General, Fertility, Mortality)*(《年度人口变化(总体、生育率、死亡率)统计数据》).

National Statistical Office (NSO), Republic of Korea. 1991 - 2007. *Social Indicators in Korea* (in Korean) (《韩国社会指标》[韩文]).

National Statistical Office (NSO), Republic of Korea. 1996. *Changes in Social and Economic Indicators since Liberation* (in Korean) (《解放后社会经济指标的变化》[韩文]).

National Statistical Office (NSO), Republic of Korea. 1998. *Economic and Social Change in the Fifty Years of the Republic of Korea Seen through Statistics* (in Korean) (《从统计数据看韩国五十年经济和社会变化》).

National Statistical Office (NSO), Republic of Korea. 2000a. *International Statistics Yearbook*(《国际统计年鉴》).

National Statistical Office (NSO), Republic of Korea. 2000b. *The Image of Korea Seen through Statistics* (in Korean) (《统计数据中的韩国形象》).

National Statistical Office (NSO), Republic of Korea. 2002 - 2007. *Annual Report on Live Births and Death Statistics: Based on Vital Registration* (in Korean) (《活产和死亡统计年度报告:基于生命登记》[韩文]).

New York Times(《纽约时报》) (www. nytimes. com).

Nosajeongwiweonhoe (Labor – Business – Government Committee). 1998. "Nosajeong Co-Declaration" (in Korean)(《劳资政共同声明》[韩文]). 20 January 1998.

Office of Labor Affairs, Republic of Korea (currently, Ministry of Labor). 1962 – 1982. *Survey Report on Actual Labor Conditions at Establishments* (in Korean)(《企业实际劳动条件调查报告》[韩文]). Seoul: Office of Labor Affairs.

Office of Public Information, Republic of Korea. 1996. *A Survey of South Koreans' Consciousness and Values: Summary and Interpretation* (in Korean)(《韩国人的意识与价值观调查: 总结与解读》[韩文]). Seoul: Office of Public Information.

Ohmynews (www. ohmynews. com).

Olson, Mancur. 1971. *The Logic of Collective Action: Public Goods and the Theory of Groups* (《集体行动的逻辑: 公共商品和群体理论》). Cambridge: Harvard University Press.

Park, Jong-Hun. 1999. " A Study of the Protection Mechanism of Middle Class Families against the Unemployment of Family Heads in South Korean Society" (in Korean)(《韩国中产阶级家庭对户主失业的保护机制研究》[韩文]). M. A. thesis, Department of Sociology, Seoul National University.

Park, Kyeong-Suk. 2007a. " Poverty and Inequality in Later Life: Cumulated Disadvantages from Employment to Post Retirement in South Korea"(《晚年生活中的贫穷与不平等: 韩国从就业到退休累积的劣

势》). *International Journal of Sociology of the Family*(《国际家庭社会学杂志》)33(1): 25 - 42.

Park, Kyeong-Suk. 2007b. "Meaning of the Discourses of Filial Piety Law in a Moral and Political Economy" (in Korean)(《道德经济学与政治经济学中孝道话语的意义》[韩文]). *Gajokgwa Munhwa*(《家族与文化》) 19(3): 31 - 52.

Park, Mee-Hae. 1991. "Patterns and Trends of Educational Mating in Korea"(《韩国教育性择偶的模式与趋势》). *Korea Journal of Population and Development*(《韩国人口与发展杂志》) 20(2): 1 - 16.

Park, Seung-Gwan and Kyung-Sup Chang. 2001. *Media Power and Agenda Dynamics* (in Korean)(《媒体权力与议程动力》[韩文]). Seoul: Communication Books.

Parsons, Talcott and Robert Bales. 1955. *Family, Socialization and Interaction Process*(《家庭、社会化和互动过程》). London: Routledge and Kegan Paul.

People's Solidarity for Participatory Democracy (PSPD), Economic Democratization Committee. 1998. *White Book on Public Interest Foundations: Indicting Public Interest Foundations that are Chaebol's Camouflaged Affiliate Firms* (in Korean)(《公益基金会白皮书:起诉伪装成公益基金会的财阀附属公司》[韩文]). Seoul: Jijeong.

People's Solidarity for Participatory Democracy (PSPD). 2005. "Dissecting Samsung's 'Human Network'" (in Korean)(《剖析三星的"人际网络"》[韩文]). Internal report (http://blog. peoplepower21. org/ Economy/14310).

People's Solidarity for Participatory Democracy（PSPD）. 2006. "Samsung Relying on Bogus Nationalism：The Samsung Electronics M&A Threat Argument under Exaggeration and Logical Absurdity"（in Korean）（《三星依赖伪民族主义：关于三星电子受到恶意并购威胁的夸大和不合逻辑的论点》[韩文]）. Internal report, 12 January 2006.

Population and Development Studies Center, Seoul National University. 1993. "South Korean Society, Today and Tomorrow：A Survey Research of Public Consciousness in Respect to the Coming of the 21st Century"（in Korean）（《韩国社会的今天与明天：对 21 世纪出现的公众意识调查研究》）. Unpublished research report.

Population Planning Committee（PPC）, Republic of Korea. 1991. *The Seventh Five-Year Plan for Economic and Social Development*, *Total Volume：Population Area Plan*, *Proposal*（in Korean）（《经济和社会发展第七个五年规划总卷：人口区域规划及提议》[韩文]）.

Portes, Alejandro and John Walton. 1981. *Labor*, *Class*, *and the International System*（《劳动、阶级与国际制度》）. New York：Academic.

Pressian（www. pressian. com）.

Preston, Samuel and Shigemi Kono. 1988. "Trends in Well-being of Children and the Elderly in Japan"（《日本儿童和老年人的幸福走势》）. J. Palmer, T. Smeeding, and B. Torrey, eds, *The Vulnerable*（《弱势群体》）, pp. 277 - 307. Washington, D. C.：The Urban Institute Press.

Przeworski, Adam. 1977. "Proletarian into a Class"（《当无产变成阶级》）. *Politics and Society*（《政治与社会》）7：343 - 401.

Rhee, Ga-Ok. 1989. "Change in Family Structure and the Problem of Elderly Support" (in Korean) (《家庭结构的变化和老年人赡养问题》[韩文]). Y. Park, ed., *A Study for Setting the Direction of Elderly Welfare Policy*(《确定老年人福利政策方向的研究》), pp. 4 – 41. Seoul: Korea Institute of Population and Health.

Rhee, Ga-Ok et al. 1989. *A Study of the Actual Conditions of Elderly-Only Households* (in Korean) (《空巢老人家庭实际情况研究》). Seoul: Korea Institute of Population and Health.

Rueschemeyer, Dietrich and Peter B. Evans. 1985. "The State and Economic Transformation: Toward an Analysis of the Conditions Underlying Effective Intervention" (《国家与经济转型: 对有效干预条件的分析》). Peter B. Evans, Dietrich Rueschemeyer, and Theda Skocpol, eds, *Bringing the State Back In* (《找回国家》), pp. 44 – 77. Cambridge: Cambridge University Press.

Rueschemeyer, Dietrich, Evelyne Huber Stephens, and John D. Stephens. 1992. *Capitalist Development and Democracy*(《资本主义发展与民主主义》). Chicago: University of Chicago Press.

Said, Edward W. 1978. *Orientalism* (《东方主义》). New York: Vintage Books.

Sakuwa, Touru. 2003. *Dissolution of Chaebols in Korea* (in Korean; translated from Japanese) (《韩国财阀的解体》[韩文, 翻译自日文]). Seoul: Doonam.

Sampson, Steven L. 1987. "The Second Economy of the Soviet Union and Eastern Europe" (《苏联和东欧的第二经济体》). *Annals of the*

American Academy of Political and Social Science(《美国政治与社会科学学院年鉴》) 493 (*The Informal Economy*[《非正式经济》]): 120 - 136.

    Segyeilbo(《世界日报》)(www. segye. com).

    Seol, Dong-Hoon. 1992. "Rural Out-migration and the Change in Urban Labor Market in South Korea" (in Korean)(《韩国农村外迁与城市劳动力市场的变化》[韩文]). *Journal of Rural Society*(《农村社会杂志》) 2: 145 - 192.

    Seoul Economic Daily, ed. 1991. *Chaebol and Gabeol*(《财阀与家阀》). Seoul: Seoul Economic Daily.

    Seth, Michael. 2002. *Education Fever: Society, Politics, and the Pursuit of Schooling in South Korea*(《教育热：韩国的社会、政治和教育追求》). Honolulu: University of Hawaii Press.

    Shin, Gi-Wook. 1998. "Agrarian Conflict and the Origins of Korean Capitalism"(《土地冲突与韩国资本主义的起源》). *American Journal of Sociology* (《美国社会学杂志》)103(5): 1309 - 1351.

    Shorter, Edward. 1975. *The Making of the Modern Family*(《现代家庭的形成》). New York: Basic Books.

    Slater, David. 1978. "Towards a Political Economy of Urbanization in Peripheral Capitalist Societies"(《走向外围资本主义社会城市化的政治经济学研究》). *International Journal of Urban and Regional Research*(《国际城市与区域研究杂志》) 2: 26 - 52.

    Social Security Planning Committee (SSPC), Republic of Korea. 1991. *The Seventh Five-Year Plan for Economic and Social Development: Social Security Area Plan, Proposal* (in Korean)(《经济和社会发展第七个

五年规划：社会保障领域规划及提议》[韩文]）.

Somerville, Jennifer. 1992. "The New Right and Family Politics"（《新型右翼与家庭政治》）. *Economy and Society*（《经济与社会》）, 21（2）：93 – 128.

Somerville, Jennifer. 1993. "Shadow Boxing in Family Politics: Reply to Martin Durham"（《家庭政治中的暗箱：回复马丁·德拉姆》）. *Economy and Society*（《经济与社会》）22（2）：257 – 262.

Sommerville, C. John. 1982. *The Rise and Fall of Childhood*（《童年的兴衰》）. New York: Vintage Books.

Son, In-Su. 1992. *The American Military Rule and Educational Policy*（in Korean）（《美国的军事统治与教育政策》[韩文]）. Seoul: Minyoungsa.

Song, Ho-Keun. 1995. *Korea's Company Welfare: An Empirical Research*（in Korean）（《韩国企业福利：实证研究》[韩文]）. Seoul: Korea Labor Institute.

Song, Won-Geun and Sang-Ho Lee. 2005. *The Business Structure of Korean Chaebols and Concentration of Economic Power*（in Korean）（《韩国财阀的商业结构与经济权力的集中》[韩文]）. Seoul: Nanam.

Sorensen, Clark K. 1988. *Over the Mountains Are Mountains: Korean Peasant Households and Their Adaptation to Rapid Industrialization*（《山的另一边还是山：韩国农户及其对快速工业化的适应》）. Seattle: University of Washington Press.

Stiglitz, Joseph. 2002. *Globalization and Its Discontents*（《全球化及其不满》）. New York: Norton.

Suh, Kwan-Mo. 1984. *The Class Structure and Class Differentiation in Contemporary Korean Society* (in Korean)(《当代韩国社会的阶级结构与阶级分化》[韩文]). Seoul: Hanul.

Task Force in Rural Policy for the New Economy Long-Term Plans, Republic of Korea. 1995. "The New Economy Long-term Plan: The Study Content of the Long-term Development Plan of Agriculture, Forestry and Fishery" (in Korean)(《新型长期经济规划:农林渔业长期发展规划研究内容》). Internal committee proposal.

Thompson, E. P. 1966. *The Making of the English Working Class*(《英国工人阶级的形成》). New York: Vintage Books.

United Nations Development Plan (UNDP). 2007. *Human Development Report 2007*(《2007 年人类发展报告》). New York: United Nations.

Vogel, Ezra F. 1991. *The Four Little Dragons: The Spread of Industrialisation in East Asia*(《四小龙:东亚工业化的蔓延》). Cambridge: Harvard University Press.

Wallerstein, Immanuel. 1975. "Class Formation in the Capitalist World-Economy"(《资本主义世界经济中阶级的形成》). *Politics and Society*(《政治与社会》) 5: 367 – 375.

Wallerstein, Immanuel. 1984. "Cities in Socialist Theory and Capitalist Praxis"(《社会主义理论与资本主义实践中的城市》). *International Journal of Urban and Regional Research*(《国际城市与区域研究杂志》) 8: 64 – 72.

Weber, Max. 1946. *From Max Weber: Essays in Sociology*(《马克斯·韦伯:社会学论文集》), edited by H. H. Gerth and C. Wright Mills. New

York: Oxford University Press.

Weiss, Linda. 1998. *The Myth of the Powerless State: Governing the Economy in a Global Era* (《弱势国家的神话：全球时代的经济治理》). Cambridge: Polity Press.

World Bank. 1982 - 1991. *World Development Report*(《世界发展报告》). New York: Oxford University Press.

Wright, Erik Olin and Joachim Singelmann. 1982. "Proletarianization in the Changing American Class Structure"(《美国阶级结构变化中的无产阶级化》). *American Journal of Sociology* (《美国社会学杂志》) 88 (Supplement): S176 - S209.

Wu, Eun-Jeong. 2001. "A Study of Non-Marrying Women's Desire Suppression and Escape in South Korean Society" (in Korean)(《韩国社会不婚女性的欲望压抑与逃避研究》[韩文]). M. A. thesis, Department of Sociology, Hanyang University, Seoul.

Yee, Jaeyeol. 1993. "The Formation and Reproduction of Self-employment in a Developing Economy: An Analysis of Job-Shift Rates in the South Korean Urban Labor Market"(《经济发展中自主创业的形成与再生产：韩国城市劳动力市场工作转移率分析》). *Korea Journal of Population and Development*(《韩国人口与发展杂志》) 22(1): 1 - 22.

Yonhapnews(韩国联合通讯社) (www. yonhapnews. co. kr).

Yoon, Jeong-Hye. 1994. "Evaluation of the Economic Welfare of South Korean Households"(《韩国家庭经济福利评价》). Paper presented at the Conference Commemorating "The International Year of the Family"("国际家庭年"纪念会议), organized by the Korean Association for Family

Studies, 20 May 1994.

Yoon, Sang-Chul. 1997. *Political Change of the Authoritarian Regime in Korea, 1983 – 1990* (in Korean)(《韩国独裁政权的政治变迁,1983—1990》[韩文]). Seoul: Seoul National University Press.

Yu, Young-Ho. 2001. "A Study of Educational Inequalities: Focusing on Freshmen of Seoul National University" (in Korean)(《教育不平等研究:聚焦国立首尔大学新生》[韩文]). Unpublished paper, Department of Sociology, Seoul National University, Seoul.

Zaretsky, Eli. 1973. *Capitalism, the Family, and Personal Life*(《资本主义、家庭与个人生活》). New York: Harper & Colophon Books.